AF329585

**G. MICHAUT**

Professeur à l'Université de Paris.

# Anatole France

## ÉTUDE PSYCHOLOGIQUE

CINQUIÈME ÉDITION

*revue*

**E. DE BOCCARD**, Éditeur

Anciennes Maisons THORIN & FONTEMOING

Paris - 1, rue de Médicis 1 - Paris

1922

# ANATOLE FRANCE

# DU MÊME AUTEUR

## A LA MÊME LIBRAIRIE

B. Pascal. **Pensées**, édition couronnée par l'Académie française, in-4º, 1896.

B. Pascal. **Abrégé de la Vie de Jésus**, édition critique, in-8º, 1897.

**Le génie latin**, in-16 écu, 1900 *(épuisé)*.

B. Pascal. **Discours sur les passions de l'amour**, avec notes, in-18, 1900.

Marc-Aurèle. **Pensées**, traduction couronnée par l'Académie française, in-16 écu, 1901; 3e édition, 1911.

**Aucassin et Nicolette**, chante-fable mise en français moderne, préface de Joseph Bédier, in-18, 1901, 3e édition, 1912.

**Les époques de la pensée de Pascal**, 2e édition, in-16 écu, 1902.

**La comtesse de Bonneval**, in-16 écu, 1903.

**Sainte-Beuve avant les Lundis**, couronné par l'Académie française, in-8º, 1903 *(épuisé)*.

**Études sur Sainte-Beuve**, in-16 écu, 1905.

A. de Montchrestien. **La reine d'Écosse**, édition critique, in-16 écu, 1905.

**Pages de critique et d'histoire littéraire** (XIXe siècle), in-18 écu, 1910.

**Sainte-Beuve amoureux et poète**, in-16 écu, 1910.

**Sur les tréteaux latins**, in-16 écu, 1912.

**Plante**, 2 vol. in-16 écu, couronné par l'Académie française 1920.

### SOCIÉTÉ FRANÇAISE D'IMPRIMERIE ET DE LIBRAIRIE

**La Bérénice de Racine**, couronné par l'Académie française, 1907.

### SOCIÉTÉ D'ÉDITION FRANÇAISE ET ÉTRANGÈRE

Musset. **Les Caprices de Marianne**, édition critique, in-12, 1908 *(épuisé)*.

### SANSOT ET Cie

Madeleine de Scudéry. **De la poésie françoise jusques à Henry IV**, in-18, 1907.

Honoré d'Urfé. **Poésies choisies**, in-18, 1909.

**Senancour, ses amis et ses ennemis**, in-8º, 1910.

Saint-Pavin. **Poésies choisies**, in-18, 1912.

### HACHETTE ET Cie

**La Fontaine**, I et II, in-12, 1913-14.

Senancour. **Obermann**, I et II (*Société des textes modernes*), in-12, 1913.

**Sainte Beuve**, un vol. in-12 (*les grands écrivains français*) 1921.

**La jeunesse de Molière**, un vol. in-16 écu, 1922.

**G. MICHAUT**

Professeur à l'Université de Paris.

---

# Anatole France

---

*ÉTUDE PSYCHOLOGIQUE*

---

CINQUIÈME ÉDITION

*revue*

**E. DE BOCCARD**, Éditeur

Anciennes Maisons THORIN & FONTEMOING

Paris - 1, rue de Médicis 1 - Paris

---

1922

# ANATOLE FRANCE

## PRÉFACE

Lorsque Renan mourut, en 1892, ce n'était pas encore
la mode, en littérature, d'élire des princes. Mais si
quelque journaliste eût demandé à ses lecteurs quel
serait désormais le « prince des dilettantes », assurément c'est sur M. Anatole France que se fût portée la
presque unanimité des suffrages. Et même on eût pu
légitimement penser qu'il était encore plus digne de ce
titre que l'auteur des *Origines du christianisme*. Car
enfin, Renan n'a donné, et n'a, autant que possible,
réalisé la formule du dilettantisme [1] qu'à la fin de sa vie;
on pouvait soupçonner qu'il en était arrivé là par un
certain découragement, par une sorte d'abdication
lassée. M. Anatole France, au contraire, était dans la
force de l'âge et dans le plein essor de son talent. Le
dilettantisme paraissait une attitude délibérément
choisie par lui entre trente et quarante ans, à une date

[1] Voir, sur le dilettantisme et les différentes définitions qu'on en a
proposées, mon article du *Correspondant* (10 mai 1913), dont la présente
*préface* constitue la seconde partie.

où il avait pris entière conscience de lui-même, où sa maturité commençante se déployait avec ampleur. Et son intelligence alerte et fine, son esprit ingénieux et subtil, son goût délicat, la grâce exquise de son style, s'accordaient à merveille avec la profession déclarée qu'il en faisait. Tout d'ailleurs semblait s'être conjuré pour faire de l'auteur de *Thaïs* le représentant le plus parfait de cette tendance.

S'il faut l'en croire lui-même, — et, assurément, il faut l'en croire, non sans noter pourtant qu'après coup, comme tout le monde, il aura vu et retenu, parmi les actions subies en ses jeunes années, celles-là seulement qui ont eu prise sur lui et effet durable en lui, — s'il faut l'en croire, dis-je, les premières influences, si importantes dans la formation d'un esprit, se sont accordées pour favoriser chez ·lui un dilettantisme spontané.

Ç'a été d'abord l' « école domestique[1] ». — A mainte reprise, et toujours dans les termes les plus touchants, M. Anatole France nous a parlé de sa mère. Il nous semble, à nous, lecteurs, que nous l'avons connue. Nous la voyons active, gaie, chantante, vaquant « avec une sorte de grâce brusque[2] » aux travaux de son intérieur. Mais son entrain n'avait rien de vulgaire. Il y avait en elle un goût inné pour les belles couleurs et les belles formes et une imagination qui s'ignorait elle-même. Sa fantaisie « animait et colorait » son humble ménage[3];

---

[1] *Livre de mon ami*, 164.
[2] *Crime de Sylvestre Bonnard* (premier texte), 150.
[3] *Pierre Nozière*, 43.

elle contait à son petit garçon de touchantes ou de jolies histoires ; dans sa piété candide, elle fleurissait son âme des plus belles légendes chrétiennes et lui ouvrait ainsi les portes du rêve [1]. — La figure de son père ne nous est pas moins familière, quoiqu'il ait reparu dans ses différents ouvrages sous des déguisements variés. Cet ancien garde du corps de Charles X avait été découragé par la vie et n'avait jamais pu se remettre du naufrage de ses espérances. Il n'avait même plus la force d'essayer. Fatigué, mais aimant sa fatigue, il regardait toutes choses avec un éternel sourire d'ironie et de pitié [2], et son seul exemple inspirait déjà à son fils la pensée que ce sont là « deux bonnes conseillères [3] ». Lui aussi, il développait, par ses causeries et par ses contes du soir, l'imagination du petit Anatole [4]. — Et d'autres, autour de lui, étaient écoutés avec passion par l'enfant « chétif, intelligent et rêveur [5] ». Le vieux soldat, en effet, était devenu libraire. Tous les soirs [6], dans sa boutique du quai Voltaire, se formait un cercle de bibliographes, d'écrivains, d'artistes, d'amateurs. Et les idées s'échangeaient, les souvenirs d'histoire, de littérature ou d'art se succédaient, charmant cet auditeur silencieux, qui ne comprenait pas tout sans doute, mais qui tirait profit même de ce qu'il ne comprenait point, et puisait là ce goût, qui ne l'a ja-

[1] *Livre de mon ami*, 30, 31, 62, 66.
[2] *Crime de Sylvestre Bonnard*, *Livre de mon ami*.
[3] *Jardin d'Épicure*, 122.
[4] *Livre de mon ami*, 274 ; *Vie littéraire*, IV, 78.
[5] *Livre de mon ami*, 48 ; *Vie littéraire*, III, 296.
[6] *Vie littéraire*, I, 218.

mais quitté depuis, pour les yeux de l'intelligence. —
Ajoutons-y un grand-père, vétéran de Waterloo, un
peu soudard d'allures, et « grand liseur de Dupuis et de
Volney [1] », une grand'mère « frivole » et sceptique, à la
façon des belles philosophes du dix-huitième siècle [2];
et nous sentirons combien la diversité des tempéraments, des caractères et des doctrines, donne à ce
milieu familial je ne sais quelle multiplicité singulière.
Des influences contradictoires s'y mêlaient, inspirant à
ce petit garçon, qui vivait sans frère ni sœur parmi ces
grandes personnes, le sentiment précoce de la variété
des tendances et des idées, l'habitude et le besoin de les
concilier toutes, en les aimant toutes.

Et puis, c'est « l'école en plein vent [3] ». M. France
est né sur les quais de Paris, du Paris de 1844, moins
agité, moins « américain » que le nôtre, empli encore de
jardins paisibles et de coins à demi rustiques, où il a
fait avec ravissement la découverte de l'univers. Ses
yeux frais ont contemplé le « paysage lapidaire [4] » que
forment les glorieux monuments élevés par nos pères
le long de la Seine ; ils se sont joués parmi les beaux
objets anciens exposés avec profusion aux boutiques
des antiquaires et des marchands d'estampes ; ils ont
suivi avec curiosité les spectacles que leur offraient les
rues quasi provinciales du quartier Saint-Sulpice et ont
vu agir les rouages de la « machine sociale [5] ». Ainsi, il

---

[1] *Livre de mon ami*, 289.
[2] *Ib.*, 84-85.
[3] *Ib.*, 164.
[4] *Pierre Nozière*, 79.
[5] *Livre de mon ami*, 161 sqq.

a éprouvé l'aménité du ciel, du climat et des lieux ; son esprit promené à travers le passé, par tout ce que ce passé a laissé de plus émouvant et de plus beau, en a acquis l'agilité et la souplesse, en même temps que l'amour de la beauté et le désir de la grâce ; il a goûté tout ce que le Paris ancien offre de formes magnifiques ou exquises, de nobles souvenirs, d'idées confusément éparses dans les choses, et tout ce que le Paris vivant offre d'émotions saines dans l'accomplissement des tâches journalières. « Tout cela, c'est sa vie, c'est lui-même ; il ne serait rien, dit-il, sans ces choses qui se reflètent en lui avec les mille nuances de sa pensée qui l'inspirent et l'animent [1]. » Aussi, « Parisien de toute son âme et de toute sa chair » [2], aime-t-il Paris « d'un immense amour ».

Et ç'a été enfin l'école proprement dite, le collège. M. France a fait ses études classiques ; il a été disciple des Latins et des Grecs, et il a conservé de ces vieux maîtres un souvenir reconnaissant et charmé. Non point seulement parce que les deux antiquités, enseignées selon la traditionnelle méthode des humanistes français, développent l'intelligence et donnent « l'art de conduire et d'exprimer la pensée [3] » ; mais encore, mais surtout sans doute, parce qu'elles forment le goût, affinent le sentiment de l'art et sont révélatrices de beauté. La preuve en est dans la préférence qu'il accorde au grec sur le latin. Certaines phrases de Tite

[1] *Crime de Sylvestre Bonnard*, 195-196.
[2] *Vie littéraire*, III, 295-296.
[3] *Ib.*, I, 281 sqq.

Live ont fait « bondir son cœur de douleur et d'admiration dans sa poitrine [1] » ; mais comme Homère, Sophocle, Euripide, leurs belles vierges et leurs généreuses héroïnes ont empli davantage son imagination et remué en lui les émotions les plus profondes ! « Il voyait des figures divines, des bras d'ivoire tombant sur des tuniques blanches ; il entendait des voix plus belles que la plus belle musique, qui se lamentaient harmonieusement [2]. » Son âme s'enrichissait, s'embellissait de ces images et de ces mélodies. Et cela même le disposait à mieux sentir des beautés plus modernes. Son professeur, l'honnête M. Chéron, avait beau l'exhorter à estimer Casimir Delavigne [3] ; le petit rhétoricien lisait avec passion les grands auteurs romantiques, sinon Victor Hugo, — trop « énorme » pour son goût, — du moins Lamartine, si « naturel », et Vigny, si noble, et surtout le poète de la jeunesse, son tendre et cher Musset. Ainsi, « mêlant l'amour et la mort dans la poésie de ses rêves [4] », il goûtait, il savourait à la fois les chefs-d'œuvre consacrés vers lesquels le guidaient ses professeurs et les chefs-d'œuvre suspects que lui signalait leur défiance même.

Le collège où il fit ainsi ses « humanités » (selon une expression qu'il aime) est le collège Stanislas [5]. Et c'est là sans doute un fait notable. Il aurait manqué quelque chose à sa formation de futur dilettante, s'il avait

[1] *Livre de mon ami*, 157.
[2] *Livre de mon ami*, 166-170.
[3] *Ib*, 170-171.
[4] *Temps*, 18 avril 1886.
[5] *Livre de mon ami, Pierre Nozière; Temps*, 8 août 1886, etc.

ignoré l'éducation des maisons religieuses. Comme Re
nan, comme son Firmin Piédagnel (de l'*Orme du mail)*,
il a éprouvé le charme des cérémonies du culte et des
pompes de l'église. Tout ce que les légendes chrétiennes
ont de grâce et de mystère, tout ce que le surnaturel
offre d'attrait et d'effroi séduisant, tout ce que la piété
peut avoir de voluptueux, il l'a ressenti par lui-même.
Il a connu et compris l'âme des prêtres, deviné ce qui
les fait tous, — même les mauvais ou les tièdes, —
différents des autres hommes. Il a appris de la sorte
à aimer en certains d'entre eux une candeur et comme
une enfance que lui-même ne conservait plus. Mais il
a appris aussi qu'ils préfèrent à toute autre chose,
même à l'art, même au beau, ce qu'ils appellent l' « unique nécessaire » ; que, chez certains, le mépris du corps
prend parfois la forme de l'inélégance ou même de la
grossièreté ; et il en a été révolté au plus profond de sa
délicatesse intime. Et c'est la racine première d'un des
sentiments qui ont éclaté plus tard en lui avec une
étrange violence. La haine du laid, la haine de ceux
qu'il sent ou qu'il croit indifférents ou même hostiles à
la beauté : voilà ce qui lui manquait encore. Et en cela,
comme en tout le reste, voilà comment le collège religieux a confirmé les influences accumulées de la
famille, de Paris et des études classiques.

Or toutes ces impressions concordantes se sont rencontrées dans l'esprit le plus apte à les recevoir, à les
subir, — j'allais dire : à s'y asservir, mais je crois qu'il
faut dire, au contraire, à les renforcer encore. Car sa
nature foncière, telle qu'elle se retrouve inaltérée des

premiers jours de sa vie littéraire jusqu'à ces tout derniers[1], paraît essentiellement vouée au dilettantisme. Intelligence, imagination, sens esthétique et sensibilité, tout en lui semble disposé pour y aboutir.

Certes, M. France est bien, de l'aveu unanime, un des hommes les plus intelligents de son époque. Il a la finesse, la pénétration, la subtilité, l'ouverture, tout enfin, sauf peut-être un certain degré de vigueur. Car cette intelligence exquise est avant tout voluptueuse, éparse, qui ne sait pas et qui ne veut pas se discipliner. Elle ne veut pas se discipliner pour l'action : bien qu'il n'ait pas hésité, parfois, à prendre part aux luttes civiles, il n'est visiblement pas né pour cela. Elle ne veut pas se discipliner pour échafauder des systèmes : il raille volontiers les architectes « des vastes et belles constructions mentales » qui « ne tiennent que par le mortier de la sophistique[2] » ; et la construction — ou la composition — dans ses ouvrages n'apparaît d'ordinaire ni méthodique ni serrée. Elle ne veut même pas se discipliner pour atteindre la vérité : le vrai n'est guère accessible à l'homme, et le sentiment, plus sûr, lui est aussi plus utile que la dialectique. Non ! elle se déploie pour elle-même, pour sa propre satisfaction ou pour la satisfaction de cette curiosité épicurienne qui est le trait caractéristique de M. France. Et c'est pourquoi, — paradoxe étrange, — elle reste essentiellement subjective. Comme c'est son plaisir qu'il poursuit en toute recherche, c'est lui qu'il retrouve en toute idée,

---

[1] Je n'écrirais plus cela aujourd'hui, sans réserves.
[2] *Opinions de M. Jérôme Coignard*, 12.

en tout sentiment, en toute chose ; et ses ouvrages ne sont guère qu'une autobiographie ou une confession continuelles.

Son imagination, elle aussi, est une imagination de dilettante. Elle n'est pas créatrice. M. France n'admet même point qu'il y ait, à proprement parler, d'invention véritable : « L'imagination assemble et compare ; elle ne crée jamais [1] ». Aussi la plupart des personnages de ses romans ne vivent-ils pas d'une vie qui leur soit propre. Il n'a jamais réussi que son propre portrait, — ou peut-être le portrait de ceux qui, s'opposant violemment à lui, sont comme l'envers de sa personnalité. Mais il a la fantaisie, l'humour, cette forme d'imagination qui se joue autour des choses pour les orner, les embellir, ou les caricaturer. Et comme les choses auxquelles elle s'intéresse spécialement sont les émotions et plus encore les idées parmi lesquelles se déploie sa riche intelligence, cette fantaisie, errant à travers les métaphysiques et les doctrines savantes, en reçoit une profondeur rare et une saveur étrangement séductrice. Et il a enfin cette imagination qui « assemble et compare ». Encore est-il que, recueillant dans tous les temps et dans tous les lieux les idées, les sentiments, les images, les formules même que son érudition a su amasser, il aime mieux en général les prendre dans les écrits de ses devanciers que dans la vie directement observée. « Je ne sais pas d'écrivain, dit M. Jules Lemaître, en qui la réalité se reflète à travers une couche

---

[1] *Ile des Pingouins*, 39.

plus riche de science, de littérature, d'impressions et de méditations antérieures [1]. » L'étude de ses sources ferait, à elle seule, la matière d'un volume. Nul auteur, peut-être, n'a plus répété les autres, et ne s'est plus répété lui-même.

Il en est de même de sa sensibilité esthétique : c'est aussi, c'est plus encore celle d'un dilettante. Défiant de l'invention, il n'aime que le naturel et le savoure. Faisant consister la création en l' « arrangement », c'est à la forme parfaite qu'il ramène tout l'art, et il jouit de cette perfection. Il lui a fallu faire un effort sur lui-même pour apprécier les écrivains qui ne sont point des attiques et des délicats ; il l'a fait pourtant, cet effort, afin qu'aucune des formes du beau ne lui demeurât étrangère. L'artiste, en lui, est aussi souple que le critique. Il a reproduit, — et égalé, — les modèles les plus divers : original en ce qu'il a su les mêler et les fondre, plus original encore en ce qu'il a insinué dans ces formes empruntées à d'autres sa personnalité sensuelle et délicate. Car l'âme de son œuvre est la Volupté. La sensualité, à ses yeux, est la source des vertus, ou de la seule vertu qu'il reconnaisse, l' « humanité ». Elle est la mère des arts. Elle explique l'attrait qu'à pour lui la religion, en tant que par son culte elle charme les sens, la haine qu'elle lui inspire, en tant que par sa doctrine elle est ennemie des sens. Elle explique son antipathie violente pour toutes les philosophies austères. Enfin, cette sensualité est sa sensi-

---

[1] *Contemporains*, II.

bilité tout entière. C'est elle qui inspire tous ses sentiments comme toutes ses œuvres. Et c'est elle qui, dominant, pour ainsi parler, son intelligence et son imagination, leur a appris à découvrir en toutes choses des
sources de plaisir et à ne les considérer que comme
telles.

Mais le dilettantisme n'est pas naturel, même chez un
Anatole France, un « prédestiné », pour ainsi dire. Il y
a dans l'homme un instinct, un besoin, une soif de certitude, qui le rend incapable d'arriver du premier coup
à cette impartialité voluptueuse. Il faut qu'il ait eu le
temps de faire le tour des doctrines, de se les assimiler
l'une après l'autre, de découvrir par quel biais il en
peut conserver ce dont il veut jouir, en rejetant le
reste. A plus forte raison, un adolescent, grisé de confiance en son intelligence naissante, emporté par l'intolérance de la jeunesse, ne peut-il débuter par là, —
à moins qu'il n'en trouve la mode accréditée. Vers 1864,
il n'en était pas ainsi ; et M. France, comme tout le
monde, commença par suivre les théories en vogue.
Dès le collège et au sortir du collège, avide de nou-
veautés, curieux des idées et des formes d'art, on le
voit se mêler à tout un groupe de jeunes, au premier
rang desquels brillait M. Paul Bourget. Dans leurs promenades au Luxembourg, dans leurs longues causeries
au pied de la statue de Velléda, ils discutaient avec
passion tous les problèmes de l'être et du beau, ils se
grisaient de poésie et de métaphysique. Le nom seul
des maîtres que M. France s'est alors choisis est déjà
révélateur. En art, sans dédaigner certes les plus atti-

ques de nos classiques, Racine et La Fontaine, en esti-
mant à sa juste valeur la spontanéité abondante et
vraie de Lamartine, il s'est attaché avec ardeur, parmi
les romantiques, à Vigny, le poète de la pensée, et à
Musset, le poète de la passion ; parmi les vivants, à
Sully-Prudhomme, le poète psychologue, et à Leconte
de Lisle, le poète du passé pittoresque et païen. Le
souci de la beauté, le culte de la forme qu'il voyait
régner au Parnasse le firent se ranger à cette école ;
les *Poèmes barbares*, les *Poèmes antiques* devinrent
ses livres de chevet et il se proposa d'en reproduire la
perfection rigoureuse. En philosophie, il lut et relut
les philosophes du dix-huitième siècle, — de celui qui,
à ses yeux, est le vrai, le dix-huitième siècle qui ignore
ou combat Jean-Jacques — : il lut Diderot, il lut Voltaire, il lut « son vieux maître », Condillac [1] et les autres
« sensationnistes [2] » et idéologues. Mais, surtout, il
s'éprit des penseurs plus récents dont les théories lui
permettaient de reconstruire un univers matérialiste et
panthéiste à la fois : Spencer, Taine et avant tous Darwin. L'évolutionnisme fut pour lui une religion. Il s'en
allait au Muséum comme à un temple ; il suivait du
regard les transformations de la vie, depuis les mol-
lusques jusqu'à l'homme ; et quand il parvenait enfin
à la statue de Vénus qui règne en une de ces salles,
peu s'en faut qu'il ne l'adorât comme le symbole divin
de la Volupté créatrice. Bien des années après, quand

---

[1] *Pierre Nozière*, 145.

[2] Je dis « sensationnistes » et non « sensualistes », comme on le fait
depuis Cousin ; car sensualiste est plutôt un sobriquet de polémiste qu'une
désignation d'historien.

il célèbre Darwin, c'est encore du ton de Lucrèce célé-
brant Epicure, le révélateur de la vérité, le destructeur
de ces épouvantes dont les dogmes odieux empoison-
nent l'existence des malheureux mortels [1].

Aussi M. France, comme l'avait fait avant lui
Renan, — le Renan de l'*Avenir de la science*, — suivait avec une ardeur passionnée tous les mouvements
de la pensée contemporaine. Il s'efforçait de connaître
toutes les disciplines, même les plus nouvelles, —
notamment l'anthropologie et la préhistoire, — pour
fonder sur elles sa métaphysique hardie. A ce régime
il gagna, naturellement, ce que Renan appelle une
« forte encéphalite ». Alors, il eut une confiance sans
réserves au pouvoir de la raison ; alors, son intelligence
inflexible fut violente et révolutionnaire ; alors, il
nourrit tout le fanatisme du néophyte, qui croit que
sa science est la science et que la science est tout. « Il
y a dans l'étude des sciences, a-t-il dit plus tard, un
fond d'orgueil et d'audace amère [2]. » Tous deux se
développèrent en lui et se manifestèrent dans ses premiers écrits. Il fut Jean Servien, avec ses désirs contradictoires et inassouvis, ses amours de tête, ses rêves
et ses déceptions, ses aigreurs et ses rancunes. Et il
commença de mettre dans la biographie de cet autre
lui-même cette « âcreté », cette « dureté [3] » dont il devait être choqué quelques années plus tard. L'ironie
désabusée qui paraît dans quelques pages de *Jocaste*,

[1] *Temps*, 29 janvier 1888. Cf. 12 mars 1893.
[2] *Vie littéraire*, I, 23.
[3] *Désirs de Jean Servien*, VI.

la conception d'une fatalité mesquine qui domine les humains et trouble leur vie d'un tragique sans grandeur, datent assurément de la même époque. Enfin, dans ses premiers poèmes, avec une foi encore inébranlée au panthéisme évolutionniste, avec une sensualité sombre et comme révoltée, perce je ne sais quelle hantise haineuse du christianisme. Dans Jésus, dans ce « beau juif [1] » dont il ressent malgré lui le charme, il voit un ennemi de la joie de vivre et de la beauté de vivre, presque un ennemi personnel. Voilà des dispositions qu'il faut connaître pour comprendre comment, un jour, — à l'étonnement de bien des lecteurs, — se découvrira l'Anatole France anticlérical, le préfacier de M. Combes. Qui l'eût pu prévoir, en effet, parmi ceux qui, mal instruits de ses débuts quasi sectaires, le jugeaient d'après les seuls ouvrages qu'il a composés dans la période immédiatement postérieure ?

Ils sont d'un ton bien différent. Comment s'est opérée cette transformation, — j'allais presque dire cette conversion si rapide ? Seul, j'imagine, M. France pourrait le dire avec exactitude. Il semble pourtant que son esprit critique s'exerça bientôt sur les théories d'abord aveuglément admises. Il s'aperçut alors qu'elles n'allaient point sans difficultés ; que la nature, que les êtres, que les faits ne s'accommodaient point docilement aux « constructions » des Darwin et des Taine. Et sa confiance première aux spéculations des philosophes en fut rudement ébranlée. Quant à la science positive, il continua de croire « qu'il n'y a point de

[1] *L'Adieu (Poésies, 116).*

certitude hors d'elle » ; mais il en connut mieux les
limites. Il découvrit « que les vérités scientifiques ne
valent que par les méthodes qui y conduisent et que
ces méthodes sont inaccessibles au commun des hommes » : « c'est une pensée peu scientifique, conclut-il,
que de croire que la science puisse un jour remplacer
la religion ». Des influences diverses durent favoriser
d'ailleurs cette évolution. Je soupçonnerais que celle
de Louis Ménard ne fut pas sans importance. Celle de
Renan, en tout cas, est manifeste, et dans le beau
poème des *Noces corinthiennes*, et dans la préface
caractéristique que l'auteur y joignit. « J'ai refait le
rêve des âges de foi ; je me suis donné l'illusion des
vives croyances... Je porte aux choses saintes un
respect sincère... Qu'importe que le rêve mente, s'il
est beau ? N'est-ce pas le destin des hommes d'être
plongés dans une illusion perpétuelle ? Et cette illusion
n'est-elle pas la condition même de la vie [1] ? » Pour
reprendre un mot de M. Jules Lemaître : « Est-ce assez
*Vie de Jésus* [2] ? » — Et c'est ainsi que, faisant désormais place au doute, laissant son intelligence se
détendre et l'Ironie et la Pitié amollir son âpreté juvénile, doux envers la vie et souriant à l'inconnaissable,
il compléta, par la raillerie sans fiel du *Chat maigre*,
le roman pessimiste de *Jocaste* ; il raconta avec une
sensibilité humoristique le *Crime de Sylvestre Bonnard* ; il revit, pour la tempérer d'indulgence avant de
la publier, cette autobiographie qui a pour titre les

[1] *Préface des Noces corinthiennes (Poésies, 127-128).*
[2] *Jean-Jacques Rousseau, 301.*

*Désirs de Jean Servien ;* et ainsi, pendant dix années environ, se succédèrent ces livres qui ont fait sa gloire de conteur, de romancier, de critique, mais de conteur, romancier et critique dilettante : *Abeille, le Livre de mon ami, Nos enfants, Balthazar, Thaïs,* l'*Etui de nacre,* les quatre volumes (ou du moins les trois premiers) de la *Vie littéraire* [1], et encore ce *Pierre Nozière* qui, publié longtemps après, n'en a pas moins été composé, à peu près tout entier, dans cette seconde période.

La doctrine à laquelle M. France s'est attaché, — et fermement attaché, malgré les apparences, — pendant ces douze ou quinze années, a un nom en philosophie : c'est le subjectivisme absolu. Rien n'existe, ou du moins n'est connaissable, que la pensée. « Le temps et l'espace n'existent pas. La matière n'existe pas non plus. Ce que nous nommons ainsi est précisément ce que nous ne connaissons pas, l'obstacle où se brisent nos sens. Nous ne connaissons qu'une réalité, la pensée. C'est elle qui crée le monde. Et si elle n'avait pas pesé et nommé Sirius, Sirius n'existerait pas [2]. » Voilà qui est catégorique et l'on ne peut guère aller plus loin dans la négation, si l'on ne va jusqu'au pyrrhonisme. Mais le pyrrhonisme pur est, à vrai dire, impossible, étant contradictoire. C'est la seule raison qui ait empêché M. France d'y aboutir. « J'ai regardé, je l'avoue, plus d'une fois, du côté du pyrrhonisme absolu. Mais je n'y suis jamais entré ; j'ai eu peur de poser le pied sur

---

[1] Car, avec le quatrième, une tendance bien différente commence, me semble-t-il, à percer nettement.

[2] *Vie littéraire,* III, 215. Cf. II, 173.

cette base qui engloutit tout ce qu'on y met, j'ai eu
peur de ces deux mots d'une stérilité formidable : « Je
doute. » Leur force est telle, que la bouche qui les a
une fois convenablement prononcés est scellée à jamais
et ne peut plus s'ouvrir. Si l'on doute, il faut se taire :
car, quelque discours qu'on puisse tenir, parler c'est
affirmer. Et puisque je n'avais pas le courage du
silence et du renoncement, j'ai voulu croire, j'ai cru...»
— Voilà un cri de foi qui retentit avec un accent de
triomphe : on croirait entendre la réponse ardente de
Pauline à l'appel de la grâce. Mais M. France ne nous
laisse pas longtemps dans une telle erreur : «...j'ai
cru du moins à la relativité des choses et à la succession des phénomènes [1]. » — C'est bien un *credo* : il faut
avouer qu'il n'est pas « chargé de matière ». C'est le
*credo* du sceptique.

En dehors de la pensée, ou pour mieux dire de la sensation d'où naît la pensée, il n'y a donc rien. Il n'y
a pas de nature : les représentations que nous nous
faisons des choses sont des créations et des projections
de notre esprit. Et l'on pourrait presque dire que dans
la pensée même, en dehors de la sensation toute nue
et de ce qui en procède immédiatement, il n'y a rien.
Il n'y a pas de philosophie : hors de l'homme, tout est
inconnu et inconnaissable ; en lui, tout est mystère.
« Il n'y a pas d'éthique [2]. » « Il n'y a pas d'esthétique [3] »,
partant pas de critique, si ce n'est d'impressionnisme

[1] *Vie littéraire*, III, x.
[2] *Ib.*, IV, v.
[3] *Jardin d'Épicure*, 217.

pur. Il n'y a pas d'histoire[1]: les faits qui sont la matière de l'histoire sont arbitrairement choisis ; ils sont artificiellement séparés des faits dits non historiques sans lesquels ils sont pourtant inexplicables et inexistants ; ils sont établis sur des témoignages incertains et contradictoires. Il n'y a pas de science : sciences abstraites, elles sont un jeu de l'esprit ; sciences concrètes, elles n'ont d'objets que créés par notre esprit. Il n'y a pas de sens commun même : on appelle « fou » celui qui ne pense pas comme les autres hommes, mais ce qu'il croit est aussi vrai pour lui que le contraire l'est pour eux. Et d'ailleurs il n'y a pas de vérité. Et, s'il y en avait, l'homme n'aurait aucun moyen de la saisir : « Il se peut que l'intelligence nous serve un jour à fabriquer un univers. A concevoir celui-ci, jamais ! Aussi bien est-ce faire un abus vraiment inique de l'intelligence que de l'employer à rechercher la vérité. Encore moins peut-elle nous servir à juger, selon la justice, les hommes et leurs œuvres. Elle s'emploie proprement à ces jeux, plus compliqués que la marelle et les échecs, qu'on appelle métaphysique, éthique, esthétique. Mais où elle sert mieux et donne le plus d'agrément, c'est à saisir, çà et là, quelque saillie ou clarté des choses et à en jouir, sans gâter cette joie innocente par esprit de système et manie de juger[2]. » C'est ainsi que le dilettantisme *apparaît* comme la conséquence naturelle d'un scepticisme, poussé aussi loin que l'esprit humain peut l'admettre sans une sorte de suicide.

[1] *Crime de Sylvestre Bonnard* et passim.
[2] *Jardin d'Epicure*, 77-78.

Que va-t-il sortir de là ? M. France se donnera-t-il pour tâche de combattre toutes les doctrines vivantes parmi les hommes, de réfuter toutes les idées reçues, de démontrer qu'il est illégitime de les accepter les unes et les autres, puisque toutes sont également fausses ? Pas du tout. Il y aurait là contradiction : reconnaître à l'intelligence le pouvoir de dénoncer le faux, c'est lui reconnaître le pouvoir d'établir le vrai. Mais ces opinions communes, de quelque nom qu'elles se parent, religions, philosophies, traditions, quelque origine qu'elles s'attribuent, sur quelques arguments spécieux qu'elles s'appuient après coup, ne sont pas, en réalité, d'ordre intellectuel. Elles sont un produit de l'instinct, un résultat spontané de la nature des choses, des hommes, des sociétés : et par là elles sont vraies, en tant qu'elles sont tout ensemble involontaires, irréfléchies, universelles et nécessaires. Bien loin de les déclarer toutes fausses, ceux qui en ont ainsi compris la raison d'être les déclareront toutes vraies. Et ceux-là sont ceux qu'on appelle des sceptiques, c'est-à-dire « des hommes qui ne veulent de mal à personne, qui sont tolérants et bienveillants et qui, n'ayant pas de foi qui leur soit propre, communient avec les croyants... *Ils ne croient à rien ; cela les oblige à ne rien nier* [1] ».

Et M. France, en effet, ne nie rien. — Il accepte la morale. « Si l'on incline au doute, il faut considérer que le pyrrhonisme ne va pas sans un profond attachement à la coutume et à l'usage. Or la coutume du plus grand

---

[1] *Vie littéraire*, II, 175. Cf. *Temps*, 2 octobre 1887 : « La crédulité fait la joie du sceptique, qui mord avec délices à ce fruit défendu ».

nombre, c'est proprement la morale. Il n'y a qu'un sceptique pour être toujours moral et bon citoyen [1]. » — Il accepte la religion. Sylvestre Bonnard, quand il est enfin nommé tuteur de la petite Jeanne, se propose de faire croître en elle, sur le modèle de M^me de Gabry, les plus belles vertus chrétiennes. Avec un soin scrupuleux, M. France, parlant en son propre nom, évite toute parole qui pourrait troubler ou seulement contrister le plus humble et le plus timoré des croyants. Et je sais de lui, au second volume de la *Vie littéraire*, une sorte de méditation sur le *Dies iræ*, qu'un prédicateur n'hésiterait pas sans doute à signer de son nom [2]. Plût à Dieu, pour le dire en passant, que nos prédicateurs nous donnassent souvent des pages aussi belles ! — Il accepte le patriotisme, même ou surtout sous la forme militaire : il approuve sans restriction le colonel de chasseurs qui a fait brûler sur le fumier de la caserne un exemplaire du *Cavalier Miserey* ; et, un 14 juillet, après avoir, dans le *Temps*, décrit en termes enthousiastes la revue des troupes, il ne peut se tenir de terminer par un cri de : « Vive l'armée ! [3] » — Il accepte même, que dis-je ? il célèbre les préjugés, du moins ceux qui lui apparaissent bienfaisants, les « nobles et universels préjugés [4] » qui sont la base solide de l'éducation.

On ne doit donc pas s'étonner de le voir abondant en sages conseils. Qu'il prêche la tolérance, qu'il s'indigne

---

[1] *Ib.*, I, III.
[2] *Ib.*, II, 8-9.
[3] 18 juillet 1886.
[4] *Vie littéraire*, II, 249.

à voir le Conseil municipal de Paris proscrire stupide-
ment le mot Dieu ou la moindre mention des choses religieuses, dans les livres agréés pour ses bibliothèques,
rien d'étrange à cela : la tolérance est la vertu par excellence du sceptique. Mais il prêche aussi les vertus
proprement dites : la charité active, le dévouement, le
sacrifice. Il ne trouvera pas de termes assez élogieux,
par exemple, pour honorer le viril sentiment du devoir
qu'a manifesté une Catherine de Wurtemberg, la noble
femme du roi Jérôme. Il prêche même les pratiques les
plus directement opposées au scepticisme. C'est ainsi
qu'il établit avec force la nécessité de l'action : « Faut-il
donc agir ? » demande-t-il à propos du *Serenus* de Jules
Lemaître. Et il répond sans hésiter : « Sans doute qu'il
le faut !... On peut vivre sans penser. Et même c'est
généralement ainsi qu'on vit. Il n'en résulte pas grand
dommage pour la République. Au contraire, la patrie a
besoin de l'action diverse et harmonieuse de tous les
citoyens. C'est d'actes et non d'idées que vivent les
peuples [1]. » Et, s'il est des défauts ou des erreurs contre
lesquels il mette plus volontiers en garde ses lecteurs,
ce seront précisément ceux auxquels est surtout exposé
le dilettante : l'individualisme outré, l'orgueil intellectuel, le mépris des humbles, qui remplissent, sans raffi-
ner ou même sans réfléchir, ce qu'ils estiment leur
devoir.

Ainsi donne-t-il l'idée — et l'exemple — d'un dilettantisme innocent, doucement ironique et pitoyable, respectueux de tout ce qui est sincère et noble, optimiste, au

_____
[1] *Vie littéraire*, I, 14.

sein duquel la morale et le goût se concilient dans une harmonie supérieure, qui inspire pour tous les hommes une sympathie indulgente, et qui n'a de sévérité ou même de légitime violence qu'envers la platitude morale (Marie-Louise) ou la platitude littéraire (Ohnet) ou encore la grossièreté, outrageuse tout ensemble pour la morale et pour le goût (Zola : *la Terre*). Si l'on voulait faire l'apologie du dilettantisme, il semble qu'il suffirait de montrer à ses adversaires quelle œuvre exquise et bienfaisante il a inspirée à M. France.

Pourtant, quand on y regarde d'un peu plus près, — surtout, il faut le dire, à la lumière de ce qui a suivi, — on ne laisse pas de rencontrer dès lors dans cette œuvre des pages, des aveux, des mots révélateurs — et inquiétants. Le dilettantisme est source de joie et d'apaisement ? N'est-ce point au second volume de la *Vie littéraire* que nous trouvons déjà, déplorées en termes étrangement forts, « la tristesse du sceptique, pour qui l'univers n'est qu'une suite d'images incompréhensibles et qui redoute également la vie et la mort puisque ni l'une ni l'autre n'ont de sens pour lui..., l'amertume de l'esprit et du cœur, châtiment inévitable de l'orgueil intellectuel[1] » ? — Le dilettantisme enseigne à goûter et à respecter partout la beauté morale ? N'est-ce point au troisième volume de la *Vie littéraire* qu'on lit ces phrases odieuses et impies : « Il faut laisser le martyre à ceux qui, ne sachant point douter, ont dans leur simplicité même, l'excuse de leur entêtement. Il y a quelque impertinence à se faire brûler pour une opinion... Les

----

[1] *Vie littéraire*, II, 55.

martyrs manquent d'ironie et c'est là un défaut impardonnable ; car, sans l'ironie, le monde serait comme une forêt sans oiseaux. L'ironie c'est la gaieté de la réflexion et la joie de la sagesse [1]. » Vous l'entendez, vous tous, qui avez sacrifié à la Vérité sainte, ou à ce que, dans votre bonne foi, vous avez pris pour elle, vos situations, vos biens, votre réputation, les douces joies de l'existence, votre liberté, votre vie même ; vous tous qui, sur la croix, sur le chevalet, sur la roue, sur les bûchers, par tous les instruments qu'a imaginés l'ingéniosité des bourreaux, avez subi la torture et la mort ; n'espérez pas nous attendrir en étalant vos souffrances et vos plaies ; vous êtes des « entêtés », des « impertinents », qui « manquez d'ironie »; et c'est un « défaut impardonnable ! » — Le dilettantisme réalise l'accord parfait de la religion ou de la morale avec le goût ? Mais combien de fois n'est-ce pas le péché ou la faute que l'art de M. France a revêtus de grâce ? et quel naïf, à lire *Thaïs*, s'imaginera que ce livre est écrit pour démontrer combien est belle la pureté ou séduisante la foi religieuse ? — Le dilettantisme, n'imposant aucune doctrine, se concilie avec toutes ? Allez dire cela à celui qui aura lu la polémique que le *Disciple* de M. Paul Bourget a fait naître entre Ferdinand Brunetière et M. France ! C'est alors, en effet, que, d'un seul coup, se déchira le voile d'impartialité indifférente. Avec une ardeur, une netteté, une âpreté même, dont tous les lecteurs furent à bon droit frappés, ce prétendu sceptique revendiqua hautement les droits supérieurs, les droits illimités de la

[1] *Ib.*, III, 31.

pensée. Il ne fut plus question, ce jour-là, d'ironie, de
détachement, de nuances habilement mêlées et fondues
pour concilier les inconciliables, d'adaptations ingénieu-
ses, qui permettent de ne dire ni oui ni non ou de dire
tout ensemble oui et non. Il y eut une thèse catégorique,
formellement opposée par le critique du *Temps* à la
thèse qu'avait soutenue le critique de la *Revue des
Deux Mondes*. Il y avait donc bien pour lui une vérité ?
Eh oui ! il y en avait une, — et c'était celle que le dix-
huitième siècle avait enfin découverte, pour résoudre
« le déplorable malentendu qui voilà dix-huit siècles
brouilla l'humanité avec la nature[1] » : c'était l'antichristianisme. On ne saurait trop dire, je crois, l'importance qu'a eue cette querelle du *Disciple*[2]. C'est elle qui
a amené M. France à sentir la contradiction secrète
qu'impliquait son dilettantisme. Il a vu, plus clairement
qu'il ne l'avait jamais fait, que les principes mêmes en
sont contradictoires avec les principes de certaines
doctrines morales, philosophiques et religieuses. Ces
doctrines-là, dès lors, il s'est proposé de les combattre
et, autant qu'il était en son pouvoir, de les anéantir.

N'exagérons rien pourtant. Si *le Disciple* et la querelle du *Disciple* ont provoqué cette crise, ils n'en sont
point la cause véritable. A défaut de celle-là, d'autres
occasions l'eussent également fait éclater. Elle se préparait depuis plusieurs années ; elle devait sortir par
une logique intime des idées et du tempérament de

---

[1] *Histoire comique*, 7.
[2] Voir les pages excellentes qu'a écrites là-dessus M. Victor Giraud
dans son premier volume des *Maîtres de l'heure*.

·M. France ; elle était inévitable. La preuve en est que l'ouvrage essentiel de la nouvelle période, ce *Manuel de l'incroyant* qu'est le *Jardin d'Epicure*, s'il a paru en 1895 seulement, est composé, et composé *tout entier*, de fragments écrits entre 1889 et 1892. Mais les enjolivements, et les compléments, et les atténuations, et les restrictions qui les accompagnaient dans les articles dont ils faisaient partie, ont maintenant disparu ; mais ils sont entassés l'un à côté de l'autre, sans transition, sans ordre apparent, et se renforcent ainsi par leur accumulation même ; et c'est par là qu'ils semblent prendre un ton, un sens nouveaux, et une valeur inattendue. La philosophie qui s'en dégage, moins agressive sans doute et plus nuancée, plus teintée surtout de subjectivisme et d'idéalisme, est bien, en son fonds, la même qu'avait professée sa jeunesse sectaire : c'est la philosophie d'Epicure et de Lucrèce, de Gassendi, de Voltaire et de Condillac, de Darwin complété et corrigé par du Renan et du Taine.

Cette troisième période, — qui va de 1892 environ à 1895 environ, — est en quelque sorte dominée et orientée par le *Jardin d'Epicure*, déjà contenu dans les articles antérieurs à 1892, colligé, élaboré et comme essayé à l'*Echo de Paris* en 1893 et 1894, publié enfin sous sa forme définitive en 1895. La doctrine s'y présente toute seule, ornée des grâces du style sans doute, mais affranchie de toute affabulation, et par là nette et sans détour. De la même inspiration dérivent, en 1891 et en 1893 [1], deux romans, — ou plutôt un roman et

---

[1] A l'*Écho de Paris* et parus en volume tous deux en 1893

une série de conversations à la *Neveu de Rameau*, — dans le genre et dans le ton du dix-huitième siècle : *la Rôtisserie de la reine Pédauque* et *les Opinions de Jérôme Coignard ;* en 1893 et en 1894, un recueil de nouvelles et un roman, *le Puits de Sainte-Claire* et *le Lys rouge* [1], situés dans une Italie de nos jours et dans une Italie de la Renaissance, également affranchies des dogmes et également abandonnées à la volupté. Or, sans doute, la religion et la morale sont tout ensemble assez maltraitées dans ces quatre volumes. Je crois pourtant que, sans vaine recherche de symétrie, on peut trouver les deux ouvrages dix-huitième siècle plus spécialement dirigés contre la religion, et les deux ouvrages italiens plus spécialement tournés contre la morale.

Dans *la Rôtisserie*, le personnage principal — et sympathique — compromet la foi que son habit symbolise et qu'il fait profession de défendre. Sa propre conduite, je veux dire son inconduite, et ses arguments scabreux discréditent et ruinent sa doctrine. La foi elle-même est subtilement coupée de tous ses appuis et de toutes ses preuves. Elle n'est plus soutenue ni par la raison, ni par l'histoire, ni par la morale. Un fidéisme outré la laisse, pour ainsi dire, suspendue en l'air et prête à s'écrouler, dès l'instant où l'esprit cessera de lui accorder une adhésion que rien ne justifie, que tout fait paraître absolument arbitraire. Et dans *les Opinions de Jérôme Coignard*, les mêmes principes sont exposés avec les conséquences infinies qui s'en déduisent dans tous les do-

---

[1] Les morceaux qui composent *le Puits*, publiés par l'*Écho de Paris*, en 1893 et 1894, ont paru en volume en 1895 ; *le Lys*, publié à la *Revue de Paris*, en 1894, a paru en volume la même année.

maines de la pensée et de la vie privée comme de la vie sociale. — La plupart des récits du *Puits de Sainte-Claire* respirent la sensualité la plus débridée, et l'on se rappelle le rôle immonde complaisamment attribué à un dominicain au dénouement de l'un deux. *Le Lys rouge* est également d'une immoralité absolue. Non point par les faits mêmes qui y sont racontés ou les passions qui y sont analysées. C'est cette éternelle histoire, — d'une femme qui prend un, deux amants et qui les quitte ou en est quittée, — que les romanciers contemporains ne se lassent pas de nous présenter, quoique nous commencions peut-être à nous lasser de la lire. Mais, ici, on sent que l'auteur approuve sans réserves la conduite de son personnage. Si l'idée lui est venue un instant que les liaisons de Thérèse peuvent soulever des objections morales, il est clair que ces objections lui paraissent sans valeur et dignes d'esprits étroits. Par l'assentiment non douteux qu'il donne à sa conduite, il s'en fait le complice.

Mais ce qui apparaît surtout nouveau dans ces deux groupes de récits, c'est le ton, c'est l'inspiration. Adieu, la gaieté légère, la mélancolie douce et relevée d'humour, l'optimisme indulgent du *Crime de Sylvestre Bonnard* ou du *Livre de mon ami!* Partout ici percent un mépris général des hommes, une ironie de plus en plus dénuée de sympathie, au moment même qu'elle se dit sympathique, une âcreté agressive, une tristesse d'une amertume croissante. Les dispositions morales de M. France sont celles d'un déçu. Il a demandé le bonheur au dilettantisme, et il s'aperçoit que, selon la loi

de l'humanité, la volupté l'a fui, précisément parce qu'il
l'a cherchée. Il me semble que *l'Humaine tragédie* prend
en maints endroits, et surtout dans les pages de la fin,
le sens d'une confidence personnelle. La plainte admirable de Fra Giovanni est la sienne [1]. Quand le « saint
homme » dit au « docteur Subtil », avec une émotion si
poignante : « C'est par toi que je souffre et je t'aime.
Je t'aime parce que tu es ma misère et mon orgueil, ma
joie et ma douleur, la splendeur et la cruauté des choses, parce que tu es le désir et la pensée, et que tu m'as
rendu semblable à toi »; quand il lui dit encore : « Je
sais, je vois, je sens, je veux, je souffre. Et je t'aime
pour tout le mal que tu m'as fait. Je t'aime parce que
tu m'as perdu »; ce qu'on entend là, c'est le cri du dilettante, qui a découvert enfin quelle amertume infinie
laissent à qui les a goûtés les fruits savoureux du
dilettantisme.

Il n'y a pas loin de la désillusion à la colère. Avoir
aperçu dans le lointain une forme indécise, avoir attendu, avoir espéré une apparition gracieuse, s'approcher
et découvrir alors un être difforme et repoussant : quelle
désillusion et quelle révolte ! et comme la pitié est
étouffée par une sorte de rancune contre le misérable !
C'est là ce qui semble être arrivé à M. France. « Le
voluptueux, a-t-il dit quelque part, ne pardonne pas à
la laideur d'attrister la fête de la vie [2]. « C'est cette fête
dont il voulut jouir ; c'est cette laideur qu'il a rencon-
trée : et il ne lui a point pardonné.

[1] *Puits de Sainte-Claire*, 242 *sqq.*
[2] *Vie littéraire*, II, 175. Cf. II, 59. « Je craindrais de devenir très
méchant, etc. »

En 1895, commence dans l'*Echo de Paris* la série qui est devenue l'*Histoire contemporaine*. D'un bout à l'autre, c'est une raillerie universelle. L'auteur prend plaisir à ridiculiser tous les hommes. Tous ont leur tares et leurs petitesses. Tous sont ou fanatiques, ou inintelligents, ou mesquins, ou vulgaires, ou débauchés, ou canailles. Sa malveillance est si générale, qu'elle n'épargne personne, pas même ce M. Bergeret, avec lequel il finira pourtant par s'identifier (et auquel alors il prêtera son intelligence et ses idées) dans l'impossibilité où il est de ne pas se mettre en scène. Il prend plaisir à ridiculiser toutes les classes et toutes les institutions : noblesse ou bourgeoisie, fonctionnaires ou commerçants, magistrats, militaires, ecclésiastiques. Il prend plaisir, enfin, à attaquer la religion et la morale. Faux miracles acceptés avec une niaise crédulité par les uns, dénoncés avec une perspicacité maligne par les autres, épisodes de débauche sénile ou de dévergondage précoce, rien n'y manque; et l'on est choqué de voir apparaître en ces ouvrages une curiosité complaisante des choses de la chair, — qui, malheureusement, ne fera désormais que s'étaler avec une franchise croissante. Pour qui jugerait la vie française et en particulier la vie de la province d'après ces esquisses, il n'y resterait presque rien qui méritât le respect et la sympathie, et l'on serait tenté, disait justement M. Chantavoine, de répéter le mot fameux : « Crève donc, société [1]! » C'est un pamphlet et un pamphlet anarchiste, d'où disparaît

---

[1] *De l'ironie en littérature (Correspondant,* 10 avril 1897).

même cette pitié tolstoïsante que laissaient entrevoir du moins les *Opinions* et l'*Humaine tragédie*. On dirait qu'à ce moment-là, M. France est devenu une sorte de Rochefort ou de Jules Vallès académicien.

Mais tout pamphlet suppose un idéal. Celui qui censure les choses telles qu'elles sont (s'il est de bonne foi, bien entendu, et c'est ici le cas) a donc son idée sur ce qu'elles devraient être. Il ne peut les juger sévèrement, en effet, que pour les avoir confrontées avec un modèle qu'il a conçu et les avoir trouvées inférieures. Il est ainsi amené à s'enquérir de la cause de ce mal et à chercher les moyens d'y porter remède. Or les critiques de M. France sont de deux sortes. Il en est qui tombent sur des vices, des défauts, des faiblesses inhérentes à la nature humaine elle-même. Que l'on s'en indigne, comme certains ; que l'on en sourie comme il faisait naguère, que l'on en rie ou que l'on en ricane comme il commence à le faire ; encore faut-il les accepter. Seulement lui, qui est évolutionniste, peut, en ses heures d'optimisme, se forger une consolation : il espère qu'un jour, par la lente et puissante action des forces cosmiques, sortira de cette humanité médiocre une humanité supérieure. Au contraire, d'autres parmi ses critiques s'adressent à une organisation générale, à des lois, à des traditions, à des façons d'agir et de penser, que l'homme, mieux instruit, aurait dès maintenant le pouvoir d'améliorer. Et, chose significative, ces dernières, depuis nombre d'années, depuis les *Opinions de Jérôme Coignard* et depuis l'*Humaine tragédie*, apparaissent de plus en plus nombreuses dans son œuvre. Lui, qui semble n'avoir vu d'abord que les imperfections psychologiques et le mal moral, il a découvert les imperfections politiques et le mal social. Ainsi un réformateur devait naître en lui. Mais il ne vit pas tout de suite quel était l'ennemi à combattre. Nettement antichrétien (cela ne fait pas de doute), il ne jugeait pas néanmoins que le christianisme fût dangereux. Scolastiques dont la pensée est trop éloignée de la pensée contemporaine et trop coulée dans des formes anciennes pour avoir prise sur la foule ; ambitieux mesquins qui veulent obtenir la mitre par leur souplesse ; opportunistes désireux de ménager la situation acquise ; enfants naïfs dont il méprise la puérilité en aimant l'innocence : ses ecclésiastiques, l'abbé Lantaigne, l'abbé Guitrel, Mgr. Charlot, l'abbé de Lalonde, l'amusent plus qu'ils ne l'inquiètent. Il laissera volontiers la religion mourir de sa belle mort. Mais les parlementaires médiocres et véreux, les préfets d'intelligence et d'âme basse qui disent (et qui pensent !) : « Le régime est assez fort, Dieu merci, pour que je le soutienne[1] », les magistrats tarés et serviles « des nouvelles couches[2] », les Juifs[3] (car, chose amusante ! il parle alors en antisémite), voilà ceux qu'il poursuit de sa plus mordante satire. Et comme, avec cela, il prenait de plus en plus en pitié le peuple et ses misères, il était en train de devenir insensiblement un opposant antibourgeois et antiparlementaire, lorsque survint l' « Affaire ».

[1] *Orme du mail*, 139.
[2] *Ib.*, 312.
[3] *Ib.*, passim : M. et M\u1d50ᵉ Worms-Clavelin.

Alors, si je puis ainsi parler, ses craintes, ses antipathies, ses haines, changèrent subitement de plan entre elles. Il crut apercevoir dans toute cette déplorable aventure la main de l'Eglise ; il s'aperçut, en tout cas, que le pouvoir de l'Eglise n'était pas fini comme il l'avait cru. C'est en elle qu'il vit le danger le plus menaçant ; et, dans les rangs des socialistes, aux côtés de ces parlementaires, de ces politiciens tout à l'heure méprisés, il la combattit avec fureur. En cela, je crois que ses adversaires les plus résolus doivent reconnaître et saluer un progrès moral. Il lui était si facile, grâce à sa réputation de dilettante, de planer égoïstement au-dessus des partis en lutte, de jouir du spectacle des mêlées civiques, et de dire comme Caïn : « Suis-je le gardien de mon frère ? » Qu'il ait risqué sa tranquillité, qu'il ait compromis des amitiés et des relations agréables et précieuses, qu'il se soit détourné des jeux de la pensée et des travaux de l'art qui lui étaient si chers : cela est bien et révèle en lui, mieux qu'un grand écrivain, un homme. Quel dommage, après cela, qu'il se soit rabaissé au niveau où se tinrent tant de ses compagnons[1]; qu'il ait rivalisé avec eux d'intolérance, — car la pire intolérance et le fondement même de tout fanatisme est de ne pas vouloir admettre la bonne foi de ses adversaires, — d'aveuglement et d'injures ! Il approuva les violences ; il applaudit aux représailles ;

---

[1] Ajoutons, pour être juste : et de ses adversaires. — J'aurais rêvé un Anatole France qui eût défendu sa cause sans emportements ni violences, qui eût su reconnaître et saluer les hommes de bonne foi dans le parti contraire. Mais quoi ! c'était sans doute trop exiger de la nature humaine.

il défendit, il réclama des mesures de vengeance et de proscription ; et, sous prétexte d'instaurer « la vraie liberté, celle qui ne reconnaît pas de liberté contre elle [1] » (oh ! la belle formule, et qu'il sied bien à celui qui l'a imaginée de se déclarer partisan de la tolérance !), il prêcha de son mieux la haine.

Qu'on y fasse bien attention. Dans cette crise se sont révélés son moi réel et sa pensée véritable. Pendant sa jeunesse, son intelligence avait cru conquérir une doctrine, puis avait cru la rejeter. Elle n'était pas assez puissante pour cela : elle en avait été conquise et elle n'avait fait que l'ensevelir au plus profond et au plus obscur d'elle-même. Elle s'était revêtue, par élégance, d'une couche de dilettantisme et avait pris plaisir à rassembler en elle les contraires. Mais ce n'étaient là qu'une apparence et qu'un jeu. Les idées foncières, malgré tout, sont restées immuables en elle. Qu'on lise, par exemple, sa *Vie de Jésus* à lui : sa *Jeanne d'Arc*. C'est un effort passionné et partial pour rabaisser celle qu'il continue d'appeler pieusement une sainte aux proportions de l'humaine nature et pour bannir le merveilleux de sa merveilleuse histoire. Or il y a travaillé longtemps ; il a parlé à maintes reprises de la Vierge lorraine. Qu'on recherche tous ces passages : dès les premiers, dès ceux qui datent de 1886, — de la pleine période de son dilettantisme affecté [2], — on voit percer

---

[1] *Vers les temps meilleurs*, 1, 92.

[2] Voir dans *Lettres et arts* du 1er avril 1886 le compte rendu de *la Jeanne d'Arc à Domrémy*, de Siméon Luce : c'est déjà la théorie essentielle de son livre et comme le sommaire de sa préface.

les mêmes partis pris[1]. Si maintenant, l'Affaire étant loin de nous, il recommence à jouer et à sourire, s'il rit même ou ricane (fâcheusement, d'ailleurs, dans l'*Ile des Pingouins)* de ses propres ardeurs et de celle de ses compagnons comme de celle de ses adversaires, c'est qu'à son âge on ne renonce pas facilement à une manière confirmée par trente ans de succès. Mais qui ne sent que, si les idées qui lui restent chères malgré ses railleries, étaient sérieusement menacées, il reprendrait ses colères et recommencerait ses efforts ; qu'en réalité le dilettantisme, chez lui, n'est plus vraiment qu'une attitude ?

Ainsi l'exemple de M. France est, à lui seul, une réfutation du dilettantisme renanien. Dans son histoire, on voit, à plein, comment cette prétendue indifférence entre les doctrines implique certaines négations, — dont l'envers est une foi : une doctrine peu cohérente, peu systématisée surtout, mais une en son fond. On y voit comment, si le dilettante est logique avec lui-même et si les circonstances l'amènent à suivre sa ligne jusqu'au bout, la recherche de la volupté intellectuelle aboutit à la désillusion, la désillusion à la révolte, la révolte à

---

[1] Il nous dit lui-même *(Univers illustré*, 12 décembre 1891) qu'au fond sa conception de Jeanne d'Arc lui vient de Voltaire. — Voir aussi, dans le *Temps* du 1er septembre 1889, l'espèce d'inquiétude que lui cause le livre où le capitaine Marin accorde à Jeanne des capacités militaires *(Jeanne d'Arc tacticien et stratégiste)* : « L'idée que je me faisais de Jeanne d'Arc en serait bien altérée, et il faudrait changer plus d'une ligne à la statue que j'ai lentement sculptée dans mon esprit. » Mais, tout compte fait, il n'y a rien changé. — Voir d'ailleurs, sur ses partis pris et sa partialité, Funck-Brentano, *la Jeanne d'Arc de M. France* (*Revue hebdomadaire*, 4 juillet 1908), et le livre — passionné lui-même — d'Andrew Lang, *la Jeanne d'Arc de M. Anatole France* (Perrin, 1909).

la découverte des principes secrets sur lesquels se fonde cette doctrine implicite qu'il porte en lui. On s'explique alors comment le dilettantisme, ruiné par cette contradiction intime enfin apparue aux yeux, n'a eu qu'un temps, et comment la jeunesse d'aujourd'hui n'a pas de peine à en sentir la vanité et à s'en affranchir. — Il semble bien que si M. France en est un des grands hommes, il en doive être le dernier et qu'il doive l'emporter avec lui.

Tel est le sommaire d'une étude complète sur M. Anatole France à laquelle j'ai travaillé pendant de longues années et que j'ai plusieurs fois « essayée » dans des conférences publiques [1]. Quand il m'a semblé que je « tenais » mon modèle, j'ai commencé à la développer dans ses détails, avec ses arguments et ses preuves. Mais j'ai été débordé par la richesse de ma matière et je me suis vite aperçu qu'il me faudrait singulièrement l'appauvrir pour la faire tenir dans les limites d'un juste volume. C'est pourquoi je me suis décidé à en détacher une partie. J'avais voulu rechercher, d'une part, quelle est, en son fond, la nature mentale de M. France, d'autre part, comment elle a évolué. Il y avait là, si je puis ainsi parler, une étude « statistique » complétée par une étude « dynamique ». C'est la première seule que je publie dans le présent volume.

*Paris, mars 1913.*

G. MICHAUT.

---

[1] Cf. *Liberté* de Fribourg (Suisse), 21 et 22 février 1903.

P.-S. *pour la troisième édition.* — J'ai tâché, dans cette nouvelle édition, de corriger les erreurs que j'avais pu laisser échapper. Et je serais reconnaissant aux lecteurs qui voudront bien me signaler celles qu'ils auraient aperçues.

*Août 1913.*

———

*Note pour la cinquième édition.* — Depuis qu'a paru la quatrième édition de cet ouvrage, l'attention publique a été maintes fois attirée sur l'illustre écrivain. On sait son rôle patriotique pendant la guerre, et son rôle internationaliste après le traité de Versailles, et comment il a été honoré du prix Nobel et les paroles qu'il a cru devoir prononcer publiquement en Suède. On sait que M. Gsell vient de publier les ingénieux *propos* du maître. On sait enfin que de nombreuses études ont été consacrées à son œuvre : je citerai entre autres celles de M. Gérard Gailly à la *Minerve française,* de M. Jean Héritier au *Nouveau Mercure,* de M. Henri Massis à la *Revue Hebdomadaire,* de M. André Provost à la *Grande Revue, etc.* Tous ces faits nouveaux et tous ces travaux récents ne m'ont point paru de nature à modifier dans l'ensemble les conclusions de mon ouvrage et je le donne ici tel quel, en y corrigeant seulement quelques fautes d'impression et quelques lapsus.

Je demanderai pourtant la permission d'ajouter deux mots d'apologie personnelle.

Un critique, admirateur du Maître, a cru comprendre que pour moi « M. Anatole France ne possède *aucune espèce d'imagination* ». — Je renvoie aux pages ix de mon *Introduction*, et 97-122 de mon texte. J'y distingue une première forme d'imagination, — celle qui permit à un Molière ou à un Balzac de créer des types, en faisant abstraction totale de leur personnalité propre, à eux, Molière ou Balzac, — et je suis forcé de conclure que M. Anatole France n'en est point doué. Je distingue encore une seconde forme, la fantaisie, l'humour d'un Dickens, — mais d'un Dickens qui serait métaphysicien —; et j'estime qu'il en est « doué à un degré rare ». Je distingue enfin, entre ces deux formes, une troisième, l'imagination industrieuse, «qui non seulement compare et juxtapose, mais encore combine et compose », — celle d'un Chénier ou d'un Chateaubriand —; et je la lui attribue formellement. Reconnaître à un écrivain *deux espèces d'imagination sur trois*, est-ce là ne lui accorder « *aucune espèce d'imagination* » ?

J'ai été plus étonné encore, quand j'ai vu le même critique défendre *contre moi* M. Anatole France de l'accusation de *Plagiat*. Il faut que mon censeur ait écrit son article sur des souvenirs un peu lointains de mon livre. Si j'y ai prononcé le mot de plagiat (page 192), non seulement je ne prends point l'accusation à mon compte, mais je la réfute expressément par un texte et par l'exemple de Pascal. J'y fais mienne la théorie de M.

Anatole France lui-même : « Il soutient avec nos classiques que les sujets — idées et situations— sont à tout le monde et que celui-là se les approprie légitimement qui, les ayant puisés n'importe où, leur donne une valeur littéraire et artistique qu'ils n'avaient point avant lui. *C'est son cas.* » La seule réserve que je fasse, c'est que M. France voit trop exclusivement ou du moins trop habituellement la réalité à travers les œuvres antérieures. Encore ai-je pris soin de dire, immédiatement avant, que c'est le procédé d'un Chénier ou d'un Chateaubriand, « qu'on n'a pas coutume de juger doués d'une imagination médiocre ou stérile. » — En réalité, M. France est « plagiaire » au même titre que tous nos grands classiques ; il est « plagiaire » comme Corneille qui n'a pas inventé le *Cid*, comme Racine, qui n'a pas inventé *Phèdre*, comme La Fontaine, qui a «mis en vers» les fables d'Esope, de Phèdre, de Babrias ou des Hindous, comme Molière, qui a puisé de toutes mains chez ses devanciers. Et je serais bien fâché qu'on me crût assez sot pour élever un pareil grief ou contre eux ou contre lui, — qui est de leur lignée, et grand écrivain comme eux.

*Janvier 1922.*

# ANATOLE FRANCE

Comment l'auteur du *Livre de mon ami* et du *Crime de Sylvestre Bonnard* est-il devenu l'auteur de l'*Église et de la République*, de *Vers les temps meilleurs* et de l'*Ile des Pingouins* ? Comment ce sceptique est-il devenu homme de parti ? ce contemplatif, homme d'action ? cet humoriste indulgent, pamphlétaire ricaneur et révolutionnaire audacieux? Comment « l'humble bibliothécaire », qui, animé « d'une candeur d'enfant et d'un zèle pieux », s'enfermait « dans la poussière des bouquins avec l'âme des morts » et « goûtait avec délices ce charme paisible », « prix de la résignation et du renoncement »[1], est-il sorti de sa retraite pour railler sans pitié les parlementaires médiocres et véreux[2], puis, par une volte-face subite, s'est-il rangé de leur

[1] *Préface de Vaux-le-Vicomte*, par Pinor (1888).
[2] *Opinions de Jérôme Coignard ; Lys rouge ; Jardin d'Epicure ; Histoire contemporaine.*

côté[1] ? Comment l'écrivain, qui « aimait la Révolution parce que nous en sortons et l'ancienne France parce que la Révolution en est sortie »[2], qui ne rêvait point une œuvre meilleure que de « réconcilier les deux Frances[3], en est-il venu à opposer violemment « au triumvirat universel du prêtre, du soldat et du financier », «internationale de la servitude et de la violence », « l'internationale des prolétaires, l'internationale de la liberté, du travail harmonieux et de la paix »[4] ? Comment le patriote, qui tirait de l'histoire cette leçon que les républiques comme les monarchies doivent préparer et organiser la guerre[5], qui au retour d'une revue du 14 juillet ne pouvait retenir un cri de « Vive l'armée ! »[6], devait-il un jour reprocher au gouvernement sa timidité à « briser la puissance de la caste militaire », son imprudence de «garder des institutions militaires d'origine et d'esprit monarchiques »[7] ? Comment le bourgeois modéré, un peu timide même, qui s'indignait contre les soldats partageant leur soupe avec des grévistes, « au risque de prolonger la crise et en même

---

[1] *L'Eglise et la République.*
[2] *Temps,* 2 octobre 1887.
[3] *Temps,* 25 avril 1886 et passim.
[4] *Vers les temps meilleurs,* III, 14-15.
[5] *Globe,* 31 juillet 1879.
[6] *Temps,* 18 juillet 1886.
[7] *Vers les temps meilleurs,* III, 13-14.

temps les maux qu'elle cause et les dangers dont
elle menace », et ne jugeait pas cette aumône
« innocente »[1], qui interrompait une citation de
chants révolutionnaires « pour ne pas répandre
des paroles de haine »[2], est-il allé attiser cette
haine dans les réunions populaires ? Comment
enfin l'incrédule pieux, qui « portait aux choses
saintes un respect sincère »[3] et se défendait
d'enlever à une seule âme la foi (ou l'illusion)
qui la console[4], a-t-il fini par mener une violente campagne contre l'Église, « la plus formidable puissance d'oppression qui ait jamais pesé
sur les peuples », « l'antique exterminatrice de
toute pensée, de toute science et de toute joie »[5] ?
— Et, ce faisant, s'est-il, en réalité, autant contredit qu'on le suppose ?

Pour répondre sûrement à toutes ces questions, il faut assurément avoir suivi l'évolution
de ses idées et de ses sentiments ; il faut aussi
connaître les circonstances qui ont, sinon provoqué, au moins favorisé et peut-être hâté cette évolution. Cette histoire, — que j'ai faite, aussi scrupuleusement qu'il m'a été possible, — je l'écrirai,

[1] *Lettres et arts*, 1ᵉʳ mai 1886.
[2] *Temps*, 31 janvier 1892.
[3] *Préface* des *Noces corinthiennes* (*Poésies*, 127).
[4] « Car ceux qui détruisent l'espérance dans les âmes sont
cruels. » (*Nozières*, 214.)
[5] *Vers les temps meilleurs*, II, 77-78.

j'espère, un jour. Mais il m'a semblé qu'on pouvait déjà trouver un commencement de solution dans l'étude seule de son esprit. Il est facile, je le sais bien, de prédire le passé. Pourtant, je croirais qu'en faisant même abstraction des dates et de la succession de ses ouvrages et du synchronisme des événements publics, un critique pénétrant pourrait reconstruire, *dans les grandes lignes,* la courbe selon laquelle devait se développer sa vie intellectuelle et morale ; — pourvu que ce critique ait analysé la nature et les procédés instinctifs de son intelligence, de son imagination, de son sens esthétique et de sa sensibilité proprement dite ; pourvu qu'il ait nettement discerné quelle est entre ces facultés la faculté maîtresse et comment elle devait dominer et orienter les autres. C'est cette triple ou quadruple analyse que j'ai tentée ici.

I

L'intelligence d'abord. Certes les ennemis
même de M. France lui rendent sur ce point
justice : c'est un des hommes les plus intelligents de son époque. Il a l'ouverture d'esprit, qui
lui permet de tout comprendre, — ou presque
tout. Car enfin on ne peut pas demander l'impossible ; et il est impossible, par exemple, à qui n'a
jamais senti que l'extérieur de la religion, sa
séduction poétique, sa magnificence et sa grâce,
de concevoir la religion d'un Pascal. Comme Voltaire, M. France estime que la foi « lugubre » de
l'auteur des *Pensées* « en fit l'ennemi de lui-même
et du genre humain »[1] ; et comme... comme
l'auteur de la *Rôtisserie de la Reine Pédauque,* il
entrevoit dans les tendances fidéistes de son jan-
sénisme je ne sais quelles précautions singulièrement craintives : « Pascal ne douta jamais. Mais

[1] *Vie littéraire,* IV, 218. Cf. 33 : « l'inhumanité de l'auteur des *Provinciales* ».

4

il avait de la prudence, et sa grande appréhen-
sion était que la raison n'entrât par surprise
dans les choses de la foi[1]. » Mais, les choses de ce
genre à part, on ne voit pas ce que M. France
pourrait ne pas comprendre. Et il a la souplesse,
la pénétration, qui lui permettent d'embrasser
tour à tour ou à la fois les idées les plus diverses.
Il a la subtilité, qui fait qu'aucune nuance ne lui
échappe. Avec une aisance parfaite, il se joue
parmi les pensées des hommes de tous les âges
et parmi ses propres pensées.

Pourtant il lui manque quelque chose. Cette
intelligence n'a pas la véritable puissance. Elle
reste voluptueuse, discursive, éparse, car elle ne
sait pas et ne veut pas se discipliner. Se discipliner, c'est se subordonner ; et l'esprit de M. France
entend ne se subordonner à rien.

Il y a des hommes, — un Napoléon, par
exemple, — qui sont nés pour l'action. Ceux-là,
quelle que soit la force de leur intelligence, ne
l'emploient pas pour elle-même. Leur but, leur
plaisir, c'est l'action ; et l'intelligence n'est qu'un
moyen : le moyen d'agir. Assurément il n'en est
pas ainsi de M. France. Sans doute, il n'a point
ce mépris un peu niais que certains « intellectuels » affichent pour l'énergie, et pour l'activité
des militaires, des hommes politiques, des con-

_____________

[1] *Vie littéraire*, IV, 222.

ducteurs de peuples : loin de là, il met volontiers ses lecteurs en garde contre un tel préjugé[1]. Sans doute encore, à toutes les époques de sa

---

[1] *Globe,* 24 et 31 juillet 1819 ; *Notice* sur B. Palissy (1880) ; *Temps,* 11, 18, 31 juillet, 10 octob. 1886 ; 16 janv. (*Vie,* I, 29), 6 mars (*Vie,* I, 80), 27 mars (*Vie,* I, 97), 2 octobre, 30 octobre (*Vie* I, 332) 1887 ; 25 mai, 5 octobre 1890 : etc. *Notice* sur *Vaux-le-Vicomte* de Pfnor (1888) ; *Le Faust de Gœthe* (*Revue Bleue,* 3 août 1889) ; *Univers illustré,* 12 décembre 1894, 1er août 1896, etc. On trouve là des déclarations comme celles-ci : « Il est plus généreux de gouverner que d'écrire. » « Je ne connais pas de plus sot orgueil que celui des contemplatifs qui, parce qu'ils ne font rien, se croient supérieurs à ceux qui font tout. » « La vie ne vaut que par l'action et il n'y a rien de plus généreux que de conduire les hommes. » « Le plus grand art est celui qui agit le plus. » Et quels éloges des énergiques conducteurs de peuples, du soldat, « grand ouvrier du progrès », et qui « fait marcher le monde », des vertus militaires qui ont créé la civilisation ! Il semble même parfois y avoir, sinon un désir d'agir vraiment, du moins un regret de ne l'avoir point fait : « Quand un homme aux affaires me serre la main et me félicite cordialement de n'y être point, je reçois ses félicitations avec modestie. » C'est ce qu'ont bien vu M. Renard (*Les Princes de la jeune critique,* 142-144) et Larroumet (*Anatole France* dans *Vie contemporaine,* septembre 1894 et *Etudes de littérature et d'art,* III). — Pourtant M. Chaumeix (M. *Anatole France et l'histoire* dans *Revue hebdomadaire,* 23 mars 1912) estime qu'il a horreur de l'action et qu'à ses yeux elle fait déchoir. Bien des textes semblent en effet exprimer ce sentiment (*Opinions de Jérôme Coignard,* 207, *Lys Rouge,* 56-58, *Mannequin d'osier,* 307, etc.). Mais c'est qu'à cette date, M. France, pour avoir vu de trop près les hommes politiques, était dégoûté de leur médiocrité d'esprit et de leurs vaines agitations (*Temps,* 30 août 1891 et *Jardin d'Epicure,* 73 ; *Univers illustré,* 30 avril 1892, 20 janvier et 12 décembre 1894 ; *Echo de Paris,* 16 juin 1896 ; *Opinions de Jérôme Coignard, Lys Rouge, Histoire contemporaine,* passim, etc.). C'est aussi que, sa philosophie évolutionniste s'étant

vie, il a répété que l'action est naturelle, qu'elle est bonne, qu'elle est saine, qu'elle est utile, qu'elle est nécessaire, qu'elle est même un devoir[1]. Sans doute enfin, lorsque les circonstances lui ont paru l'exiger, il a, pour sa part, agi sans timidité, sans restrictions, et au besoin (ou sans besoin) avec violence[2]. Il a même soutenu que sa façon

précisée, il concevait la vanité des actions individuelles et attendait tout du changement des idées et des sentiments dans la masse (*Univers illustré*, 20 janvier 1894). Et justement, il a commencé alors à agir de la façon qui lui paraissait maintenant la meilleure : en continuant l'œuvre des philosophes du xviiie siècle et en rêvant pour la France une sorte d'apostolat humanitaire (*Echo de Paris*, 29 décembre 1896 ; *Mannequin d'osier*, 33, 184, 243 ; *Anneau d'améthyste*, 204 ; *Sur la pierre blanche*, 234 ; *Vers les temps meilleurs*, passim, etc.).

[1] *Livre de mon ami*, 69 ; *Temps*, 19 décembre *1886 (Vie*, I, 13-14) ; 27 mars *(Vie*, I, 102), 30 octobre *(Vie*, I, 331) 1887 ; 23 septembre *(Vie*, II, 254, 263), 7 octobre *(Vie*, II, 277) 1888 ; 26 janvier *(Vie*, III, 273), 13 avril *(Vie*, III, 366), 27 avril *(Vie*, IV, 42) 1890 ; 1er mars 1891 *(Vie*, IV, 229), etc. — Remarquer dans *Thaïs* (notamment 317, 328, 329) que l'action apparaît comme la seule chose qui puisse protéger Paphnuce contre le démon, ou plutôt contre lui-même.

[2] Cf. maint passage de *Vers les temps meilleurs*, de *l'Eglise et la République*, et tant de lettres destinées à être lues dans les meetings, dans lesquelles cet écrivain si nuancé paraît ne plus guère se soucier des nuances et s'adapte, un peu trop peut-être, aux auditeurs. — Du reste, étant jeune, il avait manifesté sans crainte ses tendances politiques : *Gazette rimée*, 1867 ; *Vigny*, 1868 (allusions très claires) ; *Almanach de la Révolution*, 1870 ; cf. *Vie*, I, 219. Même à l'époque de sa maturité apaisée, il se

d'agir était la plus efficace, car ce sont les pensées et la parole qui mènent le monde[1] ; et la princesse Zoupoff a pu dire à un simple professeur de latin que sa « petite main » était puissante, que ses écrits avaient une portée incalculable : « Sait-on ce que peut produire dans un cerveau tout neuf une pensée de M. Bergeret[2] ? »

Tout cela est vrai. Mais lorsque M. France « regarde avec envie les batteurs de blé, les simples artisans de l'œuvre par excellence », lorsqu'il « se sent petit et humble devant eux », ce qu'il jalouse en eux, c'est la sérénité « d'accomplir une tâche exacte et régulière », c'est la satisfaction intérieure de faire œuvre *sûrement* utile. Lui, il est incertain s'il aura porté le bon grain dans la grange, si « ses paroles seront le pain qui entretient la vie »; et c'est de cette incertitude qu'il souffre. Qui doutera néanmoins qu'il ne considère sa tâche en elle-même, indépendamment des faiblesses de l'ouvrier, comme bonne et sainte, et supérieure à toute autre ? Qui doutera qu'à ce moment même il ne se répète

défend d'être un artiste pur ; voir l'interprétation curieuse qu'il donne de *Thaïs* et les intentions qu'il déclare avoir eues en l'écrivant *(Univers illustré,* 14 avril 1894).

[1] Vers *les temps meilleurs,* I, 20 et 66. Cf. *Temps,* 23 janvier 1887 : « Les paroles sont des actes. »

[2] *Figaro,* 21 février 1900.

intérieurement : « L'homme ne vit pas seulement de pain, mais de la parole de Dieu ?[1] » Lorsqu'il défend Napoléon, il tient surtout à montrer que ce ne fut pas un « monstre »[2], qu'il fut « humain », « profondément humain », *c'est-à-dire* « semblable à tout le monde ». Et, quoi qu'il fasse, son apologie prend des allures, sinon de mépris, au moins d'indulgence, ce qui ressemble bien un peu au mépris. Napoléon est grand, de «cette vulgaire grandeur qui fait le héros... Son cerveau ne dépassa jamais sa main... Il n'avait pas le génie spéculatif. Ce génie-là, c'est une autre paire de manches, comme dit Buffon... Dans l'amas de ses pensées, il ne se trouve pas une curiosité philosophique, pas un souci de l'inconnaissable, pas une inquiétude du mystère qui enveloppe la destinée... Dans sa puérilité terrible et touchante, il croit qu'un homme peut être grand... C'est l'état prodigieux des hommes d'action. Ils sont tout entiers dans le moment qu'ils vivent, et leur génie se ramasse sur un point. Ils se renouvellent sans cesse et ne se prolongent pas. Les heures de leur existence ne sont point liées entre elles par une chaîne de méditations graves et désintéressées. Ils ne continuent pas de vivre : ils se succèdent dans une suite d'actes. Aussi manquent-

[1] *Vie littéraire*, II, 254.
[2] *Temps*, 13 mars et 2 octobre 1887. Cf. *Lys rouge* 58.

ils de vie intérieure [1]. » Les hommes d'action seraient-ils très flattés d'être défendus de la sorte ?

Lorsque M. France s'est mêlé aux luttes civiles, quoi qu'il ait pu faire, c'est en homme de cabinet qu'il y a pris part. Il n'est pas orateur. Bien qu'une fois au moins, par une coquetterie pardonnable, il ait cherché à donner le change [2], il ne saurait improviser une harangue : il ne peut que lire, dans les « meetings » populaires, ses phrases élégantes et dûment préparées [3]. Il a de la répugnance pour les affirmations dogmatiques. Il a bien essayé de se donner un esprit décisif : il s'est démontré à lui-même que l'action n'est pas inconciliable avec l'ignorance sur les fins

---

[1] *Lys rouge,* 55-57. Cf. *M. Bergeret à Paris,* 254.

[2] *Univers illustré,* 7 juillet 1894. Il s'agit du discours prononcé aux fêtes de Sceaux. M. France veut l'offrir aux lecteurs de ce journal : « Je me suis fait, dit-il, un plaisir de le restituer de mémoire, d'après les notes des journalistes et les miennes. » Or ce discours est entièrement composé de morceaux qui ont littéralement paru ailleurs et même plusieurs fois (Cf. *Temps,* 29 août 1886, 14 août 1887, 9 octobre 1892 ; *Univers illustré,* 28 avril 1894 ; *Pierre Nozière,* 240).

[3] Cf. Edouard Pelletan, *Propos de l'éditeur,* en tête de *Vers les temps meilleurs,* I : « Anatole France n'est pas orateur. Il ne cède pas à l'improvisation verbale. Il ne parle à la foule que la plume à la main. »

dernières de l'homme et de la nature[1] ; et, sentant que, si l'on veut avoir la foule pour soi, il faut être « sûr de soi comme de l'univers »[2], il tranche donc, il décide ou il nie. Mais, dès que l'ardeur de la bataille a commencé de diminuer un peu, bien vite il en revient à ses incertitudes, à son indécision si chère. Ceux qui ont applaudi à ses déclarations socialistes ont-ils été satisfaits de la façon et surtout du ton dont il représente la société future dans *Sur la pierre blanche* ? et du titre même de ce volume ? et de l'épigraphe significative ? Il n'a pas l'audace, le front et la bouche d'airain, qui sont nécessaires aux meneurs de partis. Il est « timide »[3]; sa pensée est « recueillie, lente et solitaire »[4]; il reste à côté des chefs véritables, ou plutôt derrière eux, comme un personnage décoratif, que l'on consulte, à qui l'on demande des préfaces, des lettres à lire dans les réunions, des dépositions euphémiques devant les tribunaux, où les actes de propagande contre la patrie même sont appelés « crimes d'opinion »[5]; mais, pour conduire les masses, c'est à d'autres que l'on s'adresse. Et enfin, et surtout, par un de ces dédoublements auxquels ne se laissent point aller les hommes d'action, il se regarde

---

[1] *Temps,* 17 juillet 1892.
[2] *Jardin d'Epicure,* 123.
[3] *Préface de Jeunes Madames,* de Brada (1895).
[4] *Vie littéraire,* I, I. Cf. *Pierre Nozière,* 15.
[5] *Vers les temps meilleurs,* III, 54.

agir et il sent tout ce qu'il y a dans ses efforts d'artificiel et de vain [1].

Sa philosophie même l'empêche d'avoir confiance : s'adresser à l'intelligence de la masse, quelle folie ! « Ce n'est pas la raison qui gouverne les hommes [2]. » « Les vérités découvertes par l'intelligence demeurent stériles »[3] ; et « dans l'instinct est la seule vérité, l'unique certitude que l'humanité puisse jamais saisir en cette vie illusoire [4]. » Prétendre entraîner la foule, — et même beaucoup de ceux qui semblent appartenir à l'élite, — par des arguments intellectuels, c'est tout simplement offrir un masque honorable et un costume décoratif à leurs sentiments parfois bons, souvent mauvais, à leurs passions parfois généreuses, d'ordinaire égoïstes, à leur intolérance et à leur fanatisme. Et si ces remarques psychologiques ne suffisent point à justifier l'inaction, la sociologie, la métaphysique même viennent à la rescousse. A quoi bon faire effort, emportés que nous sommes dans la « mécanique universelle »? Le travail nous donne, il est vrai, « l'illusion de

[1] Voir comment il explique que « malheureusement l'esprit spéculatif rend l'homme impropre à l'action ». (*Temps,* 22 janvier 1893, et *Jardin,* 121.) D'ailleurs qui prévoit les répercussions infinies de la moindre action est découragé d'agir : il n'y a pas une action innocente. (*Notice* sur *Faust* dans *Revue Bleue,* 3 août 1889.)

[2] *Jardin d'Epicure,* 39.

[3] *Opinions de J. Coignard,* 288.

[4] *Pierre Nozière,* 145.

la volonté, de la force et de l'indépendance » ; mais ceux qui n'ont plus cette illusion, qui ne se flattent plus « d'entreprendre par lui sur les destins »[1], quelle raison auraient-ils de s'y livrer encore ? Ils savent, ces sages, que les agitations des hommes, que les tumultes, les révolutions. sont inutiles. Les préjugés, comme les lois et les gouvernements, ne peuvent être « détruits autrement que par ces forces aveugles et sourdes, lentes et irrésistibles, qui emportent tout »[2]. L'évolution fatale est la providence à laquelle il est intelligent et d'ailleurs nécessaire de s'en remettre. Aussi M. France ricane-t-il bien vite et bien âcrement de la folie des siens et de sa propre folie. *L'Ile des Pingouins,* n'est-ce pas, en des pages nombreuses[3], la raillerie la plus cruelle, la caricature la plus sanglante, non seulement de ses adversaires, mais de ses alliés, et de lui-même, et de leur campagne, et de la part qu'il y prit ? Un homme qui agit de la sorte et par la plume seule, qui justifie si bien en raison l'apathie méthodique, qui se reprend si complètement et si vite, cet homme-là a beau croire[4], il a beau dire, il a beau faire : il n'était point né pour l'action.

---

1 *Anneau d'améthyste,* 6.

2 *Opinions,* 30.

3 Voir livre VI : L'affaire Pyrot.

4 Par moments ; car d'autres fois, comme nous le notions tout à l'heure, il se rend bien compte qu'il n'est pas né pour agir.

Qu'on étudie d'ailleurs presque tous les héros de ses romans, mais principalement ceux dans lesquels il s'est peint lui-même : ils causent, ils méditent, ils philosophent ; mais agir vraiment n'est visiblement pas leur affaire [1], — et ce n'est pas davantage la sienne [2].

Mais les hommes d'action ne sont pas les seuls qui fassent servir l'intelligence à une fin qui la dépasse, et l'exercent pour autre chose que la volupté de l'exercer. C'est le cas encore des esprits systématiques. Un Brunetière, par exemple, se propose avant tout d'organiser en une belle construction logique, harmonieuse, monumentale, les faits qu'il constate et les idées qu'il en tire. Son but et son plaisir, c'est le système qu'il échafaude ; et l'intelligence, pour lui, est un moyen : le moyen d'édifier sa théorie [3].

M. Anatole France n'est pas non plus de ces esprits-là. Assurément, quand il sortit du collège,

---

[1] C'est ce qu'ont bien vu MM. Lanson (*Préface des Pages choisies*) ; Stapfer (*L'art et la matière chez Anatole France*, dans *Bibliothèque universelle*, XXXIII) ; et Chaumeix (*M. Anatole France et l'histoire* dans *Revue hebdomadaire*, 23 mars 1912).

[2] Cf. R. de Bonnières, *Mémoires d'aujourd'hui*, II ; et M. Chantavoine (*De l'Ironie en littérature*, dans *Correspondant*, 10 avril 1897).

[3] M. Victor Giraud, qui lit ceci, m'objecte que Brunetière était avant tout un homme d'action. Je crois en effet que son but dernier était bien l'action (il aurait eu horreur du système pour le système comme il avait horreur de l'art

quand ses premières lectures personnelles, ses causeries sous les ombrages du Luxembourg avec de jeunes penseurs de son âge [1], eurent révélé à son imagination éblouie la philosophie de Taine et de Darwin [2], il crut, — et il crut avec toute la ferveur d'un néophyte, — qu'il possédait la vérité totale. Il s'abandonna donc à « un ardent enthousiasme, à une sorte de religion » qu'il appelle « le culte dynamique de la vie » ; et cette théorie-là « lui parut très bonne ». Mais cela ne dura guère. Il eut l'imprudence de confronter sa doctrine avec la réalité. Et il lui arriva ce qui lui était arrivé à six ans, quand il avait couru au Luxembourg, pour voir sur le sol des allées les degrés de longitude et de latitude tracés sur sa mappemonde : il avait été tout déçu de ne les trouver point [3]. Depuis ce jour-là, on ne l'y a plus repris. S'il a moins renié son déterminisme et son évolutionnisme que pendant assez longtemps il l'a cru lui-même, il a gardé une incurable défiance pour la pompeuse architecture des systèmes [4]. C'est en

pour l'art) ; mais c'était l'action intellectuelle, *par* le système, et, à plus d'une reprise, malgré lui, ce vigoureux esprit me semble bien avoir joué et joui de sa maîtrise et si j'ose dire, de sa virtuosité constructrice.

[1] *Vie littéraire*, III, 55 et passim.

[2] Cf. *Temps*, 17 mars 1889.

[3] *Temps*, 12 mars 1893. — Voir, pour une désillusion semblable que lui a ménagée la préhistoire, *Vacances sentimentales* (dans *Revue Bleue*, 14 octobre 1882).

[4] Que ce soient des systèmes métaphysiques (« Il y a beau

vain que les métaphysiciens tâcheront de tout
ramener à une unité factice ; il ne croit plus
guère aux philosophies de l'absolu[1]. « L'univers
l'étonne par son apparente incohérence bien plus
qu'il ne le frappe par son intime harmonie[2]. »
L'homme intelligent, selon lui, a des vues sur la
nature et sur la société ; mais il ne se pique
point de les lier en faisceau. A M. Coignard,
« pour étonner et ravir les hommes par une
vaste et belle construction mentale, il manqua
seulement l'adresse ou la volonté de jeter à profusion les sophismes comme un ciment dans
l'intervalle des vérités. C'est de cette manière
seulement qu'on édifie les grands systèmes de
philosophie, qui ne tiennent que par le mortier
de la sophistique[3]. » Tout de même, M. Anatole

temps que je lis les traités de métaphysique comme des romans
plus amusants que les autres, non plus véritables » : *Temps*,
7 février 1892, et *Jardin*, 119), ou des systèmes historiques (« Les
faits sont à qui veut les prendre » et les faits mis en fiches
par Benjamin Constant se retournaient à son commandement :
*Temps*, 13 mars 1887).

[1] P. Quillard a justement noté (*Mercure de France*, 1892,
t. VI. 219) que toute conception de l'infini en quoi que ce soit
l'offusque, pour ainsi dire. — Le darwinisme même, qu'il a tant
aimé, qu'il aime encore, n'est pour lui qu'une vérité transitoire :
il a détruit et remplacé dans l'élite pensante, tous les
systèmes antérieurs, mais il sera à son tour remplacé (*Temps*,
29 janvier 1888).

[2] *Temps*, 15 janvier 1893.

[3] *Opinions*, 12. Cf. 88-89.

France ne sait pas (ou ne veut pas) concilier les antinomies ; au contraire, ces « diablesses » s'entassent et coexistent dans son esprit[1]. Il contemple en paix leur guerre. L'art « des ordonnances symétriques » est, pour l'auteur du *Jardin d'Epicure,* un art de mensonge et de duperie. Les théories ne valent que par leur commodité : toutes « sont également bonnes en ce sens que ce sont des étagères indispensables pour ranger les faits dans des compartiments [2]». Et cette commodité même ne dure pas ; les compartiments se révèlent bien vite trop étroits et trop mal organisés pour recevoir tous les faits. « Les théories ne sont créées et mises au monde que pour souffrir des faits qu'on y met, être disloquées dans tous leurs membres, enflées et finalement crevées comme des ballons[3].» Puisqu'il faut toujours en venir là, ne vaut-il pas mieux, — par sagesse, par modestie, par prudence, — se contenter tout de suite, de la poussière de vrai qu'on entrevoit, sans vouloir réunir de force ces vérités éparses en un ruineux assemblage[4] ? Les idées sont comme ces « danseuses de ballet dont

---

[1] *Temps,* 22 janvier 1893 ; *Opinions,* 89. Voir, dès le 14 août 1879, comme il balance et renvoie dos à dos (dans le *Globe)* le matérialisme et le spiritualisme.

[2] *Temps,* 12 mars 1893.

[3] *Livre de mon ami,* 284.

[4] *Vie littéraire,* II, II sqq. et passim.

les groupes se composent et se décomposent sans cesse avec harmonie [1] » : les figer dans une attitude immobile, c'est leur enlever à la fois leur mérite et leur grâce.

Aussi, toutes les fois que M. France en rencontre l'occasion, ne manque-t-il pas de dire leur fait aux théoriciens. Ici, — je veux dire dans le *Chat maigre* [2], — la raillerie lui paraît suffire, et il s'amuse à mettre en lumière le ridicule des professions de foi philosophiques, esthétiques ou politiques des Branchut, des Labanne ou des Godet-Laterrasse. Là, — je veux dire dans la préface du troisième volume de la *Vie littéraire* [3], — sans renoncer à l'ironie, il croit bon de discuter : il s'agit de Brunetière et Brunetière mérite qu'on le prenne au sérieux, qu'on réfute ses objections. M. France s'efforcera donc premièrement de montrer que les systématiques sont exposés à se contredire : l'auteur de l'*Evolution des genres*, qui applique les principes darwinistes à la littérature et à la critique, n'est-il pas le même qui venait de « repousser les idées darwiniennes au nom de la morale immuable » ? Et secondement il tentera de prouver que les systématiques se heurtent à l'impossible. « En théorie pure, on peut concevoir une critique qui, procédant de la

[1] *Vie littéraire,* I, 63.

[2] *Jocaste,* 184 sqq., 188, 193 sqq., 200, 221, etc.

[3] vi sqq., xvi sqq.

science, participe de sa certitude. De l'idée que nous nous faisons des forces cosmiques et de la mécanique céleste dépend peut-être notre sentiment sur l'éthique de M. Maurice Barrès et sur la prosodie de M. Jean Moréas. Tout s'enchaîne dans l'univers. Mais en réalité les anneaux sont par endroits si brouillés que le diable lui-même ne les démêlerait pas, bien qu'il soit logicien. Et puis, il faut en convenir de bonne grâce : ce que l'humanité sait le moins bien, au rebours de Petit-Jean, c'est son commencement. Les principes nous manquent en toute chose... » Ou enfin M. France établira de son mieux qu'« à se débattre dans les régions arides de la théorie », les artistes perdent inutilement leur grâce et ne démontrent que le vain pédantisme de leurs efforts [1].

Pour lui, ce n'est certes pas d'avoir un système en critique qu'il se flatte : il se flatte exactement du contraire. C'est même à cela qu'il met sa coquetterie. A tout instant il le répète, et notamment en tête des quatre volumes de sa *Vie littéraire*. Je ne suis pas un critique ; car la critique n'existe pas [2]. Je ne suis pas un critique ; car je n'hésite pas à me contredire, je parle de moi-même, je n'ai ni étudié la jeune école ni offert

---

[1] *Temps*, 30 août 1889 et *Jardin*, 76 ; *Vie*, IV, 320-321.
[2] I, iv.

une vue d'ensemble sur la littérature contemporaine [1]. Je ne suis pas un critique ; je me livre à des causeries familières, selon mon goût, ma fantaisie, mon caprice même, sans prétendre tout savoir ni tout expliquer [2]. « Je ne suis pas du tout un critique. Je ne saurais manœuvrer les machines à battre dans lesquelles d'habiles gens mettent la moisson littéraire pour en séparer le grain de la balle [3]. » En effet, il se refuse à étudier le « métier » des écrivains : « Les conditions techniques dans lesquelles s'élaborent les romans et les poèmes ne m'intéressent, je l'avoue, que très médiocrement [4]. » Il se refuse à analyser les ouvrages dont il parle, sous prétexte que c'est trop difficile, que c'est inutile, que c'est dommageable à l'auteur, dont le mérite disparaît dans une décomposition de ce genre [5], que c'est enfin inesthétique : « Il y a quelque chose de pénible à disséquer un roman, à montrer le squelette d'un drame [6] ». Il se refuse même à traiter le sujet que l'actualité lui fournit et que lui-même annonce ; il préfère rêver à côté et rappeler ses souvenirs. Que sait-on du livre de

[1] II, i-x.

[2] III, xviii.

[3] IV, vi.

[4] *Vie littéraire*, II, x.

[5] *Temps*, 5 juillet 1891. — Cf. *Vie*, II, 35.

[6] *Vie littéraire*, III, 374.

M. Jules Le Petit, *Bibliographie des principales éditions originales...*, sinon qu'il existe et qu'il est « somptueux », quand on a lu l'article dont il fut l'occasion[1]? — « J'ai assez fait, dit M. France, quand j'ai suggéré quelque haute curiosité au lecteur bienveillant[2]. » Et pour cela, on a besoin de talent, certes, et d'ouverture d'esprit et de sympathies intellectuelles envers ce qui est intéressant ou original ; mais de système, de théorie, pas du tout : alors, il s'en passe.

Cette indifférence totale pour la « construction » n'est guère possible que chez un homme qui, précisément, n'a point, pour son compte, le don de construire. Il semble que cette intelligence, si flexible, si subtile, serait incapable, je ne dis même pas de bâtir ou de rebâtir après d'autres[3] un vaste système, mais, plus modestement, de s'astreindre à la rigueur d'une composition méthodique et serrée. — Je ne veux point, ici, tirer parti de ce qu'avait de décousu, dans sa première forme, l'*Histoire contemporaine*. D'une semaine à l'autre, M. France parfois se répète, revient sur ce qu'il a écrit pour le compléter ou pour en modifier les faits et surtout la signification profonde[4]. Il allègue,

---

[1] *Vie littéraire*, II, 66.

[2] *Ib.*, II, 35.

[3] Cf. Doumic, *Revue des Deux Mondes*, 15 décembre 1896.

[4] Voir *Echo de Paris* du 23 mars 1897, où M. France

pour s'excuser, l'exemple de l'*Odyssée* ; il explique qu'il est un simple « chroniqueur » à la façon de Raoul Glaber[1]. Il lui suffirait, me semble-t-il, d'invoquer les conditions mêmes dans lesquelles se succédaient, au fur et à mesure de leur rédaction, les différents chapitres de son ouvrage. Les esprits les plus logiques n'auraient peut-être pas davantage, en pareil cas, évité les reprises ou même les contradictions. Je n'abuserai pas non plus du passage où il explique comment il grappille, chez les érudits, les idées dont il peut amuser et instruire ses lecteurs. Rien n'est plus légitime, étant donné qu'il prétend seulement leur offrir une de ces libres « causeries littéraires qui veulent des sujets faciles et variés »[2]. — Mais combien de fois ne le voyons-nous pas oublier son véritable sujet pour suivre ses souvenirs impérieux ou ses impressions capricieuses[3]? Combien de fois nous avoue-t-il lui-même qu'il ne saurait éviter les digressions : « Je sors de mon

revient sur les pensées de Mme Bergeret, après que son mari l'a surprise (cf. *Mannequin*, 142). Voir surtout comment l'article du 25 août 1896 (récit du président Cassignol, cf. *Orme*, 289) reprend, développe et *contredit* l'article du 4 août.

[1] *Echo*, 23 mars 1897.

[2] *Vie littéraire*, IV, 350.

[3] Cf. *Livre de mon ami*, 151 ; *Temps*, 11 avril, 8 août 1886, 3 avril 1887 (*Vie*, I, 108) ; *Nozière*, 275, etc.

sujet, ce qui ne m'est que trop habituel[1] », ou bien : « Aurais-je l'âme sinueuse et flottante ? et mon imagination aimerait-elle à s'amuser ? Je le crains[2]. »

Aussi ce qui pèche le plus dans ses ouvrages d'imagination (les critiques, en général, n'ont pas manqué de le remarquer), c'en est la composition. « M. France, dit R. de Bonnières[3], veut ignorer l'art de la composition, de l'arrangement, et il y trouve son compte ». C'est un « chroniqueur », dit M. Lecigne[4]. Et, à propos de tel ou tel de ses romans, sous des formes diverses, les uns avec indulgence, les autres avec sévérité ; c'est ce qu'ont répété et M. Faguet[5], et M. Ernest-Charles[6], et M. Larroumet[7], et M. de Wyzewa[8], et M. Pellissier[9], et bien d'autres, — et ses lecteurs.

Lui-même, il l'a bien senti. Car, par une habileté, d'ailleurs très légitime, mais qui prend ici la valeur d'un aveu, il s'est arrangé maintes

[1] *Temps,* 10 février 1889.

[2] *Univers illustré,* 4 octobre 1890.

[3] *Mémoires d'aujourd'hui,* II.

[4] *Du dilettantisme à l'action,* I, 322.

[5] *Propos littéraires,* II (sur l'*Orme du mail*).

[6] *Revue Bleue,* 16 mai 1903 (sur l'*Histoire comique*).

[7] *Etudes de littérature et d'art,* III (sur le *Lys rouge*).

[8] *Revue Bleue,* 1er sept. 1894, et *Nos Maîtres,* 218-219.

[9] *Revue Bleue,* 21 juillet 1894.

fois pour écrire des ouvrages qui n'eussent pas besoin d'une composition très serrée ou même qui n'eussent pas besoin du tout d'être composés. Ce sont des souvenirs, reliés par un fil très ténu, ou même offerts à la queue leu leu, tels qu'ils se sont présentés à son esprit : *le Livre de mon ami; Pierre Nozière*. C'est un journal intime, avec tout ce que le journal permet de flottement, de retours en arrière, de répétitions et de vagabondage : *Le Crime de Sylvestre Bonnard*. Ce sont des recueils de nouvelles : *Balthazar; l'Étui de nacre; le Puits de Sainte-Claire, Clio; les Contes de Jacques Tournebroche; Crainquebille, Putois, Riquet; les Sept femmes de Barbe-Bleue*. Ce sont des exposés de doctrines, cohérents en ce qu'ils expriment une même tendance qu'on peut appeler anarchique, mais sans suite nécessaire entre eux et même à l'occasion contradictoires : *les Opinions de Jérôme Coignard*. Ce sont encore des fragments décousus, mis bout à bout sans aucun ordre visible et même sans ordre caché : *le Jardin d'Épicure*.

D'autres ouvrages ont l'apparence d'être mieux composés, mais l'apparence seulement. Dans *l'Orme du mail, le Mannequin d'osier, l'Anneau d'améthyste*, il y a un semblant de sujet. Deux ou trois intrigues ou davantage s'entremêlent : qui sera évêque, de M l'abbé Lantaigne ou de M. l'abbé Guitrel ? comment M<sup>me</sup> de Bonmont conservera-t-elle son amant et quel amant vont prendre M^me de Gromance ou M^me Worms-Clavelin ? comment M. Bergeret arrivera-t-il à se débarrasser de sa femme ?... Que sais-je encore ? Mais il est trop clair qu'aucune de ces actions ne constitue un véritable sujet. Aucune n'est centrale et ne domine les autres. Aucune, à vrai dire, n'a d'intérêt ni pour les lecteurs, ni pour l'auteur. Auteur et lecteurs prennent uniquement plaisir aux idées qui s'échangent et se combattent, aux théories opposées de M. Lantaigne et de M. Bergeret, aux propos sceptiques ou sectaires (car ils sont tour à tour ou à la fois — joli tour de force ! — sceptiques et sectaires) du maître de conférences, etc. Et cela est si vrai que, dans le quatrième volume, *M. Bergeret à Paris*, il n'y a même plus cette apparence d'intrigue ou d'action. A la page 404 le livre s'arrête, parce que 404 pages font un juste volume ; tous les personnages restent pour ainsi dire en l'air, et l'anecdote ou les anecdotes commencées, sans dénouement. Mais personne n'en a cure. Aucun lecteur n'a songé à se demander : Que va-t-il arriver maintenant ? Et s'il en est qui aient regretté de voir le livre finir, c'est pour les tableaux satiriques ou pour les propos fantaisistes qu'il aurait pu espérer encore. — *Sur la pierre blanche* n'a pas plus d'unité, ou n'a que l'unité tout extérieure d'un *Décaméron* et d'un *Heptaméron* : « Quelques Français, liés d'amitié, qui passaient le printemps à Rome, se rencontraient souvent dans le forum désenseveli[1] ». Ils nous sont présentés ; nous assistons à leurs causeries, aux lectures ou aux récits qu'ils se font, aux discussions que soulèvent lecture et récit. Et puis c'est tout.

Dans d'autres livres, la composition est tout extérieure et factice, ou empruntée. *L'Ile des Pingouins* n'est qu'une caricature symbolique de l'histoire de France. Une légende, — un peu longuette peut-être et de ton un peu lourd, — introduit le symbole ; l'histoire des temps anciens se déroule en un clin d'œil ; la satire contemporaine s'espace un peu plus, en un récit où le roman fait tort à l'aventure politique et l'aventure politique au roman ; mais la composition générale était fournie et imposée par l'histoire de France elle-même. — *La Rôtisserie de la Reine Pédauque* se présente comme un fragment d'autobiographie. Mais, sans compter que M. France en a pris le cadre et les faits essentiels à des ouvrages antérieurs et qu'ainsi il s'est dispensé de tout effort de composition véritable, ce ne sont ni le cadre, ni les faits qui donnent son prix au récit. Les faits, ils arrivent comme ils peuvent, au hasard des rencontres que font l'un ou l'autre

1 P. 1.

des héros ; et toute la valeur du livre est ailleurs. Je ne sais si, aux yeux de l'auteur, elle est dans les bonnes fortunes un peu trop fréquentes de Jacques Tournebroche, et je le regretterais ; pour les lecteurs peu sensibles à la grivoiserie, elle est dans les théories étranges de M. d'Astarac et plus encore dans les propos abondants et fleuris, érudits et profonds, épicuriens et subtils, du « bon maître », M. l'abbé Jérôme Coignard. — Les *Désirs de Jean Servien* sont une biographie, en partie même une autobiographie matérielle et psychologique. On y voit la formation et la déformation d'une sensibilité dévoyée. Et, si l'on ne peut pas reprocher au roman de manquer d'unité, puisqu'on y suit l'évolution morale d'une même âme, néanmoins, il n'y a pas là d'autre composition qu'une composition chronologique et progressive.

Restent donc *Jocaste, Le Chat maigre, Thaïs, Le Lys rouge, l'Histoire comique* et *Les Dieux ont soif,* où l'on trouve véritablement un sujet limité dans le temps, un drame ou une comédie ayant une exposition, un nœud, des péripéties et un dénouement. — Or tout le monde est d'accord pour reconnaître que l'*Histoire comique* est aussi mal composée que possible. Tous les personnages y sont sur le même plan et, pourrait-on dire, tous sur le second plan. L'auteur seul est au premier, tirant les ficelles, présentant les personnages, commentant les tableaux, philosophant sur

les idées[1]. — Le *Chat maigre* n'est, de l'aveu de
M. France[2], qu'une « petite chronique » ou « il n'y
a que des fous ». C'est la peinture de ces fous qui
l'intéresse, et, quand il les a décrits assez longtemps sur toutes les faces, il coud bien vite un
dénouement rapide pour avoir un prétexte à finir
le volume. — *Les Dieux ont soif* sont encore une
série de tableaux, de l'époque révolutionnaire
cette fois. Il y a bien un personnage, sinon principal, au moins central, — c'est le jacobin Gamelin ; — mais il est là surtout pour nous permettre
de passer en revue tous les milieux auxquels il
se mêle. Tableaux et types de la vie privée, de
la vie artistique, de la vie publique, des sociétés
révolutionnaires, voilà quel est le véritable intérêt du roman, — à moins qu'on ne veuille le
trouver dans les réflexions de celui qui y joue le
rôle des chœurs antiques ou des raisonneurs des
comédies de Molière, Brotteaux des Ilettes, c'est-à-
dire M. Anatole France, transporté par un coup
de baguette féerique à l'époque de la Terreur. —
*Jocaste,* grâce à sa brièveté, donne l'illusion d'être
mieux construite. Mais là encore, il n'y a pas de
personnage de premier plan. Fellaire de Sissac,
avec ses projets et ses ambitions et ses déboires, y
tient autant de place que l'héroïne elle-même ;

[1] Cf. Ernest-Charles, article cité.

[2] *Préface* de la première édition de *Jocaste et le Chat maigre*
(supprimée).

l'amoureux, René Longuemare, paraît, disparaît, reparaît, puis finit par rester seul en scène et retenir seul notre attention. L'auteur n'a pas su se décider à choisir entre Hélène et lui pour son principal héros ; ou il n'a pas su (peut-être n'a-t-il pas pu : car il semble l'avoir tenté) faire de ce couple infortuné comme un héros unique. Le récit change de perspective et l'intérêt s'attache alternativement à Hélène et à René. — Le *Lys rouge,* lui aussi, apparaît à distance comme assez bien bâti. Mais, quand on y regarde d'un peu près, comme l'aventure d'amour est lente à s'engager ; quelle importance disproportionnée prend, dans la première moitié du volume, la peinture du milieu mondain où vit l'héroïne ; et que de pages occupent les conversations des amis de Thérèse, les propos tolstoïens ou verlainiens de Choulette, les propos préraphaélites de Vivian Bell, et la description de l'un et de l'autre, le vieux poète à la face camuse, aux allures bohèmes, la jeune poétesse aux façons précieuses et au jargon affecté[1]. — *Thaïs* enfin, la mieux composée assurément de ses œuvres en prose, ne laisse pas de traîner un peu dans la partie centrale. Par une habileté, — un peu gauche peut-être, — M. France a soin de faire prendre à Paphnuce cet engagement : « J'irai avec toi à ce festin et je me

---

[1] Cf. surtout Larroumet, article cité.

tiendrai *sans rien dire* à ton côté[1].» Et dès lors, il s'espace tout à son aise dans le récit du banquet[2]. Mais par quel miracle le fanatique Paphnuce a-t-il pu si longtemps retenir son indignation ? Comment lui qui vient, au théâtre, de « prophétiser d'une voix retentissante » pour évangéliser la foule, supporte-t-il des hérésies, des impiétés et des blasphèmes innombrables, sans éclater une seule fois? Comment? sinon parce qu'il a plu à l'auteur de le rendre aussi patient, parce qu'il a voulu, cet auteur, répéter ici des propos qui l'intéressent plus au fond que le moine et que la courtisane, ses héros. — En réalité, une seule œuvre de M. France est vraiment irréprochable dans sa composition : c'est le poème des *Noces corinthiennes,* où les nécessités mêmes du genre choisi se sont imposées à lui et l'ont contraint de se soumettre au cadre étroit de la tragédie. N'y a-t-il point là une preuve évidente que, par elle-même, son intelligence ne sait point se plier à la rigueur d'une stricte ordonnance ?

On comprend sans peine qu'un homme en qui l'intelligence domine se refuse à subordonner cette intelligence à quelque chose qui n'est point elle,

---

[1] P. 157.

[2] 158 à 210, un septième du volume, presque un tiers de la seconde partie, le *Papyrus,*

comme l'action, ou encore qu'il n'y puisse parvenir. On comprend aussi qu'il se refuse à en gêner la démarche spontanée, qu'il ne veuille ni l'asservir à un système qui en restreigne la liberté, ni l'assujettir aux règles impérieuses d'une composition méthodique. Mais, à côté de ceux qui paraissent n'avoir d'intelligence que pour agir ou pour édifier des théories, il y a ceux qui ne prétendent ni dominer les choses ou conduire les hommes, ni échafauder les architectures d'idées : il y a, par exemple, les Faguet. Un écrivain comme lui s'applique uniquement à rechercher le vrai, le vrai seul. Si la vérité découverte peut agir par elle-même ou provoquer à l'action, si elle peut spontanément s'organiser avec les autres vérités établies, il ne s'y oppose point assurément ; mais enfin, tel n'est pas son but. Son but est uniquement de savoir. Et ainsi il ne semble pas détourner l'intelligence de sa fonction véritable. — Sans doute ; mais encore est-il que, pour atteindre le vrai, il lui impose de se discipliner elle-même. Et c'est ce que M. France ne veut pas.

A ce sujet, bien entendu, on trouverait sans peine dans son œuvre des déclarations contradictoires. Dans sa jeunesse, il a eu foi en la science et en la philosophie ; il a « voulu tout connaître »[1] ; et il a cru qu'en cela consistait la gran-

---

[1] *Opinions*, 149. Cf. *Temps*, 6 novembre 1892.

deur de l'âme humaine. Quand il interroge Vénus,
étoile du soir, « céleste jumelle de la terre », il
lui demande[1] :

> Nourris-tu des vivants, de qui l'âme profonde
> Te contient tout entier dans elle-même, ô monde !
> Et qui sont ta vertu, ta splendeur et tes dieux ?
> N'as-tu pas enfanté des rois, frères des hommes,
> Qui, superbes, hardis, pensifs, tels que nous sommes,
> Seuls portent haut le front et regardent les cieux ?
>
> Ces princes, nos égaux, recherchent-ils les causes,
> La raison et la fin, la nature des choses ?

Il reprend ainsi à son compte le *Felix qui potuit...*
du poète ancien, ou plutôt il le change en un
*Magnus qui potuit...* Alors, son intelligence « inflexible », « violente et révolutionnaire », ne doutait point qu'elle ne « possédât » la vérité[2]. — Plus
tard, dans la grande crise qui a divisé la France
en deux camps, il a magnifié encore la puissance
de la pensée : « Tu ne sais pas, disait-il avec
douceur et tristesse au petit chien Riquet, tu ne
sais pas que la force véritable est dans la sagesse
et que les nations ne sont grandes que par elle. Tu
ne sais pas que ce qui fait la gloire des peuples...,
c'est la pensée auguste cachée dans quelque man-

[1] *Poésies*, 54.

[2] *Livre de mon ami*, 178. Cf. *Temps*, 29 janvier 1888 et 12
mars 1893, et passim.

sarde et qui, un jour répandue par le monde, en changera la face [1]. » En ces jours-là, il affirmait avec l'assurance de quelqu'un qui a su chercher la vérité et la tient ; il célébrait les bienfaits de la méditation et l'éternelle jouvence dont jouissent ceux qui se livrent aux nobles travaux de l'intelligence [2]. — Et entre ces deux dates, on rencontrerait bien d'autres déclarations concordantes [3] ; ne serait-ce que la candeur avec laquelle il se déclare incapable de hasarder jamais des paradoxes : « Il faut pour les soutenir un esprit que je n'ai pas. La naïveté me convient mieux [4]. »

Mais M. Coignard, lui aussi, avait des moments « où il se serait fait couper la gorge pour ses opinions », — « ce qui serait une grande folie », ajoute-t-il bien vite. Lui aussi, il avait trop aimé la science ; mais c'est précisément pour cela qu'il en est arrivé à la haïr, « à la façon des voluptueux qui reprochent aux femmes de n'avoir pas égalé le rêve qu'ils se faisaient d'elles » [5]. Ainsi M. France, qui dans sa jeunesse a voué son intelligence à la poursuite du vrai, s'est désabusé de ses illusions

[1] *M. Bergeret à Paris*, 97.

[2] *Echo de Paris*, 11 décembre 1894.

[3] Voir le ton quasi pascalien dont il « admire » l'intelligence de l'homme qui a mesuré le vaste « champ des étoiles » *Temps*, 8 mai 1887 et 12 décembre 1892 et *Jardin*, 1).

[4] *Vie littéraire*, II, 237.

[5] *Opinions*, 149.

juvéniles, —en attendant qu'il y retombe. Ah !
ce n'est pas lui qui vantera la joie de la vérité conquise, le triomphe de l'homme lorsqu'enfin il sait
et comprend l'énigme des choses ! Il l'a proclamé
dès sa jeunesse : l'intelligence fait le malheur de
l'homme. « Il faut payer par la tristesse, par la
désolation, l'orgueil d'avoir pensé[1]. » Et c'est dès
lors comme un refrain lugubre, qu'il répétera
toute sa vie : « La joie de comprendre est triste[2]. »
« Il y a, dans l'étude des sciences, un fond d'orgueil et d'audace amère[3]. » Penser, c'est « ressentir cruellement la tragique absurdité de vivre »,
c'est apercevoir le mal et la douleur comme « des
plaisanteries odieuses et des farces sinistres »[4]. A
sonder l'énigme des choses, on perd « la paix du
cœur, la sainte simplicité et la pureté des humbles ». A « celui qui a étudié dans les livres, il lui
en reste à jamais une fière amertume et une tristesse superbe. »[5]. Lorsque Satan se proposa de perdre Fra Giovanni, il songeait en son cœur : « Parce
que je suis l'Adversaire et parce que je suis
l'Autre, je tenterai ces moines et je leur dirai ce
que tait Celui qui se dit leur ami. Et j'affligerai

---

[1] *Notice* sur Racine (1874).

[2] *Le Faust de Gœthe (Revue Bleue,* 3 août 1889) ; *Univers
illustré,* 12 décembre 1894. Cf. *Vie,* III, 7.

[3] *Vie,* I, 23. Cf. *Vie,* II, 55 : *Opinions,* 141, sqq. ; *Les sept
femmes de Barbe-Bleue,* 259, etc.

[4] *Temps,* 5 février 1893 et *Jardin,* 66-67.

[5] *Opinions,* 151.

ces religieux en leur disant la vérité, et je les contristerai en prononçant des discours raisonnables. J'enfoncerai la pensée comme une épée dans leurs reins. Et quand ils sauront la vérité, ils seront malheureux. Car il n'y a de joie que dans l'illusion, et la paix ne se trouve que dans l'ignorance[1]. » En effet, à mesure qu'il parle au saint homme[2], celui-ci se sent plus troublé et plus malheureux, jusqu'au jour où il connaît dans sa plénitude le « mal de penser » et où le bonheur le quitte à jamais [3]. Semblablement, lorsque M. France, après une assez longue interruption, en revient à M. Bergeret, il avertit les lecteurs que son héros « est à plaindre, car il pense. C'est là une grande misère, spécialement en province »[4].

Encore si l'homme qui pense pouvait croire que son œuvre est bonne, il se résignerait sans doute plus aisément à en souffrir lui-même, puisque les autres hommes en tireraient un profit matériel ou moral. Mais cette consolation même lui est refusée. La pensée, par sa nature et par la nature des humains, est impuissante pour le bien. Ce n'est pas elle qui règle les actions les

[1] *Puits de Sainte-Claire*, 157.

[2] *Ib.*, 171.

[3] *Ib.*. 243.

[4] *Echo*, 29 décembre 1896. Cf. *Pourquoi sommes-nous tristes ?* (*Vie*, III, 1 sqq.).

plus importantes de la vie[1] ; ce n'est pas elle qui nous permet de juger « les hommes et les œuvres », ou d'atteindre la vérité[2] : elle la cache[3]. Elle n'est puissante que pour le mal. Elle engendre le scepticisme et le doute : « La pensée est une chose effroyable. Il ne faut pas s'étonner que les hommes la craignent naturellement. Elle a conduit Satan lui-même à la révolte. Et pourtant Satan était un fils de Dieu. Elle est l'acide qui dissout l'univers, et si tous les hommes se mettaient à penser à la fois, le monde cesserait immédiatement d'exister ; mais ce malheur n'est pas à craindre. La pensée est la pire des choses [4] » Raisonner, c'est douter .Or la faculté de douter met pour ainsi dire hors de l'humanité ceux qui pensent ; en tout cas, elle les désigne à l'animadversion de la terre entière. Car elle est « singulière, exquise, philosophique, immorale, transcendante, monstrueuse, pleine de malignité, dommageable aux personnes et aux biens, contraire à la police des État et à la prospérité des empires, funeste à l'humanité, destructrice des dieux, en horreur au ciel et à la terre » [5]. En effet,

[1] *Temps*, 8 mai 1892 et *Jardin*, 79.

[2] *Temps*, 15 avril 1893 et *Jardin*, 77.

[3] *Lys rouge*, 149.

[4] *Vie littéraire*, II, 173. Cf. *Nozière*, 145 (*Echo*, 19 mars 1893) ; et 159 (*Echo*, 29 mars 1898).

[5] *Ile des Pingouins*, 244.

du jour où Fra Giovanni a médité, il est devenu
dangereux pour la société de son temps, il s'est
mis en révolte contre les lois les plus saintes[1] ;
et c'est quand il médite au lieu d'agir que
Paphnuce, captif de l'esprit mauvais, se perd et
renverse les fondements mêmes de la vertu et
de la foi[2].

Car les hommes ne se « gouvernent jamais par
le raisonnement. L'instinct et le sentiment les
mènent ». Et les hommes en cela font sagement.
« La raison pure, s'ils n'avaient écouté qu'elle,
les eût conduits aux conclusions les plus mon-
strueuses »[3]. Ce n'est point « par la réflexion
et par l'intelligence, mais bien par le sentiment
qu'on atteint les vérités les plus hautes et les
plus pures »[4], et aussi les plus « invincibles »[5].
Toujours M. Anatole France en revient là. Il y a
des vérités du sentiment et de l'instinct contre
lesquelles rien ne saurait prévaloir. « La raison,
la superbe raison est capricieuse et cruelle : la
sainte ingénuité de l'instinct ne trompe jamais.
Dans l'instinct est la seule vérité, l'unique certi-

---

[1] *Le Puits de Sainte-Claire,* 173 sqq.

[2] *Thaïs,* passim : voir surtout 265, 317 et la déclaration de
Zozime (328), qu'il est heureux et fait le bien, « ayant toujours
à la pensée préféré l'action ».

[3] *Vie,* IV. III ; *Temps,* 20 mars 1892 et *Jardin,* 214-215.

[4] *Thaïs,* 175-176.

[5] *Temps,* 18 avril 1886.

tude que l'humanité, puisse saisir dans cette vie
illusoire où les trois quarts de nos maux viennent
de la pensée. Son vieux Condillac dit que les
êtres les plus intelligents sont les plus capables
de se tromper » [1]. Seules, « les vérités de sentiment font la dignité de l'homme et seules elles
donnent du prix à la vie»[2]. Seules, elles ont institué
« la religion sainte et les lois augustes, qui se for-
mèrent dans une antiquité solennelle sur l'exercice
en commun des fonctions de la vie élémentaire »[3].
Or, continuellement, ces vérités bienfaisantes —
ou, si l'on veut, ces vérités qui furent vraies autrefois, qui ont cessé de l'être, qui ne sont plus
à l'heure actuelle que des ignorances et des
erreurs, mais n'en restent pas moins bienfaisantes toujours et toujours nécessaires [4], — ces
vérités sont en lutte contre les vérités, malsaines
et destructrices, de l'intelligence. Ainsi cette faculté anarchique est « contraire au génie de l'espèce » et justement « en horreur à la nature

[1] *Echo,* 19 mars 1893 et *Nozière,* 145. Cf. *Temps,* 7 août 1892
(*Jardin,* 279), 22 janvier, 26 février 1893 ; *Opinions,* 88, 288, etc.

[2] *Temps,* 9 octobre 1892 et *Univers illustré,* 7 juillet 1894.

[3] *Pierre Nozière,* 159.

[4] C'est là ce qui fait la force de la religion, qui s'adresse au
sentiment, non à l'intelligence (*Vie,* II, 7-8). Et c'est pourquoi
jeter un sentiment nouveau dans une race, — et ainsi la diriger
dans des voies nouvelles, — est proprement l'œuvre de ceux qu'on
appelle des prophètes et des dieux (*Temps,* 18 avril 1886).

humaine »[1]. C'est la thèse fondamentale que
M. Jérôme Coignard démontre avec abondance
et avec zèle[2]. C'est la conclusion explicite qu'il
tire lui-même de ses propos, ingénieux toujours,
mais parfois, et ici surtout[3], sincères et émus.

Oh ! je sais bien que ce sont là « querelles
d'amoureux »[4]. M. France lui-même prend soin
de se réfuter. Ces « curiosités », cette « inquiétude de la pensée », ce « mal », ce « monstre »,
que nous « caressons tandis qu'il nous dévore »,
ce sont pour lui de *nobles* curiosités, un mal
*sublime,* un monstre *divin*[5]. L'intelligence aboutit à un « calme désespoir » ; mais cette « douleur profonde » est si belle que « ceux qui l'ont
goûtée ne la changeraient pas contre les gaietés
frivoles et les vaines espérances du vulgaire »[6].
Si la pensée est « la pire des choses », elle en
est aussi « la meilleure »[7] ; et elle reste à ses
yeux « la plus grande des aventures humaines »[8].
« L'orgueil de la pensée, l'amour des raisonnements subtils, l'impiété douce », qu'il reconnaît

---

[1] *Nozière,* 160, 164.

[2] *Opinions,* 73 sqq. ; 89 ; 149 sqq., etc.

[3] *Ib.,* 288.

[4] *Nozière,* 165.

[5] *Vie littéraire,* II, 272.

[6] *Temps,* 9 novembre 1891. — Cf. 14 décembre 1890 ; 10 et
17 juillet 1892.

[7] *Vie littéraire,* II, 173.

[8] *Ib.,* 303.

en Euripide[1], — et en lui-même, — il les aime. Il note que : « ce n'est point l'intelligence qui est funeste à l'humanité, ce sont les erreurs de l'intelligence » ; que, si l'intelligence n'est pas « la reine du monde », si « son empire n'est pas absolu », ce n'en est pas moins « une dame de bien, qui n'est pas sans crédit dans plusieurs honnêtes maisons et dont la puissante douceur agit même en cette ville, située au bord d'un large fleuve, dans une fertile vallée »[2]. Et enfin et surtout, je sais bien que le jour où des adversaires ont été plus que lui-même de son avis sur les dangers de la pensée, il a bien su découvrir des raisons de l'aimer et de la défendre[3].

Mais, avec tout cela, il n'en reste pas moins établi qu'il a revendiqué le droit de se contredire, — signe des esprits « étendus », — le droit d'avoir à la fois deux ou trois philosophies[4] ; et que dès lors, indifférent à la vérité des idées, qu'il élit pour leur beauté seule, il refuse de plier son intelligence aux lois rigoureuses de la recherche méthodique du vrai. « Les

---

[1] *Vie littéraire.* II, 139.

[2] *Nozière,* 162, 165.

[3] *Vie.* III. *préface* et *La morale et la science* (Ib., 54-78). M. Chaumeix (article cité de la *Revue hebdomadaire*) a bien vu comment coexistent en M. France la défiance et l'amour de l'intelligence.

[4] *Vie,* II. II-III. Cf. *Temps,* 15 avril 1893.

âmes exemptes de tout illogisme me font peur ;
ne pouvant m'imaginer qu'elles ne se trompent
jamais, je crains qu'elles ne se trompent toujours, tandis qu'un esprit qui ne se pique pas de
logique peut retrouver la vérité après l'avoir
perdue... Cet avantage restera aux esprits
sinueux et flottants qu'ils peuvent amuser autrui
dans les erreurs qui les amusent eux-mêmes...
Quand la route est fleurie, ne demandez pas où
elle mène. Je vous donne ce conseil au mépris
de la sagesse vulgaire sous la dictée d'une sagesse
supérieure. Toute fin est cachée à l'homme. J'ai
demandé mon chemin à tous ceux qui, prêtres,
savants, sorciers ou philosophes, prétendent
savoir la géographie de l'Inconnu. Nul n'a pu
m'indiquer exactement la bonne voie. C'est pourquoi la route que je préfère est celle dont les
ormeaux s'élèvent plus touffus vers le ciel plus
riant. Le sentiment du beau me conduit. Qui
donc est sûr d'avoir trouvé un meilleur guide [1] ? »

Dans cette déclaration de principe, M. France
exagère peut-être l'impartialité avec laquelle il
accueille également toutes les idées (certaines
d'entre elles lui sont plus à cœur qu'il ne le
pense : on le verra et il le verra plus tard). En
revanche, il exagère aussi l'inquiétude avec
laquelle il aurait demandé son chemin aux géo-

---

[1] *Vie littéraire*, II, III.

graphes de l'Inconnu. Oui, certes, sa pensée a été comme hantée par le mystérieux. Je ne parle pas de ces êtres angéliques ou supra-humains, de ces créatures inconcevables, filles de l'air, qui doivent sortir de l'homme comme l'homme est sorti de la brute. Il en a, trop de fois et avec trop d'insistance, prophétisé l'existence future ou même supposé l'existence actuelle, pour qu'on n'admette pas qu'elles sont pour lui plus qu'un rêve en l'air : une attente et une espérance. Cependant il n'y a rien là de proprement mystérieux : ce seraient des êtres naturels encore, puisqu'ils seraient engendrés comme nous-mêmes par l'Evolution toute-puissante, parvenue à un stade qu'elle n'a pu atteindre jusqu'ici[1]. Mais combien de fois, en vers et en prose, n'a-t-il point traité de ces sujets étranges qui restent un scandale pour notre raison, une énigme pour la science, ou même que la science nie : double vue, télépathie, hypnotisme, spiritisme, apparitions, relations avec les habitants d'un autre monde, survivance de créatures à forme humaine soustraites à la loi de la mort, etc.[2] ? Et combien de fois

---

[1] *Temps,* 19 septembre 1886 *(Jardin,* 24) ; 24 avril 1887 *(Vie,* I, 186) ; 8 mai 1887 *(Jardin,* 8) ; 30 octobre 1887 *(Vie,* I, 335) ; 29 janvier 1888 *Jardin,* 149) ; 2 décembre 1888 ; *Sur la pierre blanche,* 319-320, etc.

[2] *Poésies : Les affinités* (pp. 43-48). — *Livre de mon ami :* XIII, *L'ombre.* — *Balthazar : M. Pigeonneau ; La fille de Lilith.* —

encore, dans ses chroniques ou causeries du *Globe*, du *Temps*, de la *Revue illustrée*, de l'*Univers illustré*, de l'*Echo de Paris*, du *Figaro*, n'a-t-il pas entretenu ses lecteurs de tout ce qui touche au mystérieux [1] ? Il s'en va voir les maisons hantées, assiste aux réunions des hypnotiseurs, interroge les médiums et les spirites, analyse leur état d'esprit, feuillette les vieux bouquins pour y trouver des aventures analogues à celles qu'ils racontent, envie leur foi et le bonheur inexprimable qu'ont donné à M. William Crookes « ses relations intimes et pleines de respect avec une jeune personne d'une essence mystérieuse qui joignait au charme féminin la majesté de la mort »[2].

A une certaine époque de sa vie, il s'est tellement abandonné à cet attrait pour les choses de l'au-delà, qu'une de ses lectrices n'a pu se tenir de

---

*L'Etui de nacre : La messe des ombres ; Leslie Wood.* — *Crainquebille, Putois, etc. : La pierre gravée ; Adrienne Buquet.* — *Clio : La Muiron.* — *La Rôtisserie :* passim.

[1] *Globe,* 28 août 1879 *(Vie, III, 145.* — *Revue illustrée,* 15 février 1890. — *Temps,* 21 mars 1886 ; 24 avril 1887 *(Vie, I, 117)*; 19 juin 1887 ; 13 janvier 1889 *(Vie, II, 332)* ; 22 septembre 1889 *(Vie, III, 144)* ; 19 janvier 1890 *(Vie, III, 264).* — *Univers illustré,* 27 décembre 1890 ; 21 février, 21 mars, 4, 18 avril, 16 ,30 mai, 13 juin, 11 juillet, 5, 19 septembre, 14 novembre, 12 décembre 1891 ; 23 janvier, 20 février, 19 mars, 2, 16 avril, 9 juillet, 3 septembre 1892, etc. — *Echo,* 9, 23 avril 1895. — *Figaro,* 7, 14 février 1900, — etc., etc.

[2] *Vie littéraire,* I, 119.

l'en railler assez joliment. Vous n'êtes qu'un faux sceptique, lui écrivait-elle : vous ne croyez à rien et vous cherchez à quoi vous prendre. Hier c'étaient les maisons hantées ; aujourd'hui ce sont les remèdes extraordinaires de M^{me} Fouquet qui occupent votre crédulité [1]. Et lui-même il s'en raille, à peu près dans les mêmes termes : « M^{me} X... me demanda si je croyais aux talismans. M. le conseiller Nicolas me tira de l'embarras de répondre, en affirmant que je devais être superstitieux, puisque j'étais incrédule. «Vous ne vous trompez guère, répliqua M^{me} N**. Il ne croit ni à Dieu ni à diable. Et il adore les histoires de l'autre monde [2].»

Mais précisément, en parlant ainsi, il laisse bien entendre ce qu'il faut penser de son goût pour le mystère. Il l'adore ; mais il n'y croit pas. D'ailleurs jamais un lecteur attentif n'a pu s'y tromper, tant ses déclarations sont explicites et réitérées. Toutes ces fantasmagories ne répondent, pour lui, à rien de réel et de sérieux. Il proclame à mainte reprise [3] son scepticisme : « En fait, je ne puis croire au merveilleux et jusqu'ici rien n'a forcé ma créance [4].» Il exprime la «défiance invincible»

<br>

[1] *Univers illustré*, 2 avril 1892.

[2] *Crainquebille, Putois*, etc., 209.

[3] *Temps*, 21 mars 1886 ; *Univers illustré*, 21 février, 18 avril, 30 mai 1891, 23 janvier 1892, etc.

[4] *Univers illustré*, 21 février 1891.

qu'il a de ces choses [1]. Il raille les « pythonisses » et ceux de leurs clients qui « suivent le phénomène » avec une attention pieuse [2]. Il voit dans certain spiritisme l'imposture sincère non d'un fourbe, mais d'une dupe qui en fait d'autres parce qu'elle l'est elle-même [3]. Il écrit : « J'ai déjà confessé que j'aime le merveilleux, mais il ne m'aime pas ; il me fuit et s'évanouit devant moi. En ma présence, les esprits frappeurs se taisent soudain et les petites mains de lumière qu'on voyait s'agiter dans l'ombre des rideaux s'envolent comme des colombes au sein de l'éther, leur patrie [4]. » Et M. Bergeret, ce double d'Anatole France, répète de son côté : « J'avoue que j'aime ces histoires merveilleuses auxquelles je ne crois pas [5]. »

En réalité, il en est de son amour pour le mystérieux comme de son amour pour les légendes chrétiennes du moyen âge [6], pour les doc-

---

[1] *Univers illustré*, 21 février 1891.

[2] *Globe*, 28 août 1879 et *Vie*, III, 146.

[3] *Temps*, 19 juin 1887.

[4] *Vie littéraire*, III, 145.

[5] *Figaro*, 7 février 1900.

[6] Il fait lui-même le rapprochement entre le fantastique de l'*Ane d'Or* et les légendes pieuses (*Vie*, I, 121). On sait combien il a parsemé son œuvre, même son œuvre critique, de ces petites histoires, mi-édifiantes mi-impertinentes, et dont l'ambiguïté, à la longue, finit par lasser. (Cf. Faguet, *Revue Bleue*, 8 avril 1893 et *Portraits littéraires*, III : sur la *Rôtisserie*.)

trines ou les allures des hérétiques[1], pour les inventions des imposteurs, prétendants et faux dauphins[2], pour les visions des prétendus prophètes[3], pour les divagations des fous[4]. Elles amusent sa pensée, sans qu'il y ajoute un instant la moindre foi. Sa défiance, toujours en éveil, déjoue les illusions des sincères et les ruses des charlatans ; et se plait à les déjouer. Tout en faisant la part de l'inexploré, que la science peut découvrir et connaître un jour[5], il rejette résolument le reste parmi les fables. Mais ces fables le charment, tant en elles-mêmes que par les lumières qu'elles lui apportent sur les psychologies anormales de ceux qui les inventent ou les acceptent. Il explique de la manière la plus lucide comment on peut aimer des histoires que l'on connaît fausses et précisément parce qu'on les connaît fausses : « Le merveilleux est

[1] *Globe,* 28 août 1879 ; *Univers illustré,* 19 novembre 1890 ; *Temps,* 6 mars 1892 (*Jardin,* 97) ; *Figaro,* 14 février 1900 ; *Vie littéraire,* II, 77, 126 ; III, 20, 37 sqq., 217, 220 ; *Balthazar,* 79 ; *Puits de Sainte-Claire,* 3-4, etc., etc.

[2] *Jeune France,* 1er mars 1883 ; *Univers illustré,* 2 avril et 30 avril 1892, 12 octobre 1895, 11 avril, 4 juillet 1896 ; *Figaro,* 21 mars 1900, etc.

[3] **Cf.** notamment Martin de Gallardon : *Temps,* 13 mars 1892 ; *Univers illustré,* 2 avril 1892 ; 1er, 15 avril 1893 ; *Préface* de *Jeanne d'Arc* et passim ; — et Suzette Labrousse : *Echo de Paris,* 9-23 avril 1895.

[4] *Univers illustré,* 19 nov. 1890 ; *Vie littéraire,* I, 147, 183, etc., etc.

[5] *Vie littéraire,* I, 130 ; II, 332 ; IV, 106.

un mensonge. Nous le savons et nous voulons qu'on nous mente », parce que « chacun de nous porte caché dans un repli de son cœur » un « goût dépravé de l'absurde, un désir du déraisonnable »[1], une aspiration passionnée à autre chose que la réalité banale et claire, déplorablement claire. C'est si bien une tendance naturelle à l'homme que les progrès de la science ne tueront point la superstition : elle deviendra laïque, voilà tout [2]. Il donne même, en ce qui le concerne, le mot de l'énigme, lorsqu'il ajoute : « L'esprit de l'homme est toujours tourmenté par *la grande curiosité*. L'abîme l'attire, et il se penche avec une délicieuse horreur sur les bords de l'inconnaissable » [3]. C'est bien cela. Tous ces problèmes le séduisent, parce qu'ils l'amènent presque à l'absurde et lui donnent, pour un instant, l'illusion que son intelligence a franchi les limites mêmes de l'intelligibilité. Il fait comme l'enfant qui s'amuse à se donner le frisson de craintes, qu'il sait sans causes véritables : c'est un aliment donné à son incessant besoin d'émotions. Le mystérieux est

---

[1] *Vie littéraire*, II, 334-335. Cf. tout l'article *Roman et magie* ; et.I, 117 et tout l'article : *L'Hypnotisme en littérature*. Voir aussi *Figaro*, 21 mars 1900 : « Il me vient parfois une envie coupable de recueillir la fleur des erreurs humaines. »

[2] *Vie littéraire*, I, 122. Cf. *Nozière*, 164.

[3] *Revue Illustrée*, 15 février 1890.

pour M. France un aliment donné à son incessante curiosité [1].

La curiosité : c'est à cela qu'était nécessairement conduite une intelligence, qui ne veut ni chercher des vérités pour en faire des moyens ou des buts d'action, ni chercher des vérités pour en faire les matériaux d'un système, ni enfin chercher des vérités pour les connaître vraies, les établir vraies aux yeux des autres ou en jouir pour son compte comme vraies. Elle n'a pas son but en dehors d'elle : elle est son but à elle-même. Elle veut connaître le plus possible, uniquement pour connaître ; comprendre le plus possible, uniquement pour comprendre. Elle en tire ce double plaisir de caresser des idées et des images, multiples, variées, toujours nouvelles, belles de toutes les formes de la beauté, et de jouir de l'exercice même qu'elle se donne, de l'activité incessante qu'elle déploie. Aussi peu lui importe d'aboutir. Elle aime mieux ne pas aboutir, car elle serait dès lors inactive : celui qui sait n'est plus curieux [2]. A six ans, dit M. France, « j'étais

[1] Voir la façon dont il loue la « curiosité profonde » de Lucrèce (*Jeune France,* 1ᵉʳ janvier 1882).

[2] Cf. Filon, *Revue Bleue,* 10 août 1889 ; Spronck, Débats, 11 octobre 1893 ; Chantavoine, *Débats,* 7 décembre 1895, etc. — « Je garde à la science, non ma foi, car je sais qu'elle trompe comme le reste, mais un amour vif, inquiet, toujours irrité. Et je veux bien qu'elle me trompe, pourvu qu'elle m'amuse. » *(Temps,* 10 juillet 1892.)

déjà tourmenté de cette grande curiosité qui devait faire le trouble et la joie de ma vie, et me vouer à la recherche de ce qu'on ne trouve jamais »[1].

C'est pourquoi M. France cherche partout un aliment à cette curiosité infatigable. Dans le présent d'abord. Il se promène à travers la vie actuelle pour y trouver son plaisir : « J'ai été enclin de tout temps à prendre la vie comme un spectacle. Je n'ai jamais été un véritable observateur, car il faut à l'observation un système qui la dirige, et je n'ai point de système. L'observateur conduit sa pensée ; le spectateur se laisse prendre par les yeux. Je suis né spectateur et je conserverai, je crois, toute ma vie cette ingénuité des badauds de la grande ville que tout amuse et qui gardent, dans l'âge de l'ambition, la curiosité désintéressée des petits enfants [2].» Il suit avec passion la littérature de nos jours, si « intéressante » par l'excès même de son individualisme et par tout ce qu'elle en reçoit de « pénétrant, de subtil, de divers, d'ingénieux et d'aimable »[3]. Il butine chez les savants, sinon les sujets spéciaux, au moins ces « généralisations dont les esprits curieux peuvent tirer tout de suite agrément et profit [4]. »

[1] *Pierre Nozière*, 14.

[2] *Livre de mon ami*, 115. Cf. *Temps*, 20 novembre 1887.

[3] *Vie littéraire*, IV, 164-165.

[4] *Ib.*, 350.

Il collige les anecdotes et « le moindre trait l'enchante, lorsqu'il est pris sur le vif et que c'est un trait de nature »[1].

Mais le présent a ce défaut qu'il se déroule sous nos yeux, que nous avons peine à y faire un choix, et que le laid ou le banal y heurtent à tout instant le beau et le rare. Le passé, au contraire, ajoute à la réalité la poésie de l'éloignement, des souvenirs, des œuvres d'art dans lesquelles il a été conservé pour nous. Le temps y a fait de lui-même une sorte de sélection, et tout ce qui en était indifférent ou vulgaire est retombé dans l'oubli. Le passé enfin pique notre curiosité par la difficulté même qu'on éprouve à se le représenter exactement. C'est ce que les poètes ont bien compris. Voilà pourquoi « un instinct les pousse dans les pays lointains et dans les âges reculés. Ils y trouvent le mystère et l'étrangeté dont ils ont tant besoin ; car il n'y a de poésie que dans ce que nous ne connaissons pas [2]», et, « si l'on veut nous dire une belle histoire, il faut bien sortir un peu de l'expérience et de l'usage »[3]. Aussi M. France est-il un amoureux du passé[4]. Il

---

[1] *Globe*, 31 juillet 1879.

[2] *Vie littéraire*, I, 104.

[3] *Temps*, 15 mai 1887 *(Jardin,* 42).

[4] Sa philosophie même l'y conduit. Dans le rapide écoulement de toutes choses « le souvenir seul est durable : nous ne vivons que dans le passé » *(Notice* sur Elvire). Il a donc, comme le dit

a « fréquenté les belles demeures de la muse antique [1] ». Il rêve des âges reculés et leur prête une beauté magique [2]. Il essaye de se faire l'âme qu'avaient nos ancêtres pour penser, sentir, se représenter l'univers comme eux [3]. Il goûte les formes anciennes et rares des objets qui nous en ont été conservés [4]. Il savoure ce qu'il reste dans les choses des hommes qui les ont fabriquées, qui en ont usé jadis [5]. Il médite sur les ruines qu'ils ont laissées : « Toutes les ruines, graves ou légères, me jettent dans une pieuse rêverie ; toutes les formes du passé ont une âme qui cherche mon âme. De quelque façon, austère ou voluptueuse, qu'ils aient fait le songe de la vie, les morts m'inspirent tous un sentiment d'affectueuse curiosité [6]. » Les temps à jamais révolus, il les aime pour eux-mêmes : « Il est délicieux de faire quelquefois de petites visites au passé [7] » ;

fort justement M. Barrès, une « imagination rétrospective » (*Jeune France*, 1er février 1883 et *Scènes et Doctrines*, 49. Cf. Larroumet, *Vie contemporaine*, septembre 1894 et *Études de littérature et d'art*, III).

[1] *Globe*, 7 août 1879.

[2] *Mannequin d'osier*, 3 sqq.

[3] *Temps*, 18 juillet 1888 ; 24 février 1889 (*Vie*, II, 363) ; *Préface de Jeanne d'Arc*. Cf. *Préface des Désirs de Jean Servien*, VI-VII, et comparer Vigny, *Chatterton*, I, v.

[4] *Livre de mon ami*, 77 ; *Servien*, 65.

[5] *Lys rouge*, 33 ; *Servien*, 65-67.

[6] *Vacances sentimentales* (*Revue Bleue*, 14 octobre 1882).

[7] *Temps*, 11 avril 1886.

« ...Les choses du passé ont pour moi un charme infini [1] ». Et il les aime pour le contraste qu'ils font avec les temps actuels : « Je suis si enclin a ·ranimer les formes du passé, que je les mêle sans cesse aux formes vivantes [2]. »

Parce qu'il est curieux de la sorte, M. France s'intéresse à tous les âges. Il n'a point voulu se cantonner dans un endroit restreint du temps. Néanmoins il y a certaines époques qui l'attirent ou le retiennent plus volontiers [3] : celles où l'art fut plus florissant et qui ont le plus laissé de chefs-d'œuvre ; celles aussi où des idées et des sentiments opposés entrèrent en lutte, donnant naissance à de beaux conflits de passions ou de doctrines ; celles enfin où des circonstances tragiques ont mis en lumière le fonds même des caractères et des tempéraments. *Clio*, à cet égard, est comme un livre symbolique [4]. On y voit l'antiquité homérique *(Le Chanteur de Kymé)*, le deuxième siècle de notre ère et le heurt de la barbarie gauloise avec la culture romaine *(Komm l'Atrébate)*, le duel du christianisme et du paganisme renaissant au xvi° siècle *(Farinata Degli Uberti)*, la brutalité dévote du moyen âge *(Le*

---

[1] *Univers illustré*, 18 juillet 1896.

[2] *Ib.*, 6 août 1892.

[3] Cf. Spronck *(Débats*, 11 octobre 1893) ; Oréard, *Discours à la réception.*

[4] Cf. Delaporte *(Revue Bleue*, 9 décembre 1899).

*Roi boit),* et le drame de la Révolution [1] et de l'Empire *(La Muiron).* Pour que ce soit un recueil tout à fait représentatif, il y manque seulement le xviii° siècle [2], avec la liberté de ses spéculations philosophiques et sociales et la guerre de la pensée libre contre « l'infâme ». Mais, entre tous les siècles, celui que préfère M. France, c'est celui où il a placé ses *Noces corinthiennes :* le siècle de la décadence romaine, sous le règne des Antonins [3]. A ses yeux, c'est le plus riche. Là se trouve, pour ainsi dire, le confluent du christianisme et de la tradition antique ; et les deux courants coulent côté à côte, sans qu'aucun ait encore absorbé et détruit son rival. De nouvelles idées, de nouveaux sentiments sont nés, qui ont leur beauté inconnue, et les belles idées, les beaux sentiments de l'antiquité classique n'ont encore rien perdu de leur efficacité ni de leur charme [4]. Et puis, c'est un siècle de tolérance,

---

[1] Cf. X. de Ricard, *Petits mémoires sur le Parnasse (Petit Temps,* 2 et 9 septembre 1900) ; *Anatole France et le Parnasse (La Revue* 1ᵉʳ février 1902).

[2] Cf. Jules Lemaître *(Débats,* 16 septembre 1894). Les éloges du xviii° siècle surabondent dans l'œuvre de M. France.

[3] Cf. la dédicace des *Noces corinthiennes (Hellas : Poésies,* 129-131). Voir Blum *(Revue Blanche, 13 février 1895)* ; Lazare *(Figures contemporaines, 1895)* ; J. Lemaître *(Contemporains,* II); X. de Ricard (articles cités) ; Rod *(Nouvelles Etudes sur le XIX° siècle).*

[4] *Temps,* 18 mai 1890 ; *Vie littéraire,* IV, 165, 248 sqq.

où s'épanouissent librement les âmes des Hélènes et des Madeleines[1], — qui symbolisent pour lui les deux inspirations opposées, venues l'une du Parnasse, l'autre du Golgotha.

Parce qu'il est curieux de la sorte, M. France est un érudit[2]. Dans sa jeunesse, « il lisait tout »[3]; il était et il est resté « grand liseur, zélé glossateur de textes anciens »[4]; il soupait en rêve avec les philosophes et les courtisanes de tous les temps et de toutes les époques; et, dans les « silencieuses orgies » de la méditation et de la lecture, il vivait toutes les vies, possédait tous les

[1] *Bibliophile français*, 1868, t. I, 41 : *Marie-Magdelaine*. — Hélène, c'est la femme antique, la beauté, le calme ; Madeleine, c'est la femme chrétienne, l'amour et l'inquiétude.

[2] Cf. Barrès, Ernest-Charles, Gréard, Larroumet, Rod, articles cités. — Voir au contraire G. Renard : « On dirait un érudit. Illusion permise, mais illusion quand même ! Ce n'est qu'un homme du monde teinté d'érudition. » *(Princes de la jeune critique,* 168-169). — Cf. les objections de M. Funck Brentano *(La Jeanne d'Arc de M. Anatole France,* dans *Revue Hebdomadaire,* 4 juillet 1908), les sévérités de M. Andrew Lang *(La Jeanne d'Arc de M. A. F.),* et la déclaration de M. J.-J. Brousson, ancien secrétaire de M. France : « ... Je besognais sans joie une documentation de fortune pour une nouvelle Jeanne d'Arc. A son apparition, le livre connut les mécomptes. » *(Matin, 31 octobre 1910.)*

[3] *Crime de Sylvestre Bonnard,* 200.

[4] *Livre de mon ami,* 77.

trésors[1]. Peu des études auxquelles se consacre l'esprit humain lui sont totalement étrangères[2]. Il a des notions des sciences : de la physiologie[3] comme de la préhistoire[4], de l'astronomie[5] comme de la physique[6]. Mais, on le comprend bien, c'est surtout l'histoire des hommes qui l'attire[7]. Les

[1] *Vie littéraire*, IV, 181.

[2] Abstraction faite, bien entendu, des sciences pures ou appliquées. Il ne s'est intéressé qu'aux sciences, dont les résultats, intelligibles aux « honnêtes gens », servent, par quelque côté, à l'interprétation, à l'histoire de l'univers et de l'humanité, — celles précisément que j'énumère.

[3] Cf. R. de Bonnières, *Mémoires d'aujourd'hui*, II. Voir *Jeune France*, 1er mars 1880, *Jocaste, Histoire comique*, etc.

[4] *Jeune France*, 1er février, 1er mars, 1er avril 1880. Il avait médité sur les origines humaines un grand poème à la Bouilhet (Cf. Barrès, article cité ; un extrait dans *Jeune France*, 1er juillet 1881 ; le regret manifesté plus tard que ce sujet n'ait tenté aucun poète : *Temps*, 28 février 1892). — Voir encore *Vacances sentimentales (Revue Bleue*, 14 octobre 1882) et *Vie littéraire*, III, 211.

[5] *Temps*, 8 mai 1887 et 18 décembre 1892 et *Jardin*, 1 sqq. A chaque instant, il esquisse des vues cosmiques sur la formation ou la fin du monde, dans lesquelles il s'appuie sur les découvertes ou les hypothèses astronomiques.

[6] *Revue illustrée*, décembre 1889 : « Je me flatte d'avoir autant qu'un autre le culte de la science. Qu'il me soit permis de le dire ici : J'ai consacré de longues et belles heures à l'étude du monde physique. Aucune théorie de l'univers, aucune expérience nouvelle sur la construction de la matière ou des lois de l'organisme, ne m'a laissé inattentif ou distrait. » Cf. *Vie littéraire*, II, 97 sqq.

[7] C'est ce qui l'a fait prendre souvent pour un chartiste (cf. Chaumeix, *Revue hebdomadaire*, 23 mars 1912— Rod, article cité).

vieilles traditions de la sagesse grecque ne lui sont pas moins connues que les légendes pieuses du moyen âge. Il a lu les philosophes comme il a lu les hagiographes et les théologiens [1]. Il peut corriger les erreurs touchant la Dame des Armoises [2], comme un oubli dans la bibliographie du comte d'Avaray [3]. Il avoue, sans fausse modestie, que peu de personnes sont aussi bien que lui au courant de l'histoire révolutionnaire [4]. Et assurément il ne se refuse pas à lui-même [5] ce sens historique, cette intelligence de l'autrefois, « cette divination du passé perdu [6] », dont il fait le grand mérite de sa génération. « Oui, s'écrie-t-il, avec enthousiasme..., il est intéressant et doux de vivre en un temps où la science et la poésie trouvent chacune leur compte puisqu'une large critique nous montre tout ensemble, d'une

En fait, quoique ayant passé sa jeunesse parmi les chartistes et les bibliographes, il n'a pas été élève régulier de l'Ecole des chartes (cf. Oréard, *Discours*).

[1] Ici les citations sont inutiles : il suffit d'avoir parcouru ses ouvrages.

[2] Articles nombreux dans différentes revues et journaux. Cf. *Jeanne d'Arc* et *Vie littéraire*, II, 96.

[3] *Vie littéraire*, II, 96.

[4] « Savez-vous l'histoire de la Révolution ? — Fort mal, mais mieux pourtant que ceux qui en écrivent dans les feuilles ou en parlent dans les assemblées ». (*Temps*, 6 juin 1886.)

[5] Il ne le refuse pas du moins à M. Bergeret (*Echo de Paris*, 19 octobre 1897) : c'est tout un.

[6] *Vie littéraire*, I, 324-328.

façon merveilleuse, et le bourgeon plein de sève de la réalité, et la fleur merveilleuse de la légende », ou, comme il le dit encore d'une façon plus expressive : « c'est amusant pour le curieux »[1].

De l'érudit, il a le souci d'exactitude. Il lui est bien arrivé de se laisser tromper par une affirmation de Lamartine[2], — mais il était très jeune ; et peut-être alors ne savait-on pas aussi bien que de nos jours quel don prodigieux de déformation avaient la mémoire ou la plume du grand poète, — ou par la cupidité d'un libraire, qui a mis le nom de Fénelon sur le livre d'un obscur abréviateur, — mais on n'est pas forcé d'avoir examiné à fond l'authenticité d'un ouvrage où l'on prend une épigraphe, sans plus[3]. En revanche il corrige avec un soin méticuleux les fautes qu'il découvre ou qu'on lui signale[4].

[1] *Vie littéraire*, I, 327.

[2] Le prétendu discours de Molé à Vigny *(Notice sur Vigny, 127)*. Cf. Langlais, *Un point obscur de la vie de A. de Vigny,* dans *Annales romantiques*, juin 1907 ; l'article des Débats du 19 juillet suivant : et l'interprétation de M. Hennion *(Ib.,* 23 juillet).

[3] En tête du *Jardin. Cf. Chantavoine (Débats* du 7 décembre 1895). — Ajoutons, pour être complet, que M. France s'est encore laissé tromper par les éditions posthumes de Millevoye et qu'il a remercié à tort l'auteur de la *Chute des feuilles* d'avoir révélé l'*Aveugle* de Chénier. Cf. Ladoué, *Millevoye*, 241.

[4] Dans la première rédaction du *Procurateur de Judée*, il avait écrit : « et dans les profondeurs de l'horizon fumait le Vésuve ». M. Pierre Lenglé, dans le *Pays*, lui a fait remarquer que

Pour établir un détail de ses écrits, on le voit fouiller les ouvrages spéciaux[1] ou bien ouvrir une enquête parmi ses lecteurs[2]. On le voit réclamer les textes exacts, les faits significatifs ou les anecdotes expressives[3]. On le voit enfin étaler avec un sourire, mais étaler pourtant, sa connaissance des secrets de l'érudition et les raffinements de l'archiviste juré[4]. De l'érudit, la seule

le Vésuve ne fumait pas avant l'an 55. M. France reconnaît son erreur (*Univers illustré*, 23 janvier 1892), et il a corrigé : « riait le Vésuve ». — Il avait dit (*Temps*, 3 avril 1892 et *Univers illustré*, 16 mars 1895) que le frère Maillard avait chanté en chaire une chanson dont le refrain avait été repris par les assistants. M. Piaget ayant démontré que la *chanson piteuse de fr. Maillard* avait été faite sur et d'après le sermon, M. France se hâte de détruire l'erreur qu'il a répandue (*Echo de Paris*, 14 janvier 1896). — De même il établit, dans *Lettres et Arts* du 1er février 1886, l'inauthenticité d'une lettre de Mme de Lafayette qu'il avait publiée lui-même. — En revanche, il se défend (*Temps*, 9 janvier 1888) d'avoir confondu Balthazar et Melchior ou (*Balthazar*, 120) Marie de Béthunie et Marie-Madeleine.

[1] Pour écrire le *Chat maigre*, il a lu « à peu près tout ce qui a été écrit sur Haïti » (*Globe*, 4 septembre 1879). — Les *Mémoires d'un volontaire* ne contiennent aucun détail qui ne repose sur un témoignage authentique (*Etui de nacre*, 179, note). — *L'Aube* (*Etui*, 245) est faite des « souvenirs de ses lectures qui se pressent en foule autour de son esprit » (*Temps*, 20 janvier 1889).

[2] Enquête sur l'abbé de Villars (*Univers illustré*, 19 mars 1892). — Enquête sur le Jeu de doigts : « celui-là l'a tué, etc. » (*Ib.*, 12 novembre 1892 : « il faut avoir de l'exactitude à défaut du génie. »)

[3] *Globe*, 24, 31 juillet, 4 septembre 1879 ; *Temps*, *26 avril*, 28 juin, 6 septembre 1891, etc.

[4] *Balthazar*, 120, 121 ; *Vie littéraire*, I, 304 : « Théodore Pro-

chose qu'il n'ait pas, c'est l'amour du fait pour le fait, la peur des idées générales [1]. Aussi bien, s'il y cédait, cesserait-il d'être ce curieux ouvert, large, intelligent, qu'il est avant tout.

Et parce qu'il est curieux de la sorte, M. France est tout ensemble le « bénédictin narquois [2] » dans lequel il se reconnaît et le contemplateur attristé des choses humaines. A parcourir l'espace et les âges, il n'a pas pu ne pas remarquer combien les hommes se contredisent les uns les autres ; que chaque peuple s'oppose aux peuples voisins, rit de leurs ridicules et leur prête à rire par les siens ; que chaque génération s'étonne de l'aveuglement ou des erreurs ou du manque de goût des générations précédentes, de la génération immédiatement précédente surtout, mais qu'elle est à son tour moquée par celle qui la suit [3]. Et voyant ces contradictions, il s'en amuse avec ironie. Comment ne s'en amuserait-il point, puisqu'il est désintéressé, n'ayant pas de dogme à lui, n'étant que simple curieux ? — Mais en même temps il n'a pas pu ne pas sentir ce qu'il

drome, qui composa, comme vous savez peut-être, les *Aventures de Rodate et de Dosiclès* » ; *Ib.*, III, 232 (*Etui*, 88) ; 350 ; *Etui de nacre*, 77-79 ; *Les sept femmes de Barbe-Bleue*, passim ; *Ile des Pingouins*, 139, 155, etc.

[1] M. Pigeonneau (*Balthazar*, 43 sqq.) ; *Ile des Pingouins*, III, etc.

[2] *Vie littéraire*, I, III.

[3] *Ib.*, 325 et IV, 10.

y a de décevant dans ces vaines alternatives d'engouement et de mépris, de crédulité et de scepticisme, de sérieux et de frivolité [1]. «L'homme ne construit rien pour l'éternité »[2]; toutes ses œuvres, comme lui-même, sont périssables ; et sans doute ce qui ne doit pas durer en reçoit un intérêt plus prenant, mais cet intérêt est mélancolique. « Au milieu des maux de la vie, rien n'est plus douloureux que l'écoulement universel des choses »[3]. C'est pourquoi la Pitié naît en lui et siège, comme témoin et comme juge, à côté de l'Ironie. De ces deux bonnes conseillères, « l'une, en souriant, lui rend la vie aimable, l'autre, qui pleure, la lui rend sacrée »[4]. Et de là vient le charme ambigu de ses méditations sur le monde et sur les hommes : il y a tant de tendresse dans son mépris sarcastique, et tant de mépris dans sa tendresse rêveuse [5] !

Que M. France soit uniquement avide de connaître et de comprendre, sans désir d'action, de système ou de foi ; qu'ainsi il s'intéresse à toutes les réalités présentes et soit amoureux de toutes

---

[1] La disproportion du savant et de la science, dit-il, inspire « une gaîté qui enveloppe et contient une immense tristesse » (*Temps*, 23 avril 1893).

[2] *Notice* sur Racine (1874).

[3] *Nozière*, 17.

[4] *Temps*, 6 décembre 1891 (*Jardin*, 122).

[5] Cf. *Jérôme Coignard*.

les réalités passées (car les rêves même sont des
réalités pour qui les a formés, comme les erreurs
pour ceux qui y ont cru, et la poésie pour qui
l'a ressentie) ; que, par suite, il ait le goût de la
recherche exacte, et pratique les méthodes de
l'érudit, sans en avoir l'esprit trop souvent étroit
et asservi aux faits seuls ; qu'enfin tous les spectacles ainsi découverts, toutes les âmes ainsi connues, lui inspirent une compassion railleuse :
tout cela se conçoit aisément. Mais que, pour cette
même raison, parce qu'il a voulu uniquement
connaître et comprendre, parce qu'il a été le curieux universel, il soit précisément devenu incapable de sortir de lui-même : voilà, certes, qui
ne laisse pas de paraître paradoxal. Et pourtant
rien n'est plus vrai. Comme son intelligence est
uniquement voluptueuse et vouée à sa propre
satisfaction ; comme il ne recherche les idées et
les sentiments que pour jouir de leur beauté, de
leur grandeur, de leur obscurité ou de leur étrangeté même : c'est à sa jouissance qu'il s'attache,
non aux idées ou aux sentiments qui la causent ;
de sa jouissance qu'il se souvient, non des idées
ou des sentiments qui l'ont provoquée; et ces idées
ou ces sentiments n'ont de valeur pour lui qu'en
proportion des jouissances qu'elles lui apportent.
Ainsi, parce que son enquête est impartiale dans
son principe, son intelligence reste indifférente
aux objets et aux résultats pris en eux-mêmes.
Par un égoisme étrange elle n'aime, dans les

objets, que le plaisir qu'ils lui ont donné de
s'exercer sur eux ; dans les résultats, que le plaisir
qu'ils lui ont donné de les atteindre, de s'y déployer, d'en repartir pour une enquête nouvelle.
C'est lui qui est la mesure de toutes choses et
comme la fin de toutes choses[1] ; c'est toujours
lui qu'il retrouve en toutes choses.

Voici, par exemple, que, dans les derniers mois
de l'année 1888, Ernest Renan, couvert d'honneurs et de gloire, publie le second volume de
l'*Histoire d'Israël*. C'est un événement littéraire,
dont ne peut se désintéresser le chroniqueur littéraire du *Temps*. Il doit signaler aux lecteurs
du journal l'apparition du volume nouveau, leur
en dire le sujet, les caractères, apprécier la valeur des recherches, les qualités de l'exposition
et du style, apporter, s'il y a lieu, des confir-
mations ou des objections aux thèses soutenues,
analyser les méthodes, les procédés, l'art, le talent, la personnalité de l'écrivain, parler enfin
soit d'Israël, soit de Renan, soit de tous deux
ensemble, mais de tous deux seuls. Oui ; mais
le critique du *Temps* est M. France. Et il écrit :
« Faut-il essayer de vous rendre l'*impression que
j'ai éprouvée* en lisant ce deuxième volume de
l'*Histoire d'Israël* ? Faut-il vous montrer *l'état*

_______________

[1] *Vie littéraire*, I, 318.

*de mon âme, quand je songeais entre les pages ?*
C'est un genre de critique pour lequel, vous le
savez, je n'ai que trop de penchant. Presque toujours, quand j'ai dit *ce que j'ai senti,* je ne sais
plus que dire et tout mon art est de griffonner
sur les marges des livres ». Quand il tourne un
feuillet, de petits êtres ailés, de petites Psychés,
« *sorties de sa tête* », se mettent à voltiger autour
de lui, et « c'est toujours quelqu'une de ces petites Psychés-là qui lui fait son article ». Eh bien,
aujourd'hui, ce qu'elles lui ont montré, c'est
« sa vieille bible en estampes, la bible que sa
mère lui avait donnée et qu'enfant il dévorait des
yeux avant même de savoir lire ». C'est donc de
sa bible qu'il va entretenir les lecteurs et des
idées qu'il en tirait, des sentiments que lui en
inspira la lecture. Je sais bien que, chemin faisant, nous apprenons aussi de quelle période il est
question dans ce volume, quelle intelligence du
passé a et donne Renan, quelle est la bonhomie
et la familiarité de son style, et comment il représente Iahvé. Mais nous l'apprenons chemin
faisant et comme par surcroît. Le sujet principal
de l'article, c'est M. France et sa bible ; c'est
d'elle et de lui qu'il nous entretient avant tout
d'un bout à l'autre ; c'est à elle et à lui que nous
ramène la conclusion : « Où donc est mon vieux
recueil d'images saintes, dans lesquelles ce même
Iahvé se promenait avec tant de majesté à travers
une prairie de Hollande, au milieu de moutons

blancs, de petits cochons d'Inde et de chevaux de Brabant [1] ? »

De très bonne grâce, d'ailleurs, M. France confesse son faible et qu'il ne sait parler que de lui-même. Il est comme esclave de ses souvenirs : « Il y a des gens qui sont maîtres de leurs impressions et de leurs souvenirs. Je les admire et je les envie, mais je ne puis les imiter. A tout moment, des hôtes que je n'avais point priés et que je ne saurais congédier viennent s'asseoir, ou souriants, ou moroses, à la table de ma pensée [2]. » Il cède donc à leur tyrannie, « il leur lâche la bride » [3], car « il ne sait point oublier et chez lui la parole suit la pensée » [4]. Il demande seulement qu'on veuille bien condescendre à sa manie, en faisant semblant de lui prêter l'oreille [5]. Ou bien il se flatte que peut-être ses lecteurs lui seront indulgents, parce qu'ils lui ressembleront et penseront à eux quand il leur parle de lui. « Je conte cela malgré moi, par habitude de dire ce que je pense et ce à quoi je pense. On n'est pas tout à fait sincère sans être un peu ennuyeux. Mais j'ai l'espoir que, si je parle de moi, ceux qui m'écouteront ne penseront qu'à

---

[1] *Vie littéraire*, II, 317-324.

[2] *Pierre Nozière*, 275.

[3] *Temps*, 11 avril 1886.

[4] *Temps*, 8 août 1886.

[5] *Livre de mon ami*, 151.

eux-mêmes. De la sorte, je me contenterai en les contentant[1]. » Et pourquoi ne se contenterait-il pas ? il est si «doux de se souvenir »[2] !

Mais, naturellement, il n'en reste pas là. Comme tous les hommes, il érige bien vite son cas particulier en doctrine générale ; et il trouve d'excellentes raisons pour justifier en théorie sa manière d'agir.

Il trouve des raisons littéraires. « La première est qu'un journal, qu'un mémorial, qu'un livre de souvenirs enfin, échappe à toutes les modes, à toutes les conventions qui s'imposent aux œuvres de l'esprit. Un poème, un roman, tout beau qu'il soit, devient caduc quand vieillit la forme littéraire dans laquelle il fut conçu. Les œuvres d'art ne peuvent plaire longtemps, car la nouveauté est pour beaucoup dans l'agrément qu'elles donnent[3]. » Une autobiographie, n'étant pas une œuvre d'art, échappe à ces variations du goût et conserve une éternelle jeunesse. — Et la seconde raison, c'est « qu'il y a en chacun de nous un besoin de vérité qui nous fait rejeter, à certains moments, les plus belles fictions[4]. » Or des souvenirs sincères nous apportent « la vérité humaine » et touchent ainsi les hommes de tous

---

1 *Vie littéraire,* I, 108.

2 *Livre de mon ami,* 3.

3 *Vie littéraire,* I, 89.

4 *Ib.*

les âges. D'où vient le mérite des romans de
M. Marcel Prévost ? C'est qu' « ils sont faits de
souvenirs et d'émotions vraies. Car, tout jeune
qu'il est, il aime à revoir sa vie. Il a, comme
Loti, une âme à images qu'il se plaît à feuilleter [1]. » D'où vient le mérite des écrits de Loti
lui-même ? C'est qu'il a « des sens exquis pour
goûter la beauté de l'amoureux univers, une
intelligence naïve et libre et cette rare faculté
de l'artiste qui se voit, s'écoute, s'observe et
cristallise ses souvenirs » [2]. D'où vient enfin la
place toute spéciale qu'occupent dans l'œuvre
de Renan les *Souvenirs d'enfance et de jeunesse* ? C'est que « ceux qui eurent le don délicieux de donner de la vie une belle image n'ont
jamais exercé ce don d'une manière plus charmante que lorsqu'ils représentent leurs premiers
sentiments et la magnifique nouveauté de leur
âme » [3].

Il y a aussi des raisons psychologiques. Le plus
grand homme, en bien des choses, est semblable
aux autres hommes. Les hommes ordinaires leur
ressemblent en tout. Quel plaisir, dès lors, et
quelle utilité de les connaître par des confessions
sincères ! « Leur portrait est celui de tous ; chacun
reconnaît dans les aventures de leur esprit ses

---

[1] *Temps,* 3 mai 1891.

[2] *Univers illustré,* 2 février 1895.

[3] *Ib.,* 8 octobre 1892.

propres aventures morales et philosophiques...
Quand ils parlent d'eux-mêmes, c'est comme s'ils
parlaient de tout le monde... Leurs aveux, quand
nous les écoutons, nous semblent sortir de nous-
mêmes. Leur examen de conscience est aussi
profitable à nous qu'à eux [1]. » Il n'est pas jusqu'aux humbles, aux ignorants, aux « pauvres
âmes obscures », dont les mémoires ne seraient
intéressants et instructifs : « Ce livre nous tou-
cherait. Nous serions obligés, malgré la superbe
de notre esprit, de reconnaître la parenté qui lie
cette humble intelligence à la nôtre et saluer en
elle une aïeule [2]. » Ainsi, tous les mémoires, tous
les souvenirs sont précieux pour le psychologue,
puisque tous révèlent également, comme disait
Montaigne, la « forme de l'humaine condition ».

Et il y a enfin des raisons métaphysiques. Dans
l'universel écoulement des êtres et des choses,
tout est emporté. « Rien ne dure. La figure des
terres et des mers change sans cesse. Seul le
souvenir des âmes et des formes traverse les âges
et nous rend présent ce qui n'était plus depuis
longtemps [3]. » L'esprit, où vit ce souvenir, est
donc la seule réalité véritable. Et dans l'existence
d'un même homme le souvenir est encore la seule

---

[1] *Vie littéraire,* II, ɪv-v.

[2] *Vie littéraire,* I, 90. Voir d'ailleurs tout l'article sur le
*Journal des Goncourt* (84-94).

[3] *Balthazar,* 148.

réalité durable, car « le présent nous échappe, et nous ne vivons vraiment que dans le passé[1] ». Et puis, et surtout, nul ne saurait mettre dans son œuvre autre chose que soi-même. « La vérité est qu'on ne sort jamais de soi-même... Nous sommes enfermés dans notre personne comme dans une prison perpétuelle. » En vain nous efforçons-nous de mettre dans nos écrits, dans nos paroles, dans nos pensées, quelque chose d' « objectif », quelque chose qui ne soit pas nous ni de nous, la tentative même est contradictoire. « Le bon critique est celui qui raconte les aventures de son âme au milieu des chefs-d'œuvre » ; la philosophie et l'histoire, comme la critique, sont des « espèces de romans à l'usage des esprits avisés et curieux, et tout roman, à le bien prendre, est une autobiographie. » « Ce que nous avons de mieux à faire, ce me semble, c'est de reconnaître de bonne grâce cette affreuse condition, et d'avouer que nous parlons de nous-mêmes, toutes les fois que nous n'avons pas la force de nous taire[2]. » — Aux yeux de M. France, il est

---

[1] L'*Elvire de Lamartine*, 65.

[2] *Vie littéraire*, I, iii-iv, cf. II, 176-177 ; III, préface et passim. C'est une des idées les plus constantes et les plus anciennes de M. France. Dès 1875 (*Racine et Nicole*, 75) il notait qu'il y a autant de vérités humaines que d'hommes ; dès 1879 (*Globe*, 7 août), de la ressemblance qu'ont entre elles les créations d'un même auteur, il déduisait que cet auteur ne peint que lui.

donc inévitable que l'écrivain, quel qu'il soit, se peigne lui-même dans son œuvre et n'y peigne les autres que tels qu'il les retrouve en lui[1]. Cela est inévitable et d'ailleurs bon, puisque les hommes ne laissent pas de se reconnaître à leur tour en lui[2], et puisque c'est la condition essentielle de la vraisemblance, de la vérité, de la beauté même et de la poésie des peintures.

D'autant plus fidèle à sa théorie, — lui, l'ennemi des théories, — qu'il l'a faite en quelque sorte sur mesure, d'après lui et pour lui, M. France est partout dans son œuvre. — Il est dans son œuvre critique. Nous venons de voir que sa conception même de la critique l'y autorise ou plutôt l'y contraint. En effet lorsqu'on a lu les quatre volumes de la *Vie littéraire,* ce que l'on connaît le mieux, c'est l'auteur qui devait y parler des autres et qui y a surtout parlé de lui, non les auteurs dont il devait parler[3]. Sans le vouloir, sans même le savoir, il les modèlera doucement

---

[1] « On ne peint bien que soi et les siens » (*Noziére,* 175).

[2] Nous ne cherchons que nous dans les poètes (*Jeune France,* 1er janvier 1882 ; et partout). Nous faisons les chefs-d'œuvre, autant que l'auteur, par les sens différents que nous mettons dans son ouvrage (*Opinions,* 6-7 : *Jardin,* 129 ; *Mannequin d'osier,* 133, et partout).

[3] C'est ce qu'on lui a le plus reproché : « Il ne comprend que son propre rêve d'art », dit M. Bordeaux (*Ames modernes*) ; et M. Renard (*Princes de la jeune critique*) développe, sans douceur, la même idée.

sur sa propre effigie. Est-ce chose sûre, par exemple, que Rabelais « chérisse ce dont il se moque »[1] ? Je ne sais ; mais je sais que cela arrive à celui qui écrivit le *Jardin d'Épicure* et la *Rôtisserie*. Est-ce chose sûre que les traits essentiels d'Euripide soient « l'orgueil de la pensée, l'amour des raisonnements subtils et une impiété douce[2] ? » J'ai des doutes, surtout pour cette dernière ; mais je ne doute pas que ce trait ne soit exact, à la date où il parlait ainsi, de celui qui écrivit *Thaïs*. — Il est dans son œuvre lyrique ; et cela va de soi. — Il est dans les ouvrages qui se présentent ouvertement comme le recueil de ses impressions d'enfance, comme le mémorial fragmentaire de sa vie, et permettent ainsi des confidences personnelles[3] : *Le Livre de mon ami, Pierre Nozière*. — Mais il est encore, il est partout dans les écrits les plus objectifs d'apparence, non seulement dans ceux qui traitent de la société contemporaine, mais dans ceux même qui sont situés aux âges les plus divers de l'histoire. Protée multiforme,

---

[1] *Vie littéraire*, III, 35.

[2] *Ib.*, II, 139.

[3] *Vie littér.*, I, 318-319. — Cf. cependant, pour le *Livre de mon ami*, Spronck (*Débats*, 11 octobre 1893). M. Spronck dit l'ouvrage « fort sujet à caution si l'on y cherche une *complète* notice autobiographique. » Naturellement ; mais peu importe, s'il est vrai que cet ouvrage « est fertile en confidences d'ordre général ».

il s'y cache, — et s'y montre, — sous les noms les plus variés et les apparences les plus dissemblables : il y entraîne pour ainsi dire, avec lui les hommes qu'il a connus et dont l'allure ou les manières de faire l'ont frappé. Dans tous ses romans il y a des pages où l'on pense : Mais c'est un livre à clef ! Il y en a d'autres, et bien plus nombreuses, où l'on pense : Mais c'est une autobiographie !

Il est dans les *Noces corinthiennes.* Edouard Rod[1] a sans peine retrouvé dans Hippias, qui maudit le Dieu des Galiléens pour lui avoir ravi sa bien-aimée, l'auteur du poème de l'*Adieu :*

> Je reconnus, pensif,
> Que tu m'avais repris cette femme, ô beau Juif,
> Roi dont l'épine a ceint la chevelure rousse[2].

Dans *Jocaste,* une fois au moins, il a prêté ses propres impressions à l'héroïne : la souffrance qu'elle éprouve à vivre avec des gens sans imagination[2]. Mais, d'ordinaire, il s'est représenté en Longuemare. « Il faut savoir, dit M. de Bon-

---

[1] *Nouvelles études sur le XIXe siècle* (Perrin, 1899). — Cf. Glachant, *La Tentation d'Anatole France (Revue d'art dramatique,* t. VI, 1899).

[2] *Poésies :* l'Adieu (février 1866), 116 et Noces, 192.

[3] *Jocaste,* 45. Cf. *Temps,* 2 septembre 1888 ; *Echo de Paris,* 25 décembre 1894. — M. Barrès *(Jeune France,* 1er février 1883) ajoute encore qu'elle lui ressemble par son goût du luxe délicat et du raffinement.

nières, que M. France était, lorsqu'il écrivit *Jocaste,* fort enclin à la physiologie : il suivit même quelque temps en amateur la clinique du docteur Péan [1]. » C'est pourquoi il a pris comme truchement un physiologiste ; et il lui a fait exprimer quelques-unes de ses idées les plus chères  que les stoïciens sont des pédants haïssables ; que la douleur est nécessaire, bonne, belle et source de beauté ; que les dieux sont des adjectifs ; que les choses ont toujours existé et existeront toujours ; que la nature est le théâtre d'un universel carnage et que rien n'y vit que par le meurtre [2], etc.

Le *Crime de Sylvestre Bonnard* est plein de souvenirs et de confidences. Si le brocanteur Polizzi est gesticulant et déclamatoire, c'est parce que M. France se souvient de l'Italien qui, vers 1866, faisait « des bonds de tigre » devant une toile représentant Cléopâtre, et « la contemplait d'un œil sombre en lui envoyant des baisers, » en « criant : Qu'elle est belle [3] ! » Si la vieille Thérèse crie contre son maître, « en l'accusant de crever toutes ses poches et d'emplir la maison de vieux papiers qui attirent les rats », c'est parce

----

[1] *Mémoires d'aujourd'hui,* II.

[2] *Jocaste,* 4, 38-39, 128. Cf. *Jardin d'Epicure* et passim.

[3] *Le Crime de Sylvestre Bonnard* (première rédaction, 1881-1902), 69 sqq. Cf. *Vie littéraire,* IV, 118.

que M. France se souvient d'avoir entendu protester ainsi la gouvernante de Xavier Marmier :
« Faut-il donc encore faire des nids à poussière
et donner à manger aux rats [1] ? » Si les cheveux
blancs du vieil archiviste « s'enroulent sur les
bords de son chapeau comme du chèvrefeuille
sur un balcon », c'est parce que M. France se
souvient d'avoir vu dans son enfance le père Le
Beau, le vieux faiseur de catalogues, dont « les
cheveux blancs s'enroulaient » autour des grands
bords de son chapeau bas, « comme le chèvrefeuille aux terrasses des balustrades » [2]. Mais
Sylvestre Bonnard, lui-même, « le criminel », est
un Anatole France vieilli et tel qu'il se rêvait à
ce moment-là dans l'avenir. Tous les détails biographiques concordent : Bonnard habite sur ce
quai Malaquais où M. France a coulé son enfance heureuse. Il va en province inventorier des
bibliothèques, comme le fils du libraire Thibault
l'a fait dans sa jeunesse. Son père si doux et si
sceptique, sa mère si alerte et si gaie, ce sont
le père et la mère que décrivent *Le Livre de mon
ami* et *Pierre Nozière*. Son oncle Victor, avec
ses souvenirs et sa blessure de Waterloo, son
éternel bouquet de violettes à la boutonnière,
c'est le grand-père que nous connaissons par ses

---

[1] *Le Crime*, 194. Cf. *Temps*, 16 octobre 1892.
[2] *Le Crime*, 294. Cf. *Livre de mon ami*, 74.

confidences [1]. Il n'est pas jusqu'à son chat Hamilcar qui ne rappelle la chatte Zobéïde pelotonnée sur un coussin aux pieds de M. Bergeret père [2]. Et tous les traits de caractère ne concordent pas moins : c'est bien cette bonhomie malicieuse, cette candeur subtile, cette agréable gaucherie de l'Anatole France dont M. France a esquissé le portrait un peu partout ; c'est bien cet amour de l'érudition, ce sens de la beauté, ce dilettantisme discret et pieux qu'il affecte à cette date. Encore n'est-ce pas assez pour un écrivain si confidentiel. Si M. France est Sylvestre Bonnard, il est aussi un peu Gélis. C'est ce jeune homme qu'il a chargé de représenter sa jeunesse, de rappeler ses longues causeries et ses paradoxes sous les ombrages du Luxembourg, au pied de la statue de Velléda [3]. Et pour éviter (je pense) l'anachronisme, pour ne point attribuer à Sylvestre Bonnard des idées que n'eut pas sa génération, c'est Gélis encore qui a mission d'exprimer tout le scepticisme historique de M. France [4].

Jean Servien, avec un minimum de transpo-

---

[1] *Le Crime*, 24-25, 153. Cf. *Temps*, 16 septembre 1888 : *Vie littéraire*, II, 320. Voir aussi Mathias, dans *Pierre Nozière (l'Ecrivain public)*.

[2] *Le Crime*, 1 et passim. Cf. *M. Bergeret à Paris*, 50.

[3] *Le Crime*, 136-142. Cf. *Temps*, 6 février 1887 ; 6 novembre 1892 et passim.

[4] *Le Crime*, 310. Cf. *Vie*, II, 115 sqq. et passim.

sitions et de déguisements nécessaires à l'affabulation romanesque, c'est lui encore, lui tout à fait, et l'ouvrage a la valeur d'une autobiographie [1], — juqu'au dénouement fatal, heureusement pour les lettres françaises. A l'âge de leur première communion, ils ont été troublés par les mêmes légendes pieuses et effrayantes, telles que l'histoire de saint François de Borgia contemplant le cercueil ouvert de la reine Isabelle ; et ils ont vainement attendu, au jour solennel, quelque chose d'extraordinaire [2]. Ils ont forgé les mêmes rêves de vie mondaine et élégante ; et ils ont éprouvé la même rancœur à penser que les circonstances les en excluaient [3]. Ils se sont assis aux mêmes « banquets du savoir et de la beauté » ; et, au sortir de là, ils ont également souffert de découvrir « la réalité étroite et triste » [4]. Au collège, les versions de Jean étaient aussi bien tournées que celles dont le *Livre de*

---

[1] Cf. Barrès (article cité) et Rod, qui dit : « Servien est le plus *direct* de ses livres » (article cité).

[2] *Les Désirs de Jean Servien*, 25-27. Cf. *Temps*, 29 septembre 1889 ; 21 février 1892 et *Jardin d'Épicure*, 11-12.

[3] *Servien*, 51-53. Cf. la façon dont M. France raille ses essais d'équitation (*Temps*, 11 avril 1886 ; *Univers illustré*, 30 mars 1895) ; la rancune voilée qu'il garde, ou que Pierre Nozière garde, à l'abbé Simler, qui l'a discrètement écarté quand il l'a vu revêtu d'une tunique inélégante et en quelque sorte scandaleuse (*Pierre Nozière*, 75); et le « regret qui vint au cœur de M. Bergeret de n'être point un homme du monde » (*Mannequin d'osier*, 73-74).

[4] *Servien*, 65-67. Cf. *Vie littéraire*, IV, 181.

*mon ami* nous conserve le souvenir et ses discours latins ont mérité les mêmes éloges de l'inspecteur général [1]. Le soir de son succès au baccalauréat, le fils du relieur est allé au théâtre et là, il a été pris d'une passion effrénée et subite pour une femme « qui portait sur sa robe blanche la palla couleur de safran » [2]. C'est bien l'aventure que M. France, parlant en son nom, nous raconte un autre jour : « Il y a longtemps, et trop longtemps, de cela : un jour, étant en rhétorique, je fus premier en dissertation française, contrairement à mes habitudes [3]. Mes parents, heureux et surpris, me conduisirent au théâtre pour me récompenser. Il advint ce qui devait arriver. Nul n'échappe à sa destinée : je devins amoureux de la première actrice que je vis, ce qui était bien naturel. Dans le désordre de mon âme plusieurs choses m'étonnaient. Mais ce que je concevais moins que tout le reste, c'est qu'on pût voir une telle créature sans l'aimer mortellement ». Mais Jean Servien n'eut pas la douleur d'entendre traiter son idole de « grande perche » [4]. C'est pourquoi (avec quelques autres

---

[1] *Servien,* 52-53. Cf. *Livre de mon ami,* 166-167.

[2] *Servien,* 56.

[3] Cf. *Livre de mon ami,* 170 : « Je manquais de goût quand j'entrai en rhétorique, etc. »

[4] *Temps,* 23 janvier 1887.

raisons, sans doute) il a conservé son illusion intacte et il en est mort, — tandis que M. France, plus heureux, a fini par en sourire et par en faire de la littérature. Si Jean Servien entre dans un collège religieux comme « pion », s'il y rencontre un vieux directeur candide, qui écrit des tragédies et lui soumet ses vers, c'est parce que M. France a été élevé à Stanislas et que le directeur d'alors, l'abbé Lalanne, était un bon vieux prêtre, féru de poésie classique ou qu'il croyait classique [1]. Si Jean Servien a été choqué par la « piété inhumaine » du *Laudate pueri Dominum* à propos de la mort d'un enfant, c'est que le futur préfacier des discours de M. Combes en a été choqué lui-même [2]. Si, un vendredi, au réfectoire, dans l'odeur de la cuisine, parmi le bruit des fourchettes et des timbales, devant l'espèce de bois pourri qui restait au fond des verres et les plats de pruneaux où baignaient les pouces des domestiques, ayant froid aux pieds et mal au cœur, Jean Servien a tout d'un coup été transporté du sentiment

---

[1] *Les Désirs de Jean Servien*, 138-142. Cf. *Livre de mon ami*, 161 ; *Temps*, 8 août 1886 ; *Univers illustré*, 17 octobre 1891 et les nombreux passages où M. France rappelle ses souvenirs de Stanislas.

[2] *Servien*, 137. Cf. *Noces corinthiennes* (*Poésies*, 228). Voir aussi dans la *Notice sur Vaux-le-Vicomte* (1888) comme il est « effrayé » des sentiments de la mère de Fouquet, qui se réjouit de la chute de son fils dans la pensée que cette épreuve lui sera utile pour son salut.

de la beauté antique et de la volupté par l'évocation de Cléopâtre et de son cortège, c'est qu'une émotion pareille, en pareilles circonstances, s'est un jour emparée de son biographe[1]. Si, pendant le siège de Paris, avec son ami Garneret, Servien lit et médite le Silène de Virgile, c'est que M. France a fait de même à la même époque, avec son ami Calmettes, au fort de la Faisanderie[2]. Et les personnages secondaires, eux aussi, ont été créés ou caractérisés grâce à des souvenirs. Le marquis Tudesco revêt une « espèce de camisole en toile à matelas », parce que M. France, tout enfant, a connu « un vieillard qui était devenu fou en apprenant la mort d'un fils unique » et dont « la folie consistait à s'habiller de toile à matelas »[3]. Quant à la tante, la Servien, elle est visiblement inspirée de cette madame Mathias, dont *Pierre Nozière* a décrit la raideur et les révoltes intimes contre le sort et la société[4].

C'est encore de son séjour à Stanislas que se souvient le conteur dans la *Fille de Lilith*, lors-

----

[1] *Servien*, 148-150. Cf. *Livre de mon ami*, 167 ; *Temps*, 6 août 1887 ; *Vie littéraire*, IV, 129.

[2] *Servien*, 173-176. Cf. Vie littéraire, II, 309-310.

[3] *Servien*, 79. Cf. *Vie littéraire*, I, 179 ; III, 39 ; *M. Bergeret à Paris*, 58. — Et les allures générales de Tudesco, comme celles de Polizzi, rappellent encore l'Italien de 1866.

[4] *Servien*, 7, 20, 25, 128, etc. Cf. *Pierre Nozière : Le Marchand de lunettes, Madame Mathias, L'Ecrivain public.*

que Paul Safrac « rêve qu'il était encore enfant et qu'agenouillé dans la chapelle du collège, il admirait les formes blanches et lumineuses dont la chapelle était remplie » [1].

Dans *Thaïs,* Paphnuce ne ressemble guère à M. France, ni à Jean Servien. Et pourtant, lorsqu'il médite dans sa cellule, examinant une à une les fautes de sa vie passée, il se rappelle une aventure analogue à l'aventure de tous deux: il a vu et admiré une actrice, si bien qu'elle « avait allumé le désir dans ses veines et qu'il s'était une fois approché de la maison de Thaïs »[2]. Et l'on peut se demander si la conception même de la tentation sensuelle à laquelle il succombe n'a pas été inspirée au narrateur par un souvenir: l'aveu troublant du prêtre difforme de Saint-Lô [3] ; si la violence injurieuse dont use le cénobite envers les incrédules ne vient pas d'un souvenir encore: le déplaisir que causait au narrateur la sévérité du P. Monsabré, « Jean-tape-dur », envers les athées [4]. Mais c'est dans Nicias que tous les lecteurs ont reconnu un portrait de M. France [5]. Cet homme gracieux et souriant, qui porte une douce ironie répandue sur son visage, chérit Thaïs avec mépris et méprise

---


[1] *Balthazar,* 84. Cf. *Servien,* 155.

[2] *Thaïs,* 14. Cf. plus haut.

[3] *Temps,* 20 décembre 1891 et *Jardin d'Epicure,* 68.

[4] *Thaïs,* 36-38. Cf. *Temps,* 25 avril 1886.

[5] Cf. Spronck (*Débats,* 11 octobre 1893).

Paphnuce avec tendresse ; ce dilettante qui savoure la vie, les belles idées et les belles formes et se flatte de posséder seul toutes les vérités, puisqu'il jouit de toutes l'une après l'autre ; ce sceptique qui raille les vains systèmes et les illusions des hommes, et pourtant aime à s'y jouer, qui raisonne avec subtilité, ruine par une aimable dialectique toutes les philosophies et toutes les théologies, mais ne s'en conforme pas moins aux préjugés admis par le vulgaire que heurtent ses paradoxes ; ce voluptueux qui ne se flatte pas d'éviter les contradictions, désire, alors qu'il sait la vanité du désir, craint la mort, alors que la mort selon lui n'est rien ; ce penseur qui est tolérant en vertu de ses principes et dévoué en dépit de ses principes, nul n'en peut douter : c'est M .France, tel qu'il se voit ou du moins qu'il voudrait se voir.

Il a eu beau s'en défendre un jour, — d'un ton peu convaincu d'ailleurs et peu convaincant [1], — il est certain encore que le conte de *Gestas,* dans l'*Etui de nacre,* est un récit à clef. Le « mauvais garçon » qui « fait les plus douces chansons du monde », M. France l'a rencontré ; il a vu sa « face camuse » et les « bosses de son crâne » et ses « longs cheveux verdis » ; et c'est en s'abandonnant à ses souvenirs qu'il a fait revivre sous

[1] *Temps,* 19 avril 1891.

nos yeux l'auteur des *Chansons saturniennes* et de *Parallèlement*[1].

Dans la *Rôtisserie de la Reine Pédauque*, il y a des souvenirs personnels. Le bon abbé est un apologiste aussi suspect que l'abbé L..., qui fit un jour devant M. France profession de foi pyrrhonienne, et auquel le monde invisible était la seule garantie de la réalité du monde visible[2]. Mais de plus et surtout, l'éditeur prétendu des mémoires de Jacques Tournebroche ne laisse pas de se confondre parfois avec le rédacteur prétendu. Comme M. France, Jacques a souvenir des contes et des jeux par lesquels son père l'amusait, le soir, dans son petit lit[3]. Comme M. France, il a admiré dans les estampes d'une bible hollandaise la beauté flamande de notre mère Ève ; et, en dépit des affirmations de la *Vie littéraire*, il paraît bien que ce ne furent point là tout à fait des « trésors perdus »[4]. Comme M. France et comme Jean Servien, il a espéré parfois « sortir de la nature », mais il a été vite déçu et s'est

----

[1] Et c'est sans doute Barbey d'Aurevilly qu'il a dépeint de même dans ce Théophile Sylvestre qui « faisait l'apologie de saint Augustin en jurant comme un diable » et en « frappant avec le fer de sa canne la bordure du trottoir » (*Vie littéraire*, III, 39)..

[2] Cf. *Vie littéraire*, II, 126 sqq.

[3] *Rôtisserie*, 7-8. Cf. *Vie littéraire*, IV, 78 ; *Crime de Sylvestre Bonnard*, 154.

[4] *Rôtisserie*, 33. Cf. *Vie littéraire*, II. 319.

reconnu réfractaire au surnaturel[1]. Comme M. France enfin, il a passé une partie de sa jeunesse dans une librairie, et il a « admiré, il a goûté les moindres paroles » des beaux esprits et des savants qui conversaient dans sa boutique[2]. Mais, on le sait, c'est avec M. l'abbé Jérôme Coignard que l'auteur de la *Rôtisserie* s'est plus volontiers identifié. Est-il besoin de démontrer ici que la philosophie sceptique, subtile, hardie de ce bon maître, que ses sentiments d'ironie indulgente, de tendre mépris envers les hommes et la société, sont bien ceux du *Jardin d'Épicure ?*

Et si par impossible quelqu'un en doutait encore, il n'aurait qu'à ouvrir les *Opinions de M. Jérôme Coignard.* Dans ce livre, qui n'est plus en quelques pages, mais qui est dans son ensemble un livre à clef, il reconnaîtrait bien vite notre époque. Il y verrait un M. Nicodème, « président de la compagnie de la pudeur », singulièrement ressemblant à un sénateur qu'ont maintes fois ridiculisé ou tenté de ridiculiser les chansonniers gaulois et les petites feuilles graveleuses[3] ; un M. Elward, dont la vie est consacrée à étudier la révolution d'Angleterre, lequel rap-

---

1 *Rôtisserie,* 167. Cf. plus haut.

2 *Rôtisserie,* 384. Cf. *Bibliophile français,* mars 1870 ; *Temps,* 31 juillet 1892 ; *Vie littéraire,* I, 218 ; IV, 27 ; et la librairie Paillot dans l'*Histoire contemporaine.*

3 *Opinions,* 230.

pelle M. Aulard, historien de la Révolution française [1] ; un M. Rockstrong dont le nom même est
facile à traduire en Rochefort [2] et bien d'autres. Il
y entendrait discuter sur une affaire du Missi-
sipi, qu'on appelle d'ordinaire affaire du Pa-
nama [3], sur la sainte ampoule, dont le nom moderne est suffrage universel [4], sur la politique
coloniale d'un ministre anonyme, qui n'est autre
que Jules Ferry [5]... Et ainsi il se persuaderait sans
efforts que M. l'abbé Jérôme Coignard a prêté
sa face souriante, sa bedaine, son petit collet
peut-être un peu crasseux, et sa redoutable candeur, à M. France lui-même [6].

Encore cela ne surprend-il guère. On sent bien
que les *Opinions* sont un pamphlet ou un recueil
de pamphlets. On sent bien que dans la *Rôtisserie* nous est offert un de ces romans philosophiques à la façon de *Candide* ou de *Zadig,* dans
lesquels, sous des voiles transparents, se cache
une interprétation personnelle des choses et de la
vie. Mais le *Lys rouge,* voilà un roman véritable,
tel qu'on l'entend de nos jours : voilà une his-

---

1 *Opinions de M. Jérôme Coignard,* 225.

2 *Ib.,* 196 sqq.

3 *Ib.,* 80, sqq.

4 *Ib.,* 28, 79.

5 *Ib.,* 45, 48. — Cf. la Haute-Cour, 200, etc.

6 Rod (article cité) le reconnaît avec raison dans la préface des
*Opinions.*

toire d'amour racontée pour son intérêt propre ; voilà une peinture des milieux mondains et politiques, esquissée pour faire connaître ces milieux mêmes. N'importe ! ce sera encore un livre à souvenirs, puisque c'est un livre à clefs ; ce sera un livre à confidences personnelles, puisque l'auteur y est partout.

Faut-il croire, comme l'a supposé Larroumet, que le caractère de Thérèse y soit tracé « d'après nature »[1] ? Je ne sais. En tout cas plusieurs des comparses y sont des personnages réels que M. France n'a pas inventés ; il s'est borné à les prendre dans ses souvenirs et à les dessiner tels quels ou à peu près. Miss Bell a été nommée de son vrai nom. Le vieux Schmoll est un membre de l'Académie des Inscriptions que beaucoup de personnes ont connu et ses vitupérations contre « l'infâme Titus », le romancier les a entendues de ses oreilles, dans le monde. Choulette, enfin, c'est, pour l'ensemble, Verlaine, pour quelques détails, Villiers de l'Isle-Adam [2]. Mais M. France ne peut pas rester simple témoin des actions, simple greffier des conversations de nos héros : il faut qu'il y intervienne. Et il ne lui suffira pas d'y intervenir discrètement et comme du dehors, de rappeler, par

---

[1] *Vie contemporaine,* septembre 1894, et *Études de Littérature et d'Art,* III.

[2] Cf. *Lys rouge,* 115 et 1557, et *Vie littéraire,* III, 125.

exemple, au détour d'une page, la légende fami-
liale du chouan mort dans l'arbre[1]. Il veut,
dirait-on, se voir en chair et en os dans son
roman. Aussi s'est-il représenté, — sauf au physique[2], mais qu'importe à la ressemblance véritable ? — sous le nom de Paul Vence, le « seul
homme tout à fait intelligent que reçût » Thérèse[3]. C'est Paul Vence qui reconnaît en Napoléon la « vulgaire grandeur » et le type même
des héros faits comme le peuple et chers au
peuple[4] ; définit la vérité : «une suite logique de
vraisemblances qui ajoutées les unes aux autres
atteignent à l'évidence »[5] ; méprise l'histoire[6] ; se
défie des croyants, parce que, n'étant pas assez
intelligents pour douter, ils deviennent aisément
fanatiques[7] ; soutient que « nous ne trouvons que
nous dans les livres »[8] ou qu'il faut être sensuel
pour être humain[9], etc. On ne peut pas s'y tromper. Et l'auteur d'ailleurs n'a pas voulu qu'on s'y
trompât. Après avoir exprimé, sur les gouvernements et la vanité du pouvoir qu'ils s'imaginent

---

[1] *Lys rouge*, 338. Cf. *Livre de mon ami*, 187.
[2] *Ib.*, 10 : « Ce petit homme bilieux ».
[3] *Ib.*, 9. Cf. Larroumet, article cité.
[4] *Ib.*, 55.
[5] *Ib.*, 61.
[6] *Ib.*
[7] *Ib.*, 63.
[8] *Ib.*, 346.
[9] *Ib.*, 63.

exercer, des idées tout à fait analogues à celles de Jérôme Coignard, Paul Vence ajoute : « Il était sage, celui qui a dit : « Donnons aux hommes pour témoins et pour juges l'Ironie et la Pitié. » —Mais, monsieur Vence, dit M^me Martin en riant, c'est vous-même qui avez écrit cela. Je vous lis [1].» En effet, c'est lui qui a écrit cela ; et il l'a écrit le 6 décembre 1891, dans le *Temps,* sous la rubrique *Vie littéraire ;* et il a signé : Anatole France. Nous aussi, monsieur France, nous vous avons lu !

Mais ce qu'il y a d'extraordinaire, c'est que l'auteur ne s'en est point tenu là. Sa personnalité, surabondante en quelque sorte, ne peut se renfermer dans un seul rôle ; elle déborde sur bien d'autres encore.

Thérèse et Jacques, disait M. Jules Lemaître, vivent moins que les personnages épisodiques du roman... Cela vient peut-être de ce que l'auteur parle presque toujours pour eux. Ecoutez Dechartre : « Une femme, dit-il à Thérèse, ne peut pas être jalouse de la même manière qu'un homme, ni sentir ce qui nous fait le plus souffrir... Pourquoi ? parce qu'il n'y a pas dans le sang, dans la chair d'une femme cette fureur absurde et généreuse de possession, cet antique instinct dont l'homme s'est fait un droit, etc.. » Ou bien : « Ah ! ce qui vit n'est que trop mystérieux... Ne crains pas de te donner. Je te désirerai toujours et je t'ignorerai toujours. Est-ce qu'on possède

---

[1] *Lys rouge,* 377.

jamais ce qu'on aime ? » etc. Pensez-vous qu'un amant, même très lettré, ait jamais parlé ainsi à sa maîtresse ? — Et Thérèse à Le Mesnil : « Méprisez-moi, si vous voulez, et si l'on peut mépriser une malheureuse créature qui est le jouet de la vie... Mais gardez-moi un peu d'amitié dans votre colère, un souvenir aigre et doux, comme ces temps d'automne où il y a du soleil et de la bise, etc. » Est-ce qu'une femme, même une spécialiste de dîners littéraires (et Thérèse n'est point cela), a jamais rencontré des paroles de cette moelle et de ce ton ? Les discours de Thérèse et de Jacques sont comme transposés. L'auteur nous les donne tels qu'ils se répercutent dans sa pensée, où ils s'éclaircissent et s'enrichissent à la fois. Il en écrit, avec force et avec grâce, la traduction philosophique [1].

— Cela est très bien vu. Et pourtant je renverserais la formule de M. Jules Lemaître. Les discours de Jacques et de Thérèse sont comme transposés, en ce sens que l'auteur nous y donne, non pas repensées par lui les idées de ses héros, mais repensées par ses héros les idées que lui-même a pensées avant eux. Cette théorie de la jalousie, elle n'est pas de Dechartre : elle est de M. France, dans le *Temps* du 13 décembre 1891. Ces idées que les êtres sont incommunicables entre eux et comme impénétrables, que la vie est un mystère incompréhensible, elles ne sont pas davantage du sculpteur ; elles sont de M. France qui les a exprimées à mainte reprise et qui

[1] *Journal des Débats,* 16 septembre 1894.

en fait le fondement de son scepticisme, de son subjectivisme, de son pessimisme, de son dilettantisme, et de tous les *ismes* dont se compose sa philosophie. Et quand Dechartre est défini « un passionné et un timide »[1], mais un passionné qui voit en l'amour sensuel « le seul vrai, le seul grand et le seul fort »[2]; quand on le représente « s'aimant généreusement lui-même dans tout ce qu'il rencontre de beau en ce monde »[3]; quand il envie les simples, parce qu'ils « voient la vérité que notre intelligence nous cache »[4]; quand Thérèse déclare qu'elle aimerait mieux « faire une chose immorale qu'une chose cruelle »[5]; quand elle montre son goût pour les quartiers lointains et « bizarres, où l'on voit vivre les pauvres gens »[6]; quand elle s'émeut à contempler les « pauvres êtres ridicules et misérables, qui entrent à leur tour dans la grandeur du passé »[7]; quand elle laisse si bien apercevoir qu'à ses yeux, c'est une infériorité d'esprit de croire en Dieu ou en l'immortalité de l'âme[8]; quand elle mani-

---

[1] *Lys rouge*, 12. — Cf. Larroumet, article cité.

[2] *Ib.*, 358.

[3] *Ib.*, 99.

[4] *Ib.*, 149.

[5] *Ib.*, 18.

[6] *Ib.*, 21.

[7] *Ib.*, 33.

[8] *Ib.*, 41.

feste je ne sais quelles préoccupations sociales mi-tolstoïennes, mi-anarchiques[1], etc. : qui peut douter que nous n'ayons ici encore des dispositions morales, des goûts, des opinions qui sont bien celles du romancier ? Il n'est pas jusqu'à Le Mesnil, — un bellâtre et un sot, pourtant, — qui ne répète parfois les idées de l'auteur ; il les répète moins bien, mais il les répète. M. France avait dit : « Il y a sous les armes une grande dignité de vie. Le devoir y est clair. etc.[2] » Le Mesnil dit : « On s'abrutit dans ce métier-là. Sans doute, mais on sait exactement ce que l'on a à faire, et c'est beaucoup dans la vie[3]. » Ainsi les personnages du roman ne sont que des échos, et c'est la voix de l'auteur que nous reconnaissons dans leurs voix.

L'ouvrage suivant, *le Puits de Sainte-Claire*, est siennois, comme le *Lys* était florentin ; mais cette fois c'est du xvi° siècle qu'il est question. Au xvi° siècle aussi, on retrouve M. France et nous aurons occassion peut-être d'étudier plus longuement ce qu'il a mis de lui-même dans *l'Humaine Tragédie :* il en a mis beaucoup et le drame qui perdit Fra Giovanni est comme un symbole du drame intérieur de sa propre pensée.

---

[1] *Lys rouge,* 119.

[2] *Livre de mon ami,* 69.

[3] *Lys rouge,* 37.

Puis ce fut l'*Histoire contemporaine*. Je ne veux pas perdre ici mon temps à démontrer qu'il faut reconnaître M. France en M. Bergeret, — abstraction faite des détails biographiques. On ne démontre pas l'évidence. Je noterai seulement que l'auteur ne paraît pas s'être proposé dès l'abord de faire ainsi parler et agir (s'il agit vraiment) son double. Le personnage, à l'origine, est médiocre, un peu déplaisant peut-être : M. Faguet dit même « pleutre[1] ». C'est peu à peu, comme insensiblement, que, dans la rédaction successive et morcelée de ces quatre volumes, M. France a eu besoin d'intervenir de sa personne, directement, sans voile ou sous un voile qui ne cachât rien. Ç'a été une sorte de nécessité pour lui de s'identifier avec le professeur de philologie latine, de lui prêter ses souvenirs, — au moins dans ces premières pages de *M. Bergeret à Paris*, qui, servant comme de suite au *Livre de mon ami*, expriment des confidences, si touchantes et si visiblement confidences.

L'*Histoire comique*, à son tour, est un livre à clefs. M. France y met en scène des hommes vivants. Qui n'a reconnu « l'auteur » de la pièce, « cet homme de soixante-dix ans qui bouillait de jeunesse » et dont la fougue est dépeinte de fa-

---

[1] *Propos littéraires*, II (sur le *Mannequin d'osier* et sur l'*Anneau d'améthyste*).

çon si vive[1] ? Qui n'a percé le mystère du nom de Pradel ou de bien d'autres encore ? Mais le romancier, comme toujours, s'y est réservé une place, — ou un fauteuil, puisqu'il s'agit de théâtre. C'est lui le philosophe du roman, j'aillais dire le compère de cette revue, le sage, désabusé, sceptique et voluptueux docteur Trublet. Doctrines métaphysiques et théories contre la politique coloniale, amour du plaisir, curiosité de la femme, etc., tout concorde. Et dans tout ce qui est attribué au « docteur Socrate », nous pouvons hardiment reconnaître les opinions et les goûts de M. France[2].

*Sur la pierre blanche* ne contient en somme que les idées personnelles ou les espérances de l'auteur. A chaque instant, dans *l'Ile des Pingouins*, dans les *Sept femmes de Barbe-Bleue*, on rencontre des souvenirs de l'histoire contemporaine et l'expression de ses théories politiques et philosophiques. Mais on ne peut pas dire qu'il s'y mette en scène comme caractère et comme homme[3].

---

[1] 57 et passim.

[2] Sans compter, comme l'a justement remarqué M. Ernest-Charles (*Revue Bleue*, 16 mai 1903 et *Littérature française d'aujourd'hui*), que presque tous les personnages, à tour de rôle, expriment quelques-unes de ses idées.

[3] Je ne parle pas ici des livres de contes ; mais on l'y rencontre encore. Rod (article cité) a bien raison de dire que le

Au contraire, c'est comme tel qu'il apparaît dans *Les Dieux ont soif ;* et, cette fois, peu s'en faut qu'il ne tienne la première place. Sans doute, le protagoniste apparent est Gamelin : c'est lui dont nous suivons les sentiments, les actions et la fortune du début à la fin du roman. C'est la psychologie de cet être borné, ce sont ses crimes innocents, sa charité meurtrière, son sentimentalisme effroyable, qui demeurent le principal objet de cette étude. Mais n'est-il pas vrai que le personnage intelligent et bon, raisonnable et sympathique, est Brotteaux des Ilettes ? C'est Brotteaux des Ilettes que M. France a peint avec amour, — par la raison bien simple qu'il a tracé en lui son propre portrait. Lecteur assidu de Lucrèce, fervent admirateur de la métaphysique et de la morale épicuriennes, l'ancien « publicain » a rejeté bien loin les dogmes chrétiens. Comme M. Bergeret, il ne cesse point de parler théologie et religion. Il adore présenter aux croyants des objections captieuses et jouit de les croire irréfutables. Il n'a point de haine cependant pour la religion : parfois, il envie le bonheur des naïfs qui peuvent y ajouter foi ; il la juge nécessaire pour le peuple, et inoffensive, maintenant qu'elle est exténuée par son antiquité même et comme dépouillée de sa rigueur

---

Silvanus ennemi de l'ascétisme, qui déplore le sort de la « triste Scolastica » *(Etui,* 88), est l'interprète de M. France.

première. Il n'a point d'illusions en morale. Il sait que la vertu est un simple expédient imaginé par les hommes pour vivre commodément ensemble. Il démontre que le dévouement même et le sacrifice sont des formes subtiles de l'égoïsme inné. Sa seule haine est pour les fanatiques qui croient la nature bonne, alors qu'elle n'est qu'une lutte perpétuelle et qu'un carnage sans fin. Car ces gens-là jugeront méchants et pervers les hommes qui ne partagent point leurs illusions : ils les égorgeront sans scrupules, par vertu et par amour. Il sait que l'institution sociale est une convention pure ; il n'a ni confiance en la justice humaine, ni admiration pour la gloire militaire ; et ses paradoxes révoltent la foule, qui ne comprend pas que l'ignorance est nécessaire, bienfaisante, et que le sentiment de l'ignorance où nous sommes est le fondement même de la tolérance. Au reste, il n'est pas pessimiste. La vie, à ses yeux, n'est pas tout à fait mauvaise. « Il admire la nature en plusieurs de ses parties, spécialement dans la mécanique céleste et dans l'amour physique. » Il prétend donc tirer de la vie toutes les jouissances qu'elle comporte, les jouissances intellectuelles, — et les autres, et ce ne sont pas les autres qui peut-être ont le moins d'attrait pour lui. Il est à l'affût des voluptés ; la vue seule de celles qu'il ne peut saisir fait venir à ses yeux des larmes souriantes, qui sont encore une volupté. Et enfin il ne se pique pas d'être cohérent avec lui-même : il sait que la raison et l'instinct ne s'accordent pas ensemble. Il est charitable et dévoué, malgré son égoïsme théorique, qu'une dialectique subtile rend après coup altruiste. Il frissonne et s'évanouit à la pensée de la mort ; il y marche avec un amer regret, malgré sa certitude qu'elle sera un retour au néant... Que dirais-je encore? il est le philosophe dont le *Jardin d'Épicure* nous a donné l'idée, puisqu'il est en réalité l'auteur même du *Jardin d'Épicure* .

Ainsi M. France, Don Juan des idées et des sentiments, aspire à les posséder et à les caresser tous. Mais c'est lui qu'il cherche, ou du moins qu'il trouve en eux ; comme Dechartre, c'est lui qu'il « aime généreusement » dans ce qu'ils lui présentent de beau. Quand il en jouit, c'est de l'exercice de son intelligence qu'il jouit. Quand il s'en souvient, c'est de lui-même qu'il se souvient, pour les avoir éprouvés ; et ce sont moins eux-mêmes que les impressions dont il leur est redevable qu'il ressuscite en lui. Aussi, toutes les fois qu'il médite, un afflux de souvenirs le submerge pour ainsi dire et se déverse dans son œuvre[2]. Il se peint donc lui-même et presque

---

[1] Noter que dans *Les Dieux ont soif*, M. France intervient mainte fois, en son nom, pour donner son opinion sur les faits qu'il raconte. Cf. 197, 201, 202, 230, 298, 332, etc.

[2] Cf. la mémoire, « muse divine » (*Anneau d'améthyste*, 90).

lui seul. Il ne représente les hommes qu'en tant qu'ils sont lui, comme Bergeret ou Brotteaux, ou en tant qu'ils contrastent violemment avec lui et lui permettent de se peindre par ses contraires : par ceux qui l'étonnent, comme l'abbé Lantaigne, par ceux qu'il méprise, comme l'abbé Guitrel, le préfet Worms-Clavelin et l'archiviste Mazure, par ceux qu'il hait, comme Gamelin. Les autres sont d'ordinaire des êtres peu consistants : esquissés en quelques traits simples ou peints du dehors, ils sont plus représentatifs d'un groupe ou d'une catégorie, ou plus pittoresques, que véritablement vivants. Dans ce qu'il écrit[1], il n'y a guère d'autre moi que son moi ; et son œuvre apparaît comme un tissu de souvenirs et de confidences.

---

[1] On a noté avec raison que tous ses personnages parlent comme lui, — même ceux qui, tels qu'il les représente, en devraient être manifestement incapables.

II


La disposition d'esprit invinciblement « subjective » de M. France est tout à fait opposée à l'impartiale et large sympathie des grands imaginatifs et des grands créateurs, d'un Balzac, par exemple. Ceux-là font abstraction de leur personne. Ils revêtent les caractères les plus opposés ; ils ressentent et ils expriment les sentiments les plus différents de leurs sentiments propres ; ils traduisent avec une égale justesse et une égale sincérité les idées qui leur sont le plus antipathiques et celles qui leur sont le plus chères ; ils se transforment et ils s'oublient. Lui, il ne sort point de lui, et il ne s'oublie point. Or il a montré lui-même qu'une mémoire aussi personnelle et aussi tyrannique offusquait en quelque sorte la faculté créatrice. N'écrit-il point de la Reine de Navarre : « Elle n'avait guère d'imagination et ne savait pas combiner des épisodes avec l'adresse alerte de ses modèles italiens. Elle se rappelait beaucoup de choses, si elle en inventait peu, et ses nouvelles sont autant de souvenirs qui la peignent, elle et son temps [1] » ? Il était bien jeune, quand il parlait ainsi ; mais on dirait qu'il a voulu caractériser d'avance son œuvre future. Lui aussi, il « invente peu » ; et M. Jules Lemaître, avec sa pénétration coutumière, l'a bien vu, qui dit à son propos : « Je ne parle pas de la puissance d'invention, qu'un caprice de la nature a évidemment accordé avec plus de libéralité à quelques écrivains de notre époque [2]. » Faute d'une certaine puissance, — faute surtout d' « objectivité », — son imagination reste donc, comme l'était son intelligence, plus contemplative que créatrice.

Il va sans dire qu'à ce sujet encore on trouve dans son œuvre des déclarations contradictoires ; et les observations qu'on y fait peuvent s'interpréter les unes dans un sens, les autres dans l'autre.

Il ne semble guère qu'il reconnaisse en soi une faiblesse ou une absence d'imagination, celui qui, à mainte reprise, en son nom [3], au nom de M. Ber-

---

[1] *Globe,* 2 octobre 1879.

[2] *Contemporains,* II.

[3] *Temps,* 2 septembre 1888 ; *Echo de Paris,* 25 décembre 1894.

geret[1], au nom même d'Hélène Fellaire[2], a dit
que « le seul abord d'une personne dépourvue de
toute espèce d'imagination le glace jusqu'aux
moelles ». Il paraît bien s'appuyer sur sa propre
expérience, quand il loue cette faculté en termes
magnifiques dans leur sobriété même : « C'est
elle, avec ses mensonges, qui sème toute beauté
et toute vertu dans le monde[3] ». Il en fait la
reine dans le domaine de l'action ; puisque « agir
utopiquement », à la façon de Baudelaire et des
philosophes du xviiie siècle, — c'est-à-dire en
suivant son espérance et son rêve, — est le signe
d'une âme fière et le moyen de réaliser les
grandes choses[4]. Il en fait la reine dans le domaine de l'art. « L'art n'a pas la vérité pour objet », mais le beau ; et, pour atteindre au beau, il
faut sortir de « l'expérience et de l'usage[5]. » « Ce
que la vie a de meilleur, c'est l'idée qu'elle nous
donne de je ne sais quoi qui n'est point en elle.
Le réel nous sert à fabriquer tant bien que mal
un peu d'idéal. C'est peut-être sa plus grande
utilité[6]. » Or cela ne peut se faire que par l'ima-

[1] *Mannequin d'osier*, 79.

[2] *Jocaste*, 45.

[3] *Vacances sentimentales* (*Revue Bleue*, 14 octobre 1882) ;
phrase reprise dans *Livre de mon ami*, 273.

[4] *Globe*, 24 juillet 1879, Cf. *Vers les temps meilleurs*, I, 73.

[5] *Temps*, 15 mai 1887 (Jardin, 40-42).

[6] *Temps*, 27 juin 1886 (*Jardin*, 145).

gination. C'est l'imagination encore qui évoque le passé [1], et l'inconnu [2], et le mystère [3], sources principales de la poésie. Dans la partie de son œuvre où l'imagination paraît devoir se tenir en un rang subordonné, pour lui donner plus libre cours, il s'évade à chaque instant de la critique, et, « mêlant la fiction à la vérité [4] », il nous raconte l'*Apologue du docteur Zeb,* l'histoire de la *Dame à l'éventail blanc,* l'*Histoire des deux amants d'Auvergne* ou l'*Histoire de la courtisane Wasavadatta et du marchand Oupagoupta* [5]. Comme Ésope, à la cour, annonçait à chaque instant : *Fable!* et en débitait une, lui, il annonce : *Légende!* et il la résume ou la détaille

[1] Voir, dans le *Mannequin d'osier,* 33, comment c'est « l'inélégance » de sa vie actuelle qui fait naître en M. Bergeret le « rêve de quelque villa où, sur une blanche terrasse, au bord d'un lac bleu, il mènerait de paisibles entretiens, dans le parfum des myrtes, à l'heure où la lune amoureuse vient se tremper dans un ciel pur comme le regard des dieux bons et doux comme l'haleine des déesses ». Ces derniers mots montrent bien de quelle façon spontanée son imagination localise ses rêves dans le monde antique. — Cf. *Crime,* 57 : « la mélancolie du présent et la poésie du passé », et *Univers illustré,* 6 août 1892, et les textes cités plus haut sur le passé.

[2] *Vie littéraire,* I, 104, et textes cités plus haut.

[3] *Ib.,* III, xviii et textes cités plus haut.

[4] Ce qu'il se reproche, peu sincèrement, dans l'*Echo de Paris* (19 octobre 1897).

[5] *Vie littéraire,* I, 246 ; III, 86, 228, 385, etc

avec amour. D'ailleurs, dans la critique même, il accorde à cette faculté une place inusitée. Pour lui, — combien de fois ne l'a-t-il pas répété ? — lire un ouvrage, c'est le refaire[1]. Les écrivains, en bâtissant le monde à leur manière, nous mettent à même de le rebâtir à la nôtre ; ils nous invitent seulement et nous aident à imaginer[2]. Partout, on lui voit une prédilection toute spéciale pour ceux en qui l'imagination domine, les inconscients et les naïfs[3] : les enfants[4], les rêveurs[5], les mystiques[6], les hérétiques ou les crédules, les fous[7] même. Les souvenirs les plus doux qu'il ait conservés, quil évoque sans se lasser jamais, — et, disons-le, sans nous lasser, — ce sont les souvenirs des « heures charmantes, des heures sacrées », où l'âme toute fraîche découvre le monde, qui se revêt pour elle d'un éclat caressant et d'un

---

[1] *Globe,* 21 août 1879 ; *Temps,* 15 mai 1887 *(Jardin, 44-46)* et passim.

[2] *Livre de mon ami,* 272.

[3] Cf. Jules Lemaître, *Contemporains,* II ; Lanson, préface de *Pages choisies ;* Bordeaux, *Ames modernes ;* Pellissier, *Romanciers contemporains.*

[4] Cf. *Livre de mon ami ; Pierre Nozière ; Le Crime ; Nos enfants ; Filles et garçons* et passim.

[5] Hamlet *(Vie littéraire,* I, 1) ; Villiers de l'Isle-Adam *(Ib.,* III, 120 ; cf. *Rêveries astronomiques, ib.,* 209) ; Glatigny *(Ib.,* IV, 307).

[6] *Vie littéraire,* IV, 39 et les textes cités plus haut, sur le mystérieux.

[7] Voir les références citées plus haut.

charme mystérieux », car « l'Univers n'est que le reflet de notre âme »[1] ; ceux des « surprises délicieuses qui font l'enchantement de l'âge le plus tendre »[2] ; ceux enfin des jours heureux où il était « grand magicien », « évoquait pour son amusement des êtres aimables et disposait à souhait de la nature »[3]. Enfin, s'il a, dans la première partie de sa vie, polémiqué avec quelque chaleur, ç'a été contre les ennemis de l'imagination enfantine, contre ces auteurs de livres scientifiques à l'usage de la jeunesse, qui proscrivent les légendes et les contes de fées[4]. Mais légendes et contes de fées, c'est l'aliment et c'est en même temps la création de l'imagination naïve des enfants et des peuples enfants, dans sa puissance spontanée. Loin de l'étouffer ou de la réprimer, laissons-la s'épanouir au contraire : « on n'est grand que par elle »[5]. — Voilà certes qui ne paraît pas d'un homme privé d'imagination et conscient de l'être.

Oui. — Mais cette admiration pour l'enfance et la puissance de création qui est en elle est faite en partie de regret. M. France déplore que les

---

[1] *Crime de Sylvestre Bonnard*, 149.

[2] *Ib.*, 158.

[3] *Livre de mon ami*, 105.

[4] *Globe*, 21 août 1879 ; *Jeune France*, 1ᵉʳ Janvier 1883 ; *Livre de mon ami : La bibliothèque de Suzanne*, 263-327.

[5] *Livre*, 273.

enfants ne « gardent point dans l'âge mûr cette faculté merveilleuse », sauf s'ils sont « des poètes ou des fous »[1]. Pour lui, il avoue « avoir eu le malheur de perdre ce don précieux »[2]. Quand il fait profession d'être scrupuleusement exact, il ajoute : « Je n'ai point d'imagination et ma véracité est une vertu forcée[3] ». Son double, — ou l'un de ses doubles, — Sylvestre Bonnard, met une sorte d'obstination à répéter une confession pareille. Ici, il s'étonne d'avoir pu décrire la mélancolie du soir et la beauté de la terre natale, « spontanément, et sans s'aider d'aucun texte ancien », « avec une vivacité et une abondance tout à fait remarquables chez un homme dénué, comme il l'est, de toute imagination »[4]. Là, pour bien faire entendre combien un spectacle est extraordinaire, il note « qu'un homme totalement dépourvu d'imagination, comme il l'est, devait lui-même en être frappé[5] ». Et une troisième fois enfin, il reconnait son incapacité totale à « écrire un vaudeville..., à cause qu'il ne saurait rien inventer de divertissant. Inventer, il faut pour cela avoir reçu l'influence secrète[6] ! »

---

1 *Pierre Nozière,* 57.
2 *Livre de mon ami,* 106.
3 *Univers illustré,* 26 octobre 1895 ; cf. 12 novembre 1892.
4 *Crime de Sylvestre Bonnard,* 109.
5 *Ib.,* 113.
6 *Ib.,* 307.

Cette faculté d'inventer, qu'il ne possède point, M. France s'applique, avec un zèle singulier, à la réduire à rien, à en nier même l'existence réelle. « L'imagination assemble et compare ; elle ne crée jamais », dit sèchement Sainte-Catherine dans l'*Ile des Pingouins*[1]. C'est une théorie que M. France avait déjà soutenue, non pas sèchement, mais avec tout le luxe d'une démonstration en forme, dans le *Dialogue sur les contes de fées*. Octave avait avancé que l'imagination « n'est digne de ce nom que quand elle donne l'être à des formes ou à des âmes nouvelles, en un mot, quand elle crée. » Raymond lui réplique : « L'imagination, telle que vous la définissez, n'est point une faculté humaine. L'homme est absolument incapable d'imaginer ce qu'il n'a ni vu, ni entendu, ni senti, ni goûté. Je ne me mets pas à la mode et m'en tiens à mon vieux Condillac. Toutes les idées nous viennent par les sens et l'imagination consiste, non pas à créer, mais à assembler des idées. » Aux objections qui lui sont opposées, il répond par des exemples. Swedenborg, pour décrire les habitants des planètes, assemble les qualités qu'il a trouvées

---

[1] P. 39. — Noter que, dans la philosophie déterministe de M. France, l'homme, en agissant, ne crée pas davantage ou du moins ne crée rien de durable et de bon. (Cf. Chaumeix, *M. France et l'histoire*, dans *Revue hebdomadaire*, 23 mars 1912.)

sur la terre, mais il les assemble d'une façon extravagante : il a de l'imagination, mais une imagination délirante. Au contraire, Homère a « une belle imagination naïve » ; quand il dépeint la douleur et redit les lamentations de Thétis, « la nature a donné la femme, la mer et la mère ; le poète les a associées. Toute poésie, toute féerie est dans ces associations heureuses[1].» Et il n'est pas douteux que ce disciple de Condillac n'exprime ici la pensée de M. France[2]. De même, dans le *Bonheur,* Sully-Prudhomme n'a rien montré qui ne fût sur la terre : « Il est impossible, en effet, de rien inventer. Toute notre imagination est faite de souvenirs[3]. » Et ce qui est vrai d'Homère et de Sully-Prudhomme est vrai de tous les auteurs. Nous, nous attribuons volontiers « des vertus créatrices que les plus beaux génies n'eurent jamais[4] » : c'est folie et orgueil. « On ne prend pas assez garde qu'un écrivain, fût-il très original, emprunte plus qu'il n'invente. La langue qu'il parle ne lui appartient pas ; la forme dans laquelle il coule sa pensée, ode, comédie, conte, n'a pas été créée par lui ; il ne possède en propre ni sa syntaxe ni sa prosodie. Sa pensée même lui a été soufflée

---

[1] *Livre de mon ami,* 280-282.

[2] Cf. *Echo de Paris,* 19 mars 1893 (*Pierre Nozière,* 145).

[3] *Vie littéraire,* II. 39.

[4] *Vie littéraire,* IV, 164. Cf. *Ib.,* 158 et 237 : « Personne n'invente jamais rien. »

de toutes parts. Il a reçu les couleurs ; il n'apporte que les nuances qui, parfois, je le sais, sont infiniment précieuses[1]. » Je ne vois guère qu'un passage où M. France parle, sans la nier, de « l'imagination qui crée ». Mais le contexte restreint étrangement cette « création » : il s'agit d'un enfant merveilleusement doué, qui, au lieu de dénicher des nids avec les polissons, ses camarades, « construisait de petits moulins et faisait des siphons avec des chalumeaux de paille »[2]. Enfin, il lui arrive même de reconnaître que l'imagination est impuissante à remplir ce qu'il avait proclamé sa fonction propre : évoquer le passé. « Je ne me suis détourné de la vue du passé, dit-il dans la préface de *Jean Servien,* qu'après avoir senti jusqu'au malaise l'impossibilité de se bien figurer les anciennes formes de la vie[3]. » — Et tout cela ne paraît pas d'un homme en qui l'imagination soit très développée.

Je crois que, pour résoudre ces contradictions, apparentes ou réelles, il faut d'abord s'entendre sur ce que l'on appelle communément « créer », et distinguer avec quelque précision les diverses espèces ou, si l'on veut, les divers degrés de l'imagination artistique.

---

[1] *Vie littéraire.*

[2] *Étui de nacre,* 169.

[3] P. VI. Cf. *Lettres et Arts,* 1ᵉʳ avril 1886 ; *Temps,* 18 juillet 1888 ; *Préface de Jeanne d'Arc.*

Assurément, M. France a raison, quand il soutient que l'homme ne « crée » pas, au sens plein de ce terme. Il est clair que l'homme est incapable de tirer quoi que ce soit du néant, de donner l'être à ce qui n'était absolument pas. Aussi bien est-ce là un privilège spécial au Dieu des chrétiens : ni le Démiurge de Platon et d'Aristote, ni la Physis des stoïciens et des épicuriens ne le possédaient. Ils ne faisaient l'un et l'autre que travailler, élaborer ce que j'appellerai un « matériel » préexistant, le chaos primitif ou les atomes. Néanmoins, lorsqu'en ordonnant ces matériaux inertes, par une série prodigieuse de combinaisons et de transformations, ils en ont tiré le Cosmos, l'Univers entier et tous les êtres qui le peuplent, lorsqu'ils ont fait sortir de la matière et des atomes la vie ; n'est-il pas légitime de dire que le Démiurge et la Nature ont « créé » le monde ? Et, à un degré moindre, lorsque Vénus anima la statue qu'avait sculptée Pygmalion, lorsque de ce marbre glacé elle fit une femme qui respirait, marchait et voyait, qui avait une intelligence et un cœur ; ne peut-on pas dire encore que c'est elle véritablement qui a « créé » Galathée ? Au contraire, livré à ses propres forces, l'homme a beau s'ingénier, mettre en jeu toutes les ressources de la science et de l'art, il n'arrivera jamais qu'à reproduire les apparences de la vie ; il fera des machines et des automates ; il fera des statues et des peintures, assez expressives peut-être pour qu'on ait l'illusion qu'elles vont se mouvoir et parler, mais dont on l'attendra vainement : il ne créera point.

Il en va de même dans le domaine de la littérature et de l'art. Certains écrivains peuvent être intelligents, ingénieux, subtils; ils sauront adroitement combiner des éléments empruntés à des sources diverses ou même puisés directement dans la réalité ; les événements et les situations seront vraisemblables, les caractères cohérents, les sentiments justes; et, malgré tout, l'œuvre ne vivra pas. C'est le cas, je ne dis pas seulement des médiocres, mais même de certains esprits supérieurs, à qui manque la faculté créatrice[1] : c'est le cas, par exemple, de Renan et de Taine, qui tous deux ont commencé un roman, et tous deux, non sans raison, ont renoncé à le finir.

---

[1] J'entends ici cette faculté maîtresse du dramaturge et du romancier, le don de créer, non des fantoches comme Joseph Prudhomme, mais des âmes réelles, des caractères, des êtres humains vivant d'une vie indépendante ; — et je n'entends pas autre chose. Et par là je veux caractériser M. France, non le diminuer. Pas plus que Renan ou Taine — que je cite — pas plus que Hugo, Beethoven, Descartes, Kant, Claude Lorrain, Turner, Phidias ou les architectes des cathédrales — que m'objecte M. Souday (*Temps*, 15-16 juillet 1913), — M. France n'est de la même famille d'esprits que Shakespeare ou Racine, Dickens ou Balzac. Et ni lui ni ces autres ne sont pour cela méprisables. Que d'ailleurs M. France ait « créé » — sinon « des idées » — au moins « des sentiments, des formes, un esprit, un style », si je ne le croyais pas et si je ne l'en admirais pas, aurais-je pris tant de peine pour l'étudier si longuement ?

D'autres, au contraire, se présenteront eux-mêmes comme des imitateurs. Ils accepteront, des écrivains qui les ont précédés, ou des ébauches, ou même des tableaux achevés, et s'en inspireront ouvertement. Peu soucieux d'imaginer eux-mêmes les événements, les caractères et les noms, ils prendront les événements que leurs devanciers ont combinés, les caractères qu'ils ont tracés, les noms qu'ils ont jugé bon d'employer. Et de tout cela, — qui est emprunté, — ils feront quelque chose d'original et de vivant : parce que la nature leur a conféré ce pouvoir. Corneille a beau avoir suivi Guilhem de Castro et lui devoir en somme tout ce qu'il a mis dans Chimène et dans Rodrigue, Chimène et Rodrigue sont vivants. Racine a beau avoir suivi Euripide ou Sénèque, c'est de lui que sont vraiment nées les Andromaque, les Iphigénie ou les Phèdre françaises. Et Corneille et Racine, tout imitateurs qu'ils soient, deviennent ainsi des créateurs, — tandis que les autres n'en étaient point. M. France, d'ailleurs, le reconnaît quelque part. N'a-t-il pas écrit : « Le génie lui-même commence par imiter. Son originalité s'affirme par degrés. Au lieu de réunir avec effort les membres épars, son légitime butin, et d'en former comme il faisait d'abord *(comme continuent à le faire et les écrivains de second ordre et les grands écrivains qui n'ont pas le don spécial)* un tout où les parties primitives trahissent leur origine et leur destination étrangères, le génie, de ces mêmes membres pris où il lui plaît, fait un être vivant, harmonieux et doué d'une existence propre[1]. » Qu'est-ce à dire, sinon que les génies, disons mieux, certains génies *créent,* et qu'ainsi la création littéraire n'est pas impossible aux hommes ?

Seulement M. France s'en tient là. Il ne parle que de la combinaison des éléments empruntés; il se tait sur tout ce que l'écrivain y ajoute et de son propre travail et de son propre fonds. Et cela seul jette une lumière révélatrice sur son tempérament et sur sa nature. Car il y a quelque chose de plus. Certains auteurs puisent à pleines mains, et dans ce que leur offrent les écrivains antérieurs ou leurs contemporains même, et, dans ce que leur offrent, comme à nous, la nature, l'histoire, la société, les hommes, dûment interrogés et étudiés. Et c'est déjà là une première supériorité. Leurs sources ne sont pas seulement livresques. Ils n'ont pas besoin qu'un autre ait déjà élaboré et comme dégrossi les matériaux dont ils vont se servir. S'ils en profitent, c'est comme le Démiurge des anciens, qui utilise assurément les combinaisons d'atomes déjà faites, mais est capable d'assembler directement les atomes épars. Et leur seconde supériorité, c'est que tout cela n'est rien en comparaison de ce qu'ils en tirent. Par un suprême effort de génie,

---

[1] *Notice* sur Vigny, 24.

ils en font des êtres nouveaux, qui ne ressemblent à aucun autre, pas même à ceux qui auront servi à les former. La part d'emprunt, si grande, si énorme même qu'elle puisse être, s'anéantit, pour ainsi parler, en présence de ce qu'ils y ont ajouté. Qu'est-ce que l'Hamlet de Saxo Grammaticus, en face de l'Hamlet de Shakespeare ? le Faust des marionnettes ou même de Marlowe, en face du Faust de Gœthe? les Horaces, ou le Polyeucte et la Pauline de Corneille, en face des Horaces, du Polyeucte ou de la Pauline de l'histoire sacrée ou profane ? les Bérénice, les Monime, les Athalie de l'histoire ou de la Bible, en face des Bérénice, des Monime, des Athalie de Racine ? l'hypocrite de Scarron ou le Timon des Grecs, en face du Tartuffe ou de l'Alceste de Molière ? Et, quand on découvrirait mille pères dévoués à leurs enfants jusqu'à la passion effrénée et à la folie même, quand on démontrerait que Balzac les a connus tous, son père Goriot en serait-il moins vraiment à lui et de lui? Tous ces écrivains ont pris leur bien là où ils l'ont trouvé. Ce n'en est pas moins légitimement le leur, non par un prétendu droit de conquête, mais par droit de création. Et si M. France ne paraît pas le reconnaître, c'est sans doute qu'il n'est point lui-même au nombre de ceux à qui la nature généreuse a conféré ce rare et magnifique pouvoir.

En effet, il ne le possède point. « La vraie joie

(du romancier), disait un jour Alphonse Daudet[1], restera de créer des êtres, de mettre sur pied, à force de vraisemblance, des types d'humanité qui circulent désormais par le monde avec le nom, le geste, la grimace qu'il leur a donnés, et qui font parler d'eux — qu'on les déteste ou qu'on les aime, — en dehors de leur créateur et sans que son nom soit prononcé. Pour ma part, mon émotion est toujours la même, quand, à propos d'un passant de la vie, d'un des mille fantoches de la comédie politique, artistique ou mondaine, j'entends dire : « C'est un Tartarin, un Monpavon, un Delobelle. » Un frisson me passe alors, le frisson d'orgueil d'un père caché dans la foule tandis qu'on applaudit son fils et qui tout le temps a l'envie de crier : « C'est mon garçon ! »

Or les personnages mis en scène par M. France, — *à l'exception de ceux qui sont lui* par les traits essentiels (ou de quelques-uns de ceux-là), — ne se sont point ainsi imposés à l'imagination du public On dira peut-être : « C'est un Sylvestre Bonnard, c'est un Jérôme Coignard, c'est un M. Bergeret, c'est un Brotteaux des Ilettes » ; mais là où l'on dirait et comme on dirait: « C'est un nouvel Anatole France.» Personne n'aura l'idée de dire d'un homme d'affaires : C'est un Fellaire de Sissac ; d'un amoureux jaloux: C'est un Dechartre; d'une femme intelligente, volontaire et sensuelle : C'est

---

[1] *Trente ans de Paris,* 156.

une Thérèse ; ou même d'un jacobin sentimental : C'est un Gamelin. Que leur manque-t-il pour cela, — même à ce dernier, le plus digne pourtant, à mon sens, de cet honneur? Je ne sais : quelque chose d'indispensable, un rien ; mais ce rien qui fait vivre, ce rien qui anime non seulement les protagonistes mais les comparses mêmes des romans de Balzac, de Daudet ou de Dickens. Ils ne sortent pas, pour ainsi dire, d'entre les pages du livre, pour se mêler à nous et nous donner l'illusion que nous les avons rencontrés hier ou que nous les rencontrerons demain dans un salon ou au détour d'une rue. En les regardant, nous ne pouvons pas plus oublier l'auteur qui les a peints qu'il ne s'est oublié lui-même en les peignant. Nous admirons son intelligence, sa pénétration, sa subtilité, sa souplesse ; mais nous ne pouvons pas lui rendre cet hommage infiniment supérieur de ne plus l'admirer, de nous imaginer que nul ne s'est interposé entre nous et les personnages. Il analyse, il explique, il fait comprendre ; il ne fait pas vivre. Ce genre d'imagination lui manque.

Il en a cependant, mais de toute autre nature. Il existe une autre imagination, je ne veux pas dire inférieure, mais pourtant d'envergure et de puissance bien moindres. Elle ne vole pas, comme l'aigle, au-dessus des choses, pour les embrasser d'un coup d'œil immense et les dominer ; elle voltige autour des choses et d'une chose à l'autre,

comme le papillon, pour se jouer au milieu d'elles. C'est proprement la fantaisie. La fantaisie ne
crée pas ; mais elle orne, elle pare, elle décore,
elle poétise, ou parfois déforme et caricature.
Elle comporte d'abord et implique en elle-même
« cette faculté qu'on nomme la mémoire visuelle »
et que possédait M. Bergeret. « Sans avoir l'œil
riche de souvenirs, comme le peintre qui em-
magasine d'immenses et innombrables tableaux
dans un pli de son cerveau, il se représentait
sans trop d'efforts et assez fidèlement les spectacles curieux qui avaient intéressé son regard ;
il gardait soigneusement dans l'album de sa
mémoire l'esquisse d'un bel arbre, d'une forme
gracieuse qui s'étaient une fois peints dans sa
prunelle. » Parfois et sous le coup d'une émotion
vive, les images de ce genre se présentent « net-
tes, précises, colorées, à la fois minutieuses et
fortes, pleines, compactes, solides, puissantes[1] ».
Mais, souvent, chez M. France, elles ont dans leur
réalité même quelque chose d'irréel et de fantoma-
tique. C'est dans le rêve qu'elles apparaissent, avec
une allure de rêve, comme ces rois et ces prophètes de la vieille bible flamande, qui passaient
dans les nuits de son enfance « avec une majesté
mêlée de bonhomie[2] », ou ces grotesques de Callot,
dont il avait « nourri ses yeux » en allant à la

[1] *Mannequin d'osier*, 121-122.
[2] *Vie littéraire*, II, 320.

promenade sur les quais, et qui, pendant son sommeil, défilaient autour de lui, « se coulant sans bruit le long du mur »[1].

Puis les images ainsi amassées se confondent entre elles, se marient, s'opposent; l'activité mentale les élabore et en tire des effets nouveaux. Ce sont des rapprochements imprévus d'idées et de mots. Le plancher du parloir de M^lle Préfère ciré « avec une impitoyable énergie[2] ». M^lle Préfère elle-même s'avance, « plus légère qu'une feuille morte qui glisse au vent », « sur le miroir du parquet comme les saintes de la *Légende dorée* sur le cristal des eaux», cependant que son visage, loin de faire « songer aux vierges chères à la pensée mystique », rappelle plutôt « une pomme de reinette, conservée pendant l'hiver dans le grenier d'une sage ménagère »[3]. Ce sont ces mêmes rapprochements prolongés et répétés, pour se renforcer d'autant. Le teint de maître Mouche « semble fait de la poussière de ses paperasses[4] »; Sylvestre Bonnard écrira donc plus tard : « Nous quittâmes le poudreux tabellion et sa poudreuse étude[5]. » Ou bien l'un des deux termes est sous-entendu. La servante effarée a pris la carte du vieil archiviste et « l'a abandonné sans un mot

---


[1] *Livre de mon ami*, 9-11.
[2] *Le Crime de Sylvestre Bonnard*. 174.
[3] *Ib.*, 176.
[4] *Ib.*, 173.
[5] *Ib.*, 174.

d'espoir » ; il pense « rester en détresse » au seuil même du froid parloir. Mais, « ayant heureusement remarqué des petits carrés de laine semés sur le parquet devant les chaises de crin, il parvint, en mettant successivement le pied sur chacun de ces îlots de tapisserie, à s'avancer jusqu'à l'angle de la cheminée » [1]. Il est comme un naufragé ; mais le mot naufragé a été suggéré sans avoir été écrit. Ce sont des comparaisons dont l'inattendu surprend et frappe. Le colonel Cartier de Chalmeau a été enflammé d'admiration et d'amour à la vue du président Carnot ; aussi, quand il a appris sa mort, le revoit-il « désormais dans sa pensée, raide et noir, comme le drapeau roulé autour de sa hampe et recouvert de son étui, dans la caserne [2].» Ce sont des comparaisons moins étranges, mais expressives et pittoresques: Il s'agit, dit le préfet Worms-Clavelin à l'abbé Guitrel, de remplacer le défunt évêque de Tourcoing. « M. Guitrel avait changé de figure. Maintenant il faisait de petits yeux tout ronds et avait l'air d'un rat qui voit le lard dans le garde-manger [3] ». Ou bien des images poétiques. Les petits bateaux des pêcheurs de

---

[1] *Le Crime de Sylvestre Bonnard*, 174-175. Remarquer l'incorrection ou du moins ce que l'auteur a regardé comme une incorrection, puisqu'il l'a corrigé : « des petits carrés ». A cette date la langue de M. France n'est pas encore très sûre.

[2] *Orme du mail*, 84.

[3] *Ib.*, 117.

Saint-Valéry animent la baie : « Ils en sont la vie, partant la joie. Le flot les ramène. C'est plaisir d'épier de loin leurs voiles, grises, blanches ou noires, quand ils reviennent ensemble comme une compagnie d'oiseaux[1].» Ou enfin d'exquis tableaux, pleins de fraîcheur et de mystère : «Tant qu'il y aura des bois, des prés, des montagnes, des lacs et des rivières, tant que les blanches vapeurs du matin s'élèveront au-dessus des eaux, il y aura des nymphes, des dryades ; il y aura des fées. Elles sont la beauté du monde, c'est pourquoi elles ne périront jamais. Voyez : la nuit tombe sur les toits. Un charme paisible, triste et délicieux, enveloppe les choses et les âmes. Des formes pâles flottent dans la clarté de la lune. Ce sont les nymphes qui viennent danser en chœur et chanter des chansons d'amour autour de la tombe du bon saint Valéry[2]. »

Dans tout cela, comme on le voit, l'imagination de M. France reste près des choses. Elle a, pour ainsi dire, besoin d'y poser de temps en temps le pied pour y prendre un nouvel essor, afin d'aller chercher à distance des couleurs, des parfums et des fleurs, dont elle reviendra les embellir. Il nous le fait bien entendre, quand il nous parle de sa petite Suzanne. Maintenant, — à trois mois et vingt jours, — cette « petite créa-

---

[1] *Pierre Nozière,* 228.
[2] *Id.,* 219-220.

ture toute neuve » « est indifférente à cette vais-
selle d'aïeux, aux vieux portraits noirs et aux
grands plats de cuivre suspendus aux murs.
Je compte bien que plus tard toutes ces antiquités lui *donneront* des idées fantastiques et
*feront germer* dans sa tête des rêves bizarres,
absurdes et charmants. Elle aura ses visions.
Elle y exercera, si son esprit s'y prête, *cette
jolie imagination de détail et de style qui embellit la vie* [1]. »

Mais, si le vol de la fantaisie est un peu court,
il n'en a que davantage besoin d'être libre. C'est
pour n'y pas jouir de cette liberté totale, que M.
France goûte peu le théâtre et lui préfère le livre.
Au théâtre, il ne trouve plus comme dans le
livre de « petits signes », dont il tire « lui-même
les formes, les couleurs et les sentiments auxquels ces signes correspondent » ; il y trouve des
« images vivantes », des « hommes et des femmes qui n'ont rien de vague ni de mystérieux.
Le tout est exactement déterminé. » « Le livre
laisse tout à faire à l'imagination. Aussi les esprits rudes et communs n'y prennent-ils pour la
plupart qu'un pâle et froid plaisir. Le théâtre, au
contraire, fait tout voir et dispense de rien imaginer. C'est pourquoi... il plaît médiocrement
aux esprits rêveurs et méditatifs. Ceux-là n'aiment les idées que pour le prolongement qu'ils
leur donnent et pour l'écho mélodieux qu'elles

_______________

[1] *Livre de mon ami.* 198.

éveillent en eux-mêmes[1]. »... A quoi bon continuer et m'efforcer longuement de définir ici l'imagination de M. France ? Il l'a fait mieux que je ne saurais, en définissant celle de sa mère:

> Je n'ai pas d'imagination, disait maman. — Elle disait n'en pas avoir, parce qu'elle croyait qu'il n'y avait d'imagination qu'à faire des romans, et elle ne savait pas qu'elle avait une espèce d'imagination rare et charmante qui ne s'exprimait pas par des phrases. Maman était une dame ménagère, tout occupée des soins domestiques. Elle avait une imagination qui animait et colorait son humble ménage. Elle avait le don de faire vivre et parler la poêle et la marmite, le couteau et la fourchette, le torchon et le fer à repasser ; elle était au-dedans d'elle-même un fabuliste ingénu. Elle me faisait des contes pour m'amuser, et comme elle se sentait incapable de rien imaginer, elle les faisait sur les images que j'avais[2].

Cette imagination-là, — cette fleur exquise, mais qui a comme besoin de tuteur pour s'élever et s'épanouir, — M. France l'a donc reçue de sa mère. Seulement, elle, elle était une « dame ménagère ». C'est autour des objets du ménage que se jouait sa fantaisie. Lui, il est un intellectuel. C'est autour des émotions et des idées que se joue la sienne. C'est pourquoi il estime que l'imagination consiste essentiellement à « peindre un sentiment, à donner de l'intérêt à une pensée[3] ». Et

---

[1] *Temps,* 15 mai 1887 *(Jardin, 42-45).* •Cf. *Vie littéraire,* III, 10 sqq.

[2] *Pierre Nozière,* 43.

[3] *Jocaste,* 45. — Cf. l'éloge de Jean Lahor, en qui M. France admire la « transformation spontanée de la substance intellectuelle

c'est pourquoi, chez lui, elle prend volontiers un tour philosophique. « Il est intéressant, ce M. Bergeret, me disait une jeune femme à qui j'avais fait lire l'un après l'autre les quatre volumes de l'*Histoire contemporaine*; il est très intéressant; mais quelle singulière manie de faire de la métaphysique à propos d'un manche à balai ! » Il y avait là quelque exagération peut-être. Pourtant il y avait bien du juste. Les doctrines de Lucrèce et de Darwin sont si présentes et en quelque sorte si incorporées à l'esprit de M. France, que, lorsque sa fantaisie s'en va butiner autour des faits et autour des choses, c'est des fleurs du jardin d'Épicure qu'elle rapporte son miel et ses parfums. Écoutons plutôt M. Bergeret, quand il déplore d'être restreint au commerce de M. Torquet, une de ces « âmes mortes qui ne reflètent rien », un de « ces êtres en qui l'univers vient s'anéantir »[1] : voilà qui n'a de valeur expressive, qui n'est même intelligible que pour les lecteurs versés en philosophie et au courant de la doctrine idéaliste, selon laquelle « l'univers n'est qu'un reflet de notre âme[2]. » Ailleurs, le même M. Bergeret, « considérant tour à tour les

en matière poétique » (*Temps*, 27 janvier 1889), et ce que disait de M. France lui-même M. Barrès (*Jeune France*, 1er février 1883), que le monde extérieur se réfléchit chez lui en idées ou en images.

[1] *Mannequin d'osier*, 79.

[2] *Crime de Sylvestre Bonnard*, 149.

in quarto (du dictionnaire de Freund) poussés
contre le mur et M^me Bergeret qui y avait été sub-
stituée dans le fauteuil », songeait « que ces deux
groupes de substance, si différenciés qu'ils fussent à l'heure actuelle et si divers quant à l'aspect, la nature et l'usage, avaient présenté une
similitude originelle et l'avaient longtemps gar-
dée, lorsque l'un et l'autre, le dictionnaire et la
dame, flottaient encore à l'état gazeux dans la
nébuleuse primitive ». Et le voilà qui médite sur
le dictionnaire et la dame, « formes défectueuses
et parfois imparfaites », l'une remplie d'erreurs,
l'autre « contenant une âme injurieuse dans un
corps épaissi », mais également sorties, au bout
de siècles innombrables, de ce chaos où, « dans
l'infini des âges », toutes deux nageaient, « infor-
mes, inconscientes, éparses en légères lueurs
d'oxygène et de carbone » [1]. Il faut être, comme
M. France, imbu, ou tout au moins informé, des
hypothèses de Laplace et de Darwin, pour que de
pareilles évocations soient comprises. Mais alors.
la justesse inattendue en devient singulièrement
frappante et la saveur étrangement séductrice.
Son imagination a beau n'avoir fait qu'un petit
saut, d'un spectacle actuel à des doctrines toujours actuelles en son esprit, elle semble avoir
franchi d'un bond des espaces infiniment infinis,
comme disait Pascal. Et c'est ce qui donne à ses

_Mannequin d'osier_, 11-12.

méditations l'ampleur et le mystère ; c'est ce qui les rend originales parmi celles de ses pairs, les grands humoristes. Car c'est là de l'humour, mais une humour sans petitesses, sans grimaces et sans discordances. Sa fantaisie n'a ni la trépidation qu'a parfois celle de Dickens, ni l'incohérence et le forcé qu'a souvent celle de Jean-Paul. Elle se déploie à l'aise parmi les plus hautes ou les plus délicates visions ; elle mêle, au caprice apparent des associations d'idées et d'images, toute la profondeur de la science et tout l'indéterminé du rêve, tout le prestige de la pensée et de la poésie[1].

Entre l'imagination créatrice, — que M. France n'a point, — et l'imagination fantaisiste, — dont il est doué à un degré rare, — prend place une forme intermédiaire de l'imagination, celle qui non seulement compare et juxtapose, mais encore combine et compose. Il en reconnaît l'existence, puisque c'est celle-là même qu'il substitue à la véritable faculté d'invention. Et, sans doute, c'est une preuve suffisante qu'il la sent en lui-même. Encore est-il, cependant, qu'elle prend chez lui une allure et utilise volontiers des procédés un peu spéciaux. Pour la caractériser justement, il faut la regarder agir.

On voit M. France parcourir avec un zèle industrieux le temps et l'espace, toute la terre et

---

[1] Cf. Jules Lemaître, *Contemporains*, II.

toute l'histoire, pour y trouver des faits, des anecdotes, des caractères, des idées, des images, dont
il puisse tirer parti. Comme une abeille dili-
gente, il revient de ces excursions chargé d'un
butin précieux, qu'il élabore à loisir. Il adopte,
il transforme, il combine ; et il mêle toutes ces
prises[1] à ce que lui fournissaient déjà et sa
propre histoire et l'histoire de ceux qu'il a intro-
duits dans les livres comme personnages à clefs.

Il a lu « à peu près tout ce qui a paru sur
Haïti[2] ». C'est ainsi qu'il a remarqué un M. Fontaine, qui s'intitule : « ex-général, ancien aide de
camp du président Domingue, chef du parti dé-
mocratique, vice-président de la ligue franc-ma-
çonnique et citoyen libre de Port-au-Prince ».
Sur ce modèle, il rédige la carte de visite de
M. Alidor de Sainte-Lucie, « avocat, ancien ministre de l'Instruction publique et de la Marine,
membre de la Chambre des Députés, président
de la commission artistique haïtienne »[3]. Ce M.
Fontaine proclame magnifiquement ses opinions
démocratiques ; il prophétise que, « le jour où
s'établira la République universelle, elle sera sa-
luée avec enthousiasme et délire par la Républi-

---

[1] « Je rassemblerai les souvenirs de mes lectures qui se pressent en foule autour de mon esprit. » (*Temps*, 20 janvier 1889.)

[2] *Globe*, 4 septembre 1879.

[3] *Jocaste*, 172.

que partielle noire d'Haïti ». C'est le thème que développe avec non moins d'éloquence le mulâtre Godet-Laterrasse[1]. Et le « citoyen libre de Port-au-Prince » n'hésite pas à rosser ses domestiques : habitude qui explique amplement les terreurs de ce bon Godet-Laterrasse devant les regards sombres de M. de Sainte-Lucie[3].

En préparant sa notice sur Vigny, M. France a appris qu'un jour le père du poète rentra chez lui tout en larmes : le duc d'Enghien venait d'être fusillé[2]. De là naît un épisode du *Crime de Sylvestre Bonnard*. Le père du petit Sylvestre le tenait un jour sur ses genoux, en lui racontant l'histoire du roi d'Yvetot, quand tout à coup ils entendirent un grand bruit et les vitres résonnèrent. « Ils venaient de fusiller le maréchal Ney[4]. » — M. France avait vécu sur le « beau quai Voltaire », à côté de la maison où Denon avait rapporté d'Égypte une momie[5]. C'est pourquoi le petit Sylvestre a vu la momie, qui lui a inspiré des idées et des terreurs fantastiques[6]. — Darwin, le docteur Hermann Müller, sir John Lubbock, — ce dernier « archéologue adonné sur le

---

[1] *Jocaste*, 180 et passim.
[2] *Ib.*, 286 sqq.
[3] *Notice*, 14.
[4] *Crime de Sylvestre Bonnard*, 154.
[5] *Vie littéraire*, III, 179, *note*.
[6] *Crime*, 155.

tard aux sciences naturelles », — ont fait des recherches sur les rapports des insectes et des plantes[1]. Aussi le vieux Sylvestre Bonnard se retire-t-il à Brolles, pour y faire des observations et y rédiger des mémoires sur la fécondation des plantes par les visites des insectes[2].

A mainte reprise, sous la Révolution, les gardes nationaux faisaient des perquisitions chez les suspects, « fouillaient la maison de la cave au grenier, lardaient les matelas à coups de baïonnette, forçaient les tiroirs, jugeaient, sans savoir les lire, de l'importance des papiers et buvaient volontiers une bouteille de vin, car ils étaient bons compagnons. Quand ils surprenaient les dames en chemise, ils avaient le mot pour rire[6].» A quelle femme est-il arrivé, dans de telles circonstances, de jeter en hâte les papiers compromettants sous le canapé et d'assister, pleine d'angoisse, à la visite domiciliaire, qui demeura infructueuse, quoique, sous le meuble, « une corne de lettre passât encore, comme le bout de l'oreille d'un petit chat blanc » ? Je ne sais. Mais c'est une aventure que M. France attribue à Mme Danger, dans le *Livre de mon ami*[4], à Julie, dans le *Petit soldat de plomb*[5], et, avec quelques varian-

---

[1] *Crime*, 321, *note*.

[2] *Ib.*, 319 sqq.

[3] *Lucile de Chateaubriand*, XXXII.

[4] 91.

[5] *Etui de nacre*, 311.

tes, à M^me Rochemaure dans *Les Dieux ont soif*[1].
En revanche, je sais quelle femme cacha un suspect entre les matelas du lit sur lequel elle était
couchée, et parvint ainsi à le dérober aux regards des sans-culottes : c'est M^me Éliott[2] ; et le
trait a été prêté par le romancier tant à M^me
Danger[3] qu'à M^me de Luzy ; — seulement cette
dernière[4], plus rusée encore et qui d'ailleurs
avait un amoureux sous la main, y ajouta la
comédie d'un prétendu rendez-vous galant.

Dans *Balthazar*, la reine Balkis[5] rappelle Cléopâtre qui « courait, la nuit, avec Antoine les
bouges de Rakotis et se mêlait aux rixes des ma-
telots ivres[6] ». — La petite héroïne d'*Abeille* répète au « petit roi Loc » qui la retient prisonnière[7] le mot de Marie Mancini à Louis XIV :
« Vous êtes roi, vous m'aimez... »

Le fond même de *Thaïs* est tiré de l'histoire
de Paphnuce[8] et des récits divers des hagio-

---

[1] 164.

[2] *Notice* sur Chateaubriand, *Atala*, etc. (1879), p. XXIX.

[3] *Livre de mon ami*, 92-96.

[4] *Étui de nacre*, 268 sqq. — Pour *Scholastica*, voir le bréviaire.

[5] 10.

[6] *Vie littéraire*, IV, 117.

[7] 230.

[8] Cf. dans les *Études religieuses* (1890) l'article du R. P.
Brucker : *A propos d'un roman de la Revue des Deux Mondes*.

graphes sur saint Valfroy [1], saint Siméon stylite, les ermites de la Thébaïde [2], etc., M. France a lu les *Vies des Pères des déserts d'Orient* du R. P. Marin [3]. Il a lu surtout la *Vie de saint Antoine* par saint Athanase [4]. Paphnuce entend l'appel de la grâce comme saint Antoine [5]; il est tenté comme lui [6]; il vit dans un tombeau comme lui [7]; et saint Antoine en personne apparaît à la fin, pour passer en revue ses moines et condamner Paphnuce par son silence [8]. — Pour compléter ce qu'il connaissait de la vie monacale, M. France a utilisé le livre d'Amelineau : *Les moines égyptiens, Vie de Schnoudi* [9]. Il y a pris ce qu'il dit ou insinue des assassinats commis par les cénobites [10]; il y a puisé des détails sur les tentations [11], les séjours dans les hypogées [12], le nombre, les allures, les costumes des religieux divers [13]. — A l'auteur des *Sceptiques grecs*, l'au-

---

[1] *Thaïs*, 274 sqq. Cf. *Vie littéraire*, IV, 94.

[2] *Thaïs*, 314. Cf. *Temps*, 20 juillet 1890 et *Pierre Nozière*, 8.

[3] Cf. *Carias, Quelques sources d'Anatole France* dans *Grande Revue*, 25 décembre 1912 et 10 janvier 1913.

[4] *Vie littéraire*, II, 214-227.

[5] *Thaïs*, 12.

[6] 13-17 et passim.

[7] 305.

[8] 322 sqq.

[9] *Vie littéraire*, III, 130-141.

[10] *Thaïs*, 8.

[11] 69.

[12] 305 sqq.

[13] 329 sqq.

teur de *Thaïs* a rendu cet hommage : « Il y a, dans un petit roman publié dans la *Revue des Deux Mondes,* une dizaine de pages que je n'aurais jamais écrites, si je n'avais pas lu le livre de M. Brochard [1]. » — Quand Thaïs était encore une « folle amoureuse », elle ressemble, comme Balkis, à Cléopâtre et recherche les mêmes plaisirs crapuleux [2]. — Ailleurs, le vieillard pyrrhonien que Paphnuce veut convertir lui raconte sa vie et lui dit entre autres choses : « Mon père armait des navires. Son intelligence ressemblait beaucoup à celle d'Alexandre qu'on a surnommé le Grand. Pourtant elle était moins épaisse. Bref, c'était une pauvre nature d'homme [3] » C'est une simple transposition de ce que l'auteur avait naguère raconté. « Un musicien du quartier latin, Cabaner, qui se flattait de juger sévèrement son père, avait coutume de dire : « C'était un homme dans le genre de Napoléon, mais tout de même moins bête [4]. » Ainsi l'anecdote contemporaine s'ajoute aux recherches érudites des philosophes et des historiens, comme aux pieux récits des légendes.

Quand il a publié ses *Mémoires d'un Volontaire,* M. France y a joint cette note : « Toutes

----

[1] *Vie littéraire,* II, 134.

[2] *Thaïs,* 116 sqq.

[3] 39.

[4] *Temps,* 27 février 1887.

les circonstances de ces *Mémoires* sont véri-
*tables* et empruntées à divers écrits du xviii[e]
siècle. Il ne s'y trouve pas un détail, si petit qu'il
soit, qu'on ne rapporte d'après un témoignage
authentique[1]. » En effet, il suffit de parcourir
cette petite autobiographie, pour y reconnaître et
y saluer au passage des détails tirés des souvenirs de Marmontel[2], des livres de Lucien Pé-
rey[3], de la vie de Diderot[4], de celle de Florian[5]
et du duc de Penthièvre[6], et de bien d'autres
encore, assurément, — sans parler de l'émotion
qu'éprouva dans le parc de Versailles, à se voir
« caressé » par le « plus grand roi de la terre »,
le bon jardinier Le Nôtre[7], qui appartient pourtant au xviie siècle.

La *Rôtisserie de la Reine Pédauque* abonde en
« utilisations » du même genre. Le héros lui-
même réunit la friponnerie et la piété de Villon[8],

---

[1] *Etui de nacre*, 179. J'ai déjà cité : « les souvenirs de mes
lectures, qui se pressent en foule autour de mon esprit ». Voir
encore dans l'*Echo de Paris* du 18 juin 1895 l'épisode révolutionnaire qu'il met en scène. Après quoi, il se fait dire, par
son ami Charavay : « Je crois reconnaître dans les paroles que
tu prêtes à Fanny et à Gérard des centons de lettres et de
mémoires. »

[2] *Ib.*, 184.

[3] 185, 186. Cf. *Vie littéraire*, I, 43.

[4] 179, 193.

[5] 214, 215, 223 sqq. Cf. *Vie littéraire*, I, 188 sqq.

[6] 198, 200, 211. Cf. *Pierre Nozière*, 195-196.

[7] 202.

[8] *Temps*, 14 février 1892.

les mœurs et la vie errante de l'abbé Prévost[1], au fidéisme un peu trop prudent de Pascal, ou plutôt que M. France attribue à Pascal[2]. S'il fait un jour à la bonne mère de Jacques Tourne-broche ce compliment équivoque, « qu'il a ressenti auprès d'elle une quiétude qui tenait plus du ciel que de la terre[3] », c'est parce qu'un sage hagiographe avait dit d'une sainte que, « loin de donner la pensée de plaisirs coupables, son aspect, par un don particulier de la grâce, faisait naître chez ceux qui la contemplaient le goût de la vertu[4]. » La candeur d'une telle observation n'a pas été perdue pour celui qui, plus tard, en relèvera avec ironie de toutes semblables dans le procès de réhabilitation de la Pucelle[5]. M. d'Astarac se promet d'offrir un jour aux hommes des nourritures sublimées : « On se nourrira alors d'extraits de métaux et de minéraux, traités convenablement par les physiciens. Ne doutez point que le goût n'en soit exquis et l'absorption salutaire. La cuisine se fera dans des cornues et dans des alambics et nous aurons des alchimistes pour maîtres-queux[6]. » Cette prescience nous surprendra moins, quand nous nous rap-


1 *Notice* (1878).

2 *Vie littéraire*, IV, 222.

3 *Rôtisserie*, 41.

4 *Univers illustré*, 18 février 1893.

5 *Jeanne d'Arc*, I, xxvii.

6 *Rôtisserie*, 80.

pellerons que l' « éditeur » du récit est contemporain du chimiste Berthelot[1]. On a déjà remarqué que la mort de l'abbé Jérôme Coignard[2] est une simple transposition de la mort de l'abbé de Villars, frappé « d'un coup de poignard disent les uns, d'un coup de pistolet disent les autres, sur le chemin de Paris à Lyon[3] ». Mais l'on se souvient que, quand ce gentil esprit se sentit mourir, il se mit à chanter et, — sur l'exhortation du curé, — à chanter des noëls pieux, dont « le chirurgien, sa femme et le curé reprirent ensemble le refrain »[4]. C'est ainsi, — M. France ne l'ignorait pas, — qu'au dire de certains érudits[5], la foule avait fait jadis, sinon à une agonie, du moins dans une cérémonie religieuse, en pleine église. Le frère Maillard, pour exhorter ses auditeurs à la pénitence, leur avait chanté un couplet de sa « chanson piteuse » ; et « dans la nef, les chapeaux blancs et les bonnets rouges, entraînés par l'enthousiasme chanteur du bon frère répétèrent ensemble le refrain »[6].

---

[1] *Temps,* 5 septembre 1886.

[2] *Rôtisserie,* 276 et 330.

[3] Jean Emile Morel, *Une source de la « Rôtisserie de la Reine Pédauque » d'A. France* dans *Grande Revue,* 25 novembre 1911.

[4] *Rôtisserie,* 357.

[5] Nous avons vu que c'est une erreur et qu'après l'avoir accréditée, M. France l'a réfutée.

[6] *Univers Illustré,* 16 mars 1895. Cf. *Temps,* 3 avril 1892.

Dans l'*Orme du mail,* il ne paraît guère douteux que le caractère de Firmin Piédagnel [1] ne soit en partie tracé d'après celui de Renan. Mlle Denizeau [2] n'est autre que cette Mlle Couesdon, maintenant si oubliée, mais dont les journaux furent remplis pendant quelques jours. La voix qui lui parle est celle de « sainte Radegonde, reine de France [3] », parce que c'est à cette sainte que fut consacré le premier travail imprimé, — ou plutôt autographié, — de M. France [4]. — Si, dans le *Mannequin d'osier,* M. Bergeret travaille à un *Virgilius Nauticus,* l'idée de ce lexique n'est ni de lui, ni de son éditeur, ni de M. France; elle est de Jal, qui a « fait un *Virgilius Nauticus* en 500 pages » [5]. — Dans l'*Anneau d'améthyste,* le bon duc de Brécé [6] est une nouvelle réplique du duc de Puybonne, de son vrai nom de Penthièvre. Les hôtes du château de Brécé, surpris par la pluie, se hâtent de courir jusqu'au porche. Seul M. l'abbé Guitrel ne hâta point sa marche. Bientôt on le vit, « humide et paisible, monter

[1] *Orme,* 25. — Mais c'est à Magnard que fut adressée la fameuse phrase de congédiement (cf. abbé Delfour, *Religion des contemporains.)*

[2] 125 sqq.

[3] 126 sqq.

[4] Voir la description donnée par M. Georges Vicaire (Roger Le Brun, *Anatole France,* chez Sansot, dans la série *Célébrités d'aujourd'hui,* p. 45).

[5] *Temps,* 27 janvier 1889.

[6] 36 sqq.

les degrés de pierre. Il avait, dans cette alerte, observé seul une parfaite dignité, gardé le calme convenable à son état et à sa corpulence, montré par anticipation une gravité vraiment épiscopale[1] » ; il avait aussi imité Bossuet[2]. C'est M^me de Montespan que, bien malgré elle, M^me de Gromance imite dans *M. Bergeret à Paris :* « Gustave, en lui ôtant son manteau clair à fleurs roses sur la terrasse de « la belle chocolatière », lui murmura dans l'oreille les noms de « sale rosse » et de « vadrouille », sous les yeux baissés du maître d'hôtel respectueux[3]. » Ainsi, lorsque la maîtresse de Louis XIV s'en alla, en grande toilette, à la répétition d'un ballet, où devaient assister le roi, la reine et toute la cour, Lauzan « lui présenta la main et lui demanda, avec un air plein de douceur et de respect, s'il pouvait se flatter qu'elle eût daigné se souvenir de lui auprès du roi. Elle l'assura qu'elle n'y avait pas manqué... ; il l'interrompit crédulement pour la mieux enferrer, puis, s'approchant de son oreille, il lui dit qu'elle était une menteuse, une friponne, une coquine... et lui répéta mot pour mot la conversation du roi et d'elle »...[4] Et je n'insiste pas sur tout ce que

---

[1] 89.

[2] Cf. Lettres à la sœur Cornuau, préface.

[3] *M. Bergeret à Paris,* 389.

[4] Saint-Simon, *Mémoires* (Chéruel), XIII, 70.

les événements contemporains ont fourni de matière à ces quatre volumes.

*Komm l'Atrébate* est naturellement inspiré de la conquête des Gaules[1]. Mais, quand l'auteur écrit : « Il attachait à la queue de son cheval le cercle d'or qu'il avait reçu du dictateur comme ami du Sénat et du peuple romain[2] », il y mêle, on le voit, un épisode bien connu de la révolte des Arabes en 1871. Il n'est pas douteux également qu'il s'y souvient parfois de la politique coloniale contemporaine.

Dans *Sur la pierre blanche,* il est parlé de la dictature exercée par un comité de quatorze ouvriers. Y a-t-il là un souvenir des propositions de Littré[3], qui voulait en effet confier la dictature à des prolétaires désignés par la ville de Paris ? En tout cas, il a une projection, dans l'avenir, de la Convention et de son Comité de Salut public. « Les uns disent que les quatorze déployèrent un génie divinateur et une énergie terrible d'autres prétendent que c'étaient des gens médiocres, terrifiés et broyés eux-mêmes par la nécessité et qu'ils présidèrent comme malgré eux à l'organisation spontanée des nouvelles forces sociales[4]. » C'est bien

---

[1] LXXIII.

[2] *Clio,* 77.

[3] *Conservation, révolution et patriotisme,* 119 et 155.

[4] 265. M. France cite lui-même les sources de *Gallion.*

ainsi qu'on a jugé en sens opposés l'assemblée révolutionnaire.

Dans les divers récits de *Barbe-Bleue et autres contes,* surtout dans *La Chemise,* apparaissent maints personnages historiques très reconnaissables sous leur léger déguisement.

Le héros de *Les Dieux ont soif,* Brotteaux, est athée avec « délices » comme Chénier[1] ; la mort de Trubert[2] rappelle un peu celle du P. Joseph dont Richelieu pense adoucir l'agonie en lui criant le triomphe des armes françaises... Et il va de soi que je n'ai pas prétendu découvrir tous les emprunts du même genre faits par M. France à la réalité historique ou actuelle. Je ne prétends même pas donner ici tous ceux que j'ai ou trouvés ou soupçonnés. Mais c'en est bien assez pour montrer avec quelle diligence son imagination s'empare de tout ce qui peut lui servir, assemble ces matérieux d'origine si diverse et construit avec eux les intrigues, les milieux, les caractères.

Seulement la « construction » n'est pas toujours irréprochable : et l'imagination qui compose a chez lui parfois des défaillances. *Quandoque bonus dormitat....* Il avait bien senti et signalé lui-même, dès sa jeunesse, le danger qu'il peut y

---

[1] 86.

[2] 227.

avoir à mêler intimement la vérité et la fiction. C'est à propos du *Cinq-Mars* et de la *Maréchale d'Ancre* de Vigny, où le romancier et le dramaturge avait pris trop de liberté avec l'histoire. « L'imagination, disait M. France, ne s'exerce pas impunément contre elle. L'imagination ranime les cendres éteintes, ou, si elle donne la vie à l'argile qu'elle a elle-même pétrie, elle ne peut jeter ses créatures dans un monde réel, dans un milieu précis ; car elles n'y trouveraient point d'intelligences, elles n'y auraient aucun lien, elles y vivraient inharmonieusement[1] ». Il paraît ainsi condamner, en sa conception même, le roman historique. Cependant il en a écrit ; et il y échappe, me semble-t-il, à sa propre critique. Il a eu soin, en effet, de ne choisir que des époques qu'il connaît parfaitement et d'y conformer strictement ses personnages imaginaires aux personnages connus de ces époques. Son érudition étendue et précise l'a puissamment aidé à esquiver les écueils.

En revanche, quand l'histoire n'est plus là pour le guider, quand il est abandonné aux seules ressources de son imagination, il n'évite ni les banalités, ni les contradictions, ni les invraisemblances. Ici encore, je laisse de côté l'*Histoire contemporaine*. A la page 4 du *Mannequin d'osier*, par exemple, il est dit que les filles de

---

[1] *Notice* sur Vigny, 67.

M. Bergeret « ne l'aimaient pas [1] » ; or, à la page
350, on voit que Pauline, l'aînée, ressemblait à
son père et avait pour lui « de la sympathie ».
Le recteur Leterrier, qui ne pouvait souffrir
M. Bergeret à la page 76 du *Mannequin d'osier,*
lui devient sympathique à la page 194 de l'*Anneau d'améthyste* [2]. Chose plus étonnante, il était
un esprit étroit et borné, il apparaît soudain (avec
un reste de candeur) doué de sens critique et de
perspicacité [3]. La composition chronologiquement
fragmentaire et décousue de ces quatre volumes
excuse suffisamment des contradictions de ce
genre.

Mais lisons *Jocaste.* Est-ce que l'Anglais silencieux, « aux yeux ternes », est bien « vrai » ? Ce
« long personnage à longues dents et à longs
pieds, roux, chauve, vêtu d'un costume à car-

---

[1] M. Souday (article cité) m'objecte que M. Bergeret *«songeait »* cela ; mais toutes ses autres causes de tristesse étant
trop réelles, celle-là doit l'être aussi. Il m'objecte que ce changement peut s'expliquer ; assurément, mais M. France ne l'a pas
expliqué.

[2] A cause de leur communauté d'opinions ; mais cela expli-
que-t-il le *total* rapprochement de ces deux hommes si opposés ?

[3] Cf. Faguet, *Propos littéraires,* III : il l'étonne que, de « formi-
dables idiots », Torquet et lui soient devenus des « philosophes
dignes de comprendre » M. Bergeret. — Voir *Orme du mail,* 99 :
« Faute de connaissances en théologie.... » et 216 : « J'ai plus
de théologie que vous m'en accordez. » — A propos de l'*Orme
du mail,* M. Faguet note encore que M. France n'a guère expliqué pourquoi tant de femmes prennent intérêt à la nomination
de l'abbé Guitrel.

reaux » et qui porte « sa jumelle en bandou-
lière » [1], est l'insulaire de convention, qu'ont imaginé nos petits journaux et nos caricaturistes. On
souffre vraiment de voir un écrivain comme
M. France, même à ses débuts, ramasser, pour
ainsi dire, un type aussi banal et aussi faux. Plus
loin, toute l'aventure de Groult, le valet voleur et
empoisonneur, et du père Rouline, l'homme d'affaires véreux qu'il va assassiner, est du plus gros
roman-feuilleton. C'est au rez-de-chaussée du
*Petit Journal* ou du *Petit Parisien*, c'est dans les
romans de Jules Mary ou de Fortuney de Bois-
gobey, que l'auteur a trouvé ses modèles : il
aurait bien fait de les y laisser [2].

Dans le *Chat maigre*, M. France ne paraît pas
se douter un seul instant des difficultés que peut
soulever l'idylle de Rémi et de Jeanne Lourmel.
Plus d'une fois, il appelle son héros un « créole [3] ».
Ne lui en déplaise, les créoles sont des blancs,
fils de blancs. Or le teint de Rémi a beau être
« très pur », toujours est-il qu'il est «olivâtre»; sa
bouche est « grosse » et « sensuelle » ; sa chevelure « épaisse » [5] ; son père est un « mulâtre [6] » :
sa mère est, sinon une négresse, à tout le moins

----

1 *Jocaste*, 10.
2 Cf. Rod ; Pellissier *(Revue Bleue,* 21 juillet 1894).
3 200 et passim. Mais 181 ; « le jeune mulâtre ».
4 179.
5 213.
6 179, 286, passim.

une mulâtresse bronzée [1] ; de l'homme de couleur, lui-même n'a pas seulement l'apparence extérieure, il a aussi l'esprit enfantin [2], le « cœur gourmand et paresseux ». l'âme « sauvage » [3]. Et voilà le prétendant qu'une jeune fille de la bourgeoisie, et sa bourgeoise de mère, et son bourgeois de tuteur acceptent sans hésiter un seul instant ? On a peine à le croire ; et l'on s'étonne que l'auteur n'ait pas senti qu'il y fallait des explications. Il devait au moins faire écarter l'obstacle ; il l'esquive et peut-être ne l'a-t-il point vu.

*Le Crime de Sylvestre Bonnard* présente parfois des contradictions. A la fin du premier récit, le savant va rendre à la princesse Trépoff le manuscrit qu'elle lui a envoyé, quand il en aura fait une « exacte et somptueuse publication [4] ». A la fin du second récit, il ne l'a pas rendu [5]. Il y a des invraisemblances [6]. Sylvestre Bonnard est allé rôder à la porte du pensionnat et se décide à enlever Jeanne. « Je tirai de ma poche un vieux journal, écrit-il... et j'arrangeai de mon mieux autour de ce journal une bande à l'adresse de Mlle Préfère [7] ». Il avait dans sa poche une bande

[1] 192.

[2] 193, 212 sqq.

[3] 224.

[4] 91.

[5] 317.

[6] Cf. Rod : « Les détails gracieux sauvent l'invraisemblance du fond. »

[7] 275.

toute faite, ou du papier et de la colle pour en faire une ? et une bande timbrée, puisqu'il doit être pris pour le facteur ? et une plume et de l'encre ? L'invraisemblance chronologique est plus forte encore. Étant donnés l'âge du vieil érudit et l'âge de sa pupille, il ne se peut pas que Sylvestre Bonnard ait aimé la mère de Jeanne. Et cela est si vrai que M. France a remanié son roman, plus tard[1], afin de faire de Jeanne la petite-fille, non plus la fille de Clémentine.

Dans le *Livre de mon ami*, l'abbé Jubal, professeur de huitième préparatoire, a expliqué à ses élèves quel est le prestige du prêtre et quels honneurs on lui doit, puisqu'il représente Dieu sur la terre[2]. Mais, le jour de la distribution des prix, tous les professeurs viennent sur l'estrade. « Ils prirent place, selon leur rang, derrière le général : d'abord le sous-directeur, puis les professeurs des hautes classes ; puis M. Schuwer, professeur de solfège ; M. Trouillon, professeur d'écriture, et le sergent Morin, professeur de gymnastique. M. l'abbé Jubal parut le dernier et s'assit tout au fond sur un pauvre petit tabouret

---

[1] En 1903. De plus il y change l'enfant en jeune fille. — Il est très intéressant de collationner ces deux rédactions, et la confrontation apprend beaucoup, non seulement sur les procédés d'invention, mais aussi sur les procédés de style de M. France et sur le lent travail par lequel il est parvenu à la perfection ou même à la correction.

[2] 136.

qui, faute de place, ne tenait que de trois pieds sur l'estrade et crevait la toile avec le quatrième. Encore M. l'abbé Jubal ne put-il garder long-temps cette humble place. Des nouveaux venus le refoulèrent dans un coin où il disparut sous un drapeau. On mit une table sur lui et ce fut tout[1]. » Vraiment, c'est à Stanislas, c'est dans n'importe quel collège ecclésiastique, que le pro-fesseur d'écriture et le sergent de gymnastique priment ainsi un abbé, même de huitième pré-paratoire ? A d'autres ! je ne croirai jamais à pareille inconvenance ; et si quelque pauvre diable a été escamoté de la sorte, ce sera quelque pion infortuné en redingote râpée, ce ne sera point un confrère honoré de la soutane[2].

*Crainquebille* contient des invraisemblances plus fortes encore. Je ne parle pas du discours théologico-juridique que l'auteur souffle à son héros, pour protester contre la présence d'un

---

[1] 142. Remarquer encore ce que nos grammairiens appellent une incorrection : « des nouveaux venus ».

[2] Je ne parle pas ici du Lys rouge. Larroumet *(Etudes de littéra-ture et d'art,* III) trouve invraisemblables la jalousie d'un amant sensuel comme Dechartre, ou la docilité de Thérèse à se rendre au rendez-vous exigé par Le Mesnil. On peut discuter là-dessus : en ces matières, qu'est-ce qui est vraisemblable ou invraisemblable ? — M. Jules Lemaître *(Contemporains,* VI) estime les façons de parler du sculpteur trop philosophiques et littéraires, trop « France ». Mais ce n'est là qu'une invraisemblance extérieure, une invraisemblance de rédaction, si je puis ainsi dire ; et c'est le cas de répéter : *Felix culpa !* — Je ne parle pas non plus de

christ dans le prétoire[1] : l'auteur s'amuse et
Crainquebille a la sagesse de ne pas même un
instant penser à ces belles choses. Mais il est
bien extraordinaire qu'un marchand des quatre-
saisons, qui, « depuis cinquante ans[2] », roule sa
voiture à travers les rues de Paris, n'ait jamais
mis les pieds à l'une des chambres du Palais,
pour y voir juger un « copain ». En tout cas, il
n'est pas sans avoir entendu parler de la police
correctionnelle, ne serait-ce que par les camarades qui y ont passé ; il n'est pas sans avoir
entendu dire pis que pendre des « robins » et

ce qu'il y a de discutable historiquement dans le *Procurateur
de Judée* (cf. Francis Vincent, *Revue de la Jeunesse*, 25 décembre 1912). Il est bien certain que, d'après le récit des Evangiles, Pilate a été trop troublé de la condamnation de Jésus pour
avoir pu l'oublier totalement. M. France répondrait sans doute
qu'il a le droit de négliger un récit tendancieux.

[1] 7.

[2] 11. — Cf. Faguet *(Débats, 30 mars 1903)* : « Non, il n'est
pas du tout le petit débitant parisien, le plus souvent très rou-
blard, tout au moins toujours d'esprit pratique et très ouvert. Il
est paysan et point du tout *parigot*. Il n'est pas reconnaissable
du tout. L'auteur, en traçant le portrait de Crainquebille, a été
poursuivi par le souvenir de son autre type, Pied-d'Alouette, le
bohème des champs. Or Crainquebille et Pied-d'Alouette, ce n'est
pas du tout, mais pas du tout le même personnage » En effet,
il y a quasi-impossibilité à ce qu'un vieux Parisien ressemble
à un chemineau candide.

des « enjuponnés » et du « bavard », par quelqu'une de leurs victimes. Et cet homme sera « pé-
nétré de respect, submergé d'épouvante », « prêt
à s'en rapporter aux juges de sa propre culpa-
bilité [1] ? » Une fois condamné, il restera plongé
dans la même stupeur admirative ? Qu'il ait été
frappé de quinze jours de prison pour avoir crié
« Mort aux vaches ! », ne l'ayant pas crié, ce sera
« en sa pensée un auguste mystère, un de ces
articles de foi auxquels les croyants adhèrent
sans les comprendre, une révélation obscure,
éclatante, adorable et terrible » ? Il se « recon-
naîtra coupable d'avoir offensé mystiquement
l'agent 64 » et d'avoir « crié « Mort aux vaches ! »
d'une façon mystérieuse, inconnue de lui-
même » ? La condamnation lui paraîtra « une
chose solennelle, rituelle et supérieure, une chose
éblouissante, qui ne se comprend pas, qui ne se
discute pas et dont on n'a ni à se plaindre, ni à se
louer »? Il s'attendra presque à voir « le président
Bourriche, une auréole au front, descendre avec
des ailes blanches par le plafond entr'ouvert [2] » ?
Allons donc ! jamais il n'a existé à Paris un
marchand des quatre-saisons fait sur ce modèle.
Les clientes ne sont pas moins extraordinaires.
Passe pour M<sup>me</sup> Bayard. Qu'elle ne daigne pas

---

[1] 8.
[2] 42-44.

tourner la tête à ses appels, je le comprends :
elle lui devait quinze sous ; à l'ignorer désormais,
elle n'y gagnera pas moins de soixante-quinze
centimes[1]. Mais les autres ? les autres n'achè-
teront plus leurs choux ni leurs poireaux à un
vieux bonhomme inoffensif, qu'elles connaissent
depuis si longtemps, parce qu'il a passé quinze
jours « à l'ombre » ? et pourquoi ? non pas pour
avoir volé... ah ! s'il avait volé, ou vendu à faux
poids, ou écoulé des marchandises frelatées !...
non ! pour avoir dit de gros mots à un « sergot ».
Ils sont bien respectueux de l'autorité et des
sergents de ville dans ce quartier-là. Ils sont si
respectueux qu'ils en sont irréels. Évidemment,
ici, l'imagination de M. France s'amuse et brode.
Mais, dans le milieu précis où il les a placées, ses
créations, — pour reprendre ses propres paroles,
— « ne trouvent point d'intelligences ; elle n'y
ont aucun lien ; elles y vivent inharmonieusement ».

Et ce qu'il faut bien noter, — dans l'exemple
du *Livre de mon ami* comme dans l'exemple de
*Crainquebille*, — c'est que la faute y apparaît
faute d'intellectuel et non faute d'imaginatif. Ce
n'est pas instinctivement, par une transformation
spontanée des faits, des souvenirs et des images,
qu'il déforme la réalité. C'est de parti pris, pour

1 49.

servir une idée, pour démontrer une thèse : là, pour rabattre malignement l'infatuation cléricale [1] ; ici, pour rendre plus absurde et plus odieuse la justice humaine [2]. Voilà ce que n'eût point fait un écrivain doué d'une forte imagination, non pas même créatrice, mais constructive. Il ne se fût pas égaré dans les détails ; il eût évité les contradictions et ramené tous les épisodes, tous les éléments d'origine diverse à une plus entière unité [3] ; il n'eût pas subordonné son labeur architectural à des partis pris, en sacrifiant à la fois la vérité et la vraisemblance : il eût construit pour construire, non pour démontrer quoi que ce soit. Mais l'imagination de M. France, ingénieuse, appliquée, patiente, n'a pas assez de vigueur pour se suffire à elle-même, elle se laisse guider ou égarer par les idées pré-

[1] L'abbé Jubal. — Et dans le *Procurateur de Judée,* pour battre en brèche l'autorité des Evangiles.

[2] Crainquebille.

[3] Noter que, comme critique, il sait fort bien dénoncer chez les autres les invraisemblances qui procèdent d' « utilisations » analogues aux siennes. Dans *Paul et Virginie,* par exemple, il fait remarquer qu'on ne comprend guère pourquoi le marin demande à Virginie de quitter tous ses vêtements. Il explique que Bernardin de Saint-Pierre a maladroitement transposé ici le fait réel du capitaine, qui s'est noyé pour n'avoir pas voulu quitter les siens, — non par pudeur, mais par scrupule professionnel : il avait dans sa poche ses papiers de bord. *(Temps,* 19 juillet 1891 et *Univers illustré,* 20 février 1892.)

conçues ou les intentions polémiques. Elle se
perd aisément dans les matériaux amassés. Elle
ne sait pas dominer les ensembles et, sans se-
cours extérieur, organiser en un tout cohérent ce
qu'elle a recueilli de droite et de gauche, dans
l'observation du présent ou dans les souvenirs du
passé.

Et, l'impuissance de son imagination à construire s'aggravant, pour ainsi parler, de l'impuissance de son intelligence à systématiser, ses
livres, quand il est abandonné à ses propres
forces, n'ont point d'unité véritable, — j'entends
d'unité « objective ». Le sujet en est parfois si
mince qu'il finit par disparaître, comme un filet
d'eau bu par les sables[1]. Quand il est plus con-
sistant, ce n'est pas à lui néanmoins que s'attache l'intérêt de l'auteur (et par suite du lecteur). Ce n'est même pas à la peinture des caractères, des mœurs et des passions. Événements et
personnages ne sont guère que des prétextes pour
amener et coudre l'un à l'autre des conversations, des dissertations, des méditations métaphysiques ou morales, des lieux communs ou des

---

[1] Cf. Stappfer, *L'art et la matière chez Anatole France (Bibliothèque Universelle, XXXIII)* : il remarque par exemple que la
haine qui éclate en Firmin Piédagnel n'aboutit à rien. Voir aussi
Faguet *(Propos littéraires II et III sur l'Histoire contemporaine)*
et Ernest-Charles *(Littérature française d'aujourd'hui, ou Revue
Bleue, 16 mai 1903, 18 mars 1905, etc.)*

paradoxes, ou même des maximes[1]. Ainsi l'unité réelle de ses ouvrages est surtout subjective : elle est constituée par ses pensées à lui, ses sentiments à lui, sa personnalité découverte ou mal dissimulée. Le *Jardin d'Épicure,* — avec son décousu patent : j'allais dire cynique, — est celui de ses livres qui donne l'idée la plus exacte de ce qu'il y a de flottant, de morcelé, d'épars dans son esprit même.

C'est pourquoi, le plus souvent possible, — presque toujours, à vrai dire, — M. France cherche à s'éviter la peine de combiner par lui-même les éléments de ses ouvrages. Au lieu de les puiser directement dans la réalité actuelle ou historique, il les puise de préférence là où ils ont déjà subi une première élaboration : dans les œuvres d'art antérieures. C'est dans les poèmes, les drames, les romans qu'il a lus, c'est dans les estampes, les gravures, les tableaux qu'il a regardés ; qu'il prendra, tour à tour ou simultanément, le fonds de ses livres, les épisodes, les détails, les images, les formules même. La remarque en a été souvent faite, tantôt en termes indulgents, tantôt en manière de reproche. « Sa contemplation, dit M. Lemaître, est pleine de ressouvenirs. Je ne sais pas d'écrivain en qui la réalité se reflète à travers une couche plus riche

---

[1] Cf. Gaston Deschamps, *La Vie et les livres,* II ; abbé Lecigne. *Du dilettantisme à l'action,* I.

de science, de littérature, d'impressions et de méditations antérieures. M. Hugues Le Roux disait,
dans une élégante chinoiserie : « Toutes les
choses du monde sont réverbérées... » ... Eh bien,
pour M. A. France, les choses ont coutume de
se réfléchir deux ou trois fois ; car, outre qu'elles
se réfléchissent les unes dans les autres, elles
se réfléchissent encore dans les livres, avant de
se réfléchir dans son esprit. » Et il remarque
que, à la façon de Sylvestre Bonnard, le fils
du libraire Thibault a fait le rêve de la vie dans
sa bibliothèque[1]. M. Renard[2] signale chez lui
l'abondance des souvenirs littéraires et des citations. M. Larroumet[3] note l'attrait qu'exercent
sur lui les vieux livres. M. Pellissier[4], en pro-
testant qu'il n'a pas l'esprit livresque, reconnaît
pourtant qu'il manque d'invention. M. Gaston
Deschamps dénonce en lui, et prouve par quelques exemples, la hantise, non seulement des
livres lus, mais même des phrases, et non seulement chez les auteurs qu'il aime, mais encore
chez ceux qu'il n'aime pas[5]. Rod le montre im-
prégné de littérature, amassant lentement et
« pillant les âges », pour composer lentement[6].

---

[1] *Contemporains*, II.
[2] *Les Princes de la jeune critique*, 1890.
[3] Article cité, 1894.
[4] *La vie et les livres*, II, 221 (1895).
[5] *La vie et les livres*, II, 221 (1895).
[6] *Nouvelles études sur le XIXᵉ siècle* (1899).

Et ceux-là n'en tirent pas une conclusion trop sévère. Mais M. Caraguel, dans l'*Enquête sur l'évolution littéraire* de M. Huret, l'appelle « ce scoliaste... dont les livres sentent si fort le bouquin[1] ». M. Brunetière parlait un jour de « ses grâces péniblement apprises[2] ». M. Ernest Lajeunesse, lui, représente la Vierge apparaissant un jour à M. France ; et elle lui dit : « Si tu déranges l'harmonie de ta bibliothèque, c'est pour y chercher non des âmes, mais des textes[3].» M. Delaporte l'accuse de ne connaître que les livres[4]. Enfin, M. Ernest-Charles, — qui ne l'aime guère, — dresse contre lui à ce propos un véritable réquisitoire[5]. Il rappelle les modèles qu'avait déjà reconnus M. Delaporte[6] : Voltaire, Rabelais, Montaigne, Dickens, Sterne, Swift ; ceux qu'avait reconnus M. Gregh[7] : Homère, Gyp, Montaigne, Balzac, Rabelais, La Bruyère, Voltaire, Montesquieu, Ludovic Halévy, le Renan des *Dialogues*, le Lucien des *Quais de*

---

[1] P. 228 (1901).

[2] *Revue des Deux Mondes,* 1ᵉʳ novembre 1892.

[3] *Les nuits, les ennuis, etc., de nos plus notoires contemporains* (1896).

[4] *Anatole France conteur* dans *Revue Bleue,* 9 décembre 1899.

[5] *Littérature française d'aujourd'hui (1902).* Cf. *Revue Bleue,* 16 mai 1903.

[6] *Anatole France,* conférence, Fontemoing (1891).

[7] *Revue Bleue,* 21 février 1901.

*Paris,* etc., etc. Puis il lui reproche violemment sa personnalité composite, et d'imiter toujours et jusqu'au pastiche. Son œuvre est une marqueterie ; il a tout lu, il déverse tout ce qu'il a lu, et transpose et retape. « Ainsi, Anatole France, qui imite toujours, qui adapte avec tant de soin qu'il semble copier (oh ! puissent les modèles approcher de telles copies !), Anatole France n'a nulle imagination et il manque autant que possible d'aptitude créatrice [1] ». D'autre part, ces mêmes critiques, ou d'autres, ont, à l'occasion, signalé telle ou telle source d'un ouvrage isolé. Mais nulle part, à ma connaissance, on n'a établi une liste à peu près complète de ces emprunts: Je n'ai pas la prétention de la donner ici : il faudrait un temps infini consacré à cette recherche, une subtilité infinie pour dépister les transpositions et les déformations, une érudition infinie enfin, et égale à celle de M. France lui-même, pour reconnaître au passage toutes les réminiscences. Voici pourtant une esquisse, dont peuvent se servir ceux qui désireraient tenter le tableau d'ensemble.

Dans le poème *Thaïs,* qui parut au *Chasseur bibliographe* [2], on reconnaît le lecteur d'*Alber-*

---

[1] Je ne vois guère que M. Doumic qui ait un jour reconnu à M. France le don d'inventer. (*Revue des Deux Mondes,* 15 décembre 1896.) — Ce jour-là, M. Doumic a été indulgent.

[2] 1867.

*tus*, peut-être, en tout cas de *Namouna* et de
*Mardoche*. Le centurion n'est pas sans rappeler
Hassan :

> C'était un petit homme à ventre de Silène,
> Lourd, un peu bien colère, ayant déjà l'haleine
> Courte, mais portant bien son quadruple menton
> Et parlant en public sur un très noble ton.
> Il était d'une humeur atroce ; mais à table
> Les convives l'auraient trouvé très supportable,
> N'eût été toutefois son malheureux travers,
> Sitôt qu'il avait bu, de réciter des vers.

Et ses mésaventures, quoique plus tragiques,
sont narrées du même ton que celles de l'amant
de Rosine :

> Or on lui fit un bain, le temps étant fort chaud,
> Avec avis pressant que, pour être agréable
> Au gouverneur, il eût, comme soin préalable,
> La bonté de s'ouvrir les veines.
>                                  Thaïs prit
> Excessivement mal ce petit trait d'esprit
> Du gouverneur, et lui fit des nuits difficiles.

On y reconnaît le disciple de Leconte de Lisle :
le lecteur de *Vénus de Milo*, lorsqu'il célèbre la
façon dont

> ... Calme, triomphant, ce corps harmonieux
> Pareil au marbre où vit Kypris, Mère des dieux,
> Comme aux beaux jours d'Hellas et sur le mode antique,
> Chantait l'hymne sacré de la beauté plastique ;

ou le lecteur d'*Hypathie et Cyrille,* quand il exècre et maudit les moines fanatiques et sales, ennemis de la beauté et de la chair. Dans les *Légions de Varus,* parues à la *Gazette rimée*[1], les morts défilent dans les rêves de l'empereur romain :

> Puis Auguste entendit des murmures funèbres,
> Tout remplis de son nom, monter dans les ténèbres,
> Formidables... ;

il n'est pas difficile de discerner là un ressouvenir de l'*Expiation* .

Dans les *Poèmes dorés*, dans les *Idylles et Légendes,* dans les pièces qui suivent les *Noces corinthiennes*, l'imitation de Leconte de Lisle prédomine encore. *Homaï*, par exemple, n'aurait jamais été écrit si *Nurmahal* ne l'eût été ; *le Venusberg* ou la *Danse des morts* ne sont pas sans devoir quelque chose au *Lévrier de Magnus*; et à maint endroit on retrouve encore les traces de la même influence. Mais elle n'est pas la seule. Le combat des *Cerfs* rappelle le duel de Roland et d'Olivier dans le *Mariage de Roland* :

> Tous deux sont allés boire ensemble à la fontaine,

pour reprendre ensuite la lutte, comme l'avaient

---

[1] 1897.

fait (ou à peu près) les héros du moyen âge. La *Vision des ruines, Ames obscures* (surtout), *le Captif, le Refus, le Désir*, doivent beaucoup aux *Vaines tendresses* et aux poèmes psychologiques de Sully-Prudhomme. La *Fille de Caïn*, dans sa première partie, est comme un résumé d'*Éloa* et, dans ses seconde et troisième parties, une simple réplique du *Déluge* de Vigny. *La Dernière image* est la transcription en vers des suprêmes adieux de David Copperfield à sa mère. Rod[1] a déjà remarqué que le *Basilic* est imité de Boccace[2] ; qu'une des strophes,

> Ah ! qu'elle eût bien voulu...

rappelle la matière de trois autres récits du même auteur ; et que la seconde strophe,

> Parce qu'Amour n'épargne à nul aimé d'aimer,

s'inspire de Dante et offre comme un commentaire du vers obscur et fameux

> Amor che a nullo amato perdona.

La *Pia* est encore inspirée de Dante et commence d'ailleurs par une traduction littérale. La plainte désespérée :

> Oh ! bienheureux ceux-là qui croyaient à l'enfer,

est un lieu commun romantique ; l'*Adieu* semble extrait de *Joseph Delorme* ; les *Dernières ten-*

---

[1] Article cité.

[2] Cinquième récit de la quatrième journée : *La basilic Salernitain.*

*dresses* (pièce supprimée) est, comme sujet et comme ton, un poème à la Coppée ; ailleurs, c'est du Gautier, peut-être du Hérédia. Le *Sénateur romain* s'inspire d'un tableau connu du peintre Gérome ; la *Danse macabre*, des peintures du moyen âge, etc.

M. France lui-même[1] indique, comme source des *Noces corinthiennes*, un récit de Phlégon le Trallien et la *Fiancée de Corinthe*, de Gœthe. Mais combien d'autres y en a-t-il encore ! Cette jeune fille, devenue chrétienne dans son enfance par la volonté de sa mère, et vouée par elle à la virginité, qui se trouve déchirée entre son amour et ses scrupules et s'empoisonne pour ne trahir ni le Dieu ni l'ami, nous la connaissons bien : c'est Atala. Et les fureurs d'Hippias, ce sont les fureurs de Chactas avant que l'ermite l'ait apaisé ; et cet ermite lui-même est le modèle de l'indulgent Théognis : tous deux ils délient la vierge de ses serments, mais la délient trop tard. Le cadre psychologique, — le conflit de la religion nouvelle et de l'ancienne religion dans les esprits et dans les cœurs, — semble emprunté aux *Martyrs*[2]. A l'imitation de Chateaubriand se joint l'imitation de Lamartine. La mère de

---

[1] *Poésies*, 267. Cf. Glachant, *La tentation d'A. F.* (cité).

[2] Faguet, *Débats*, 3 février 1902. — Cela n'est pas démontrable, assurément ; mais l'imitation d'*Atala*, preuve de l'influence que Chateaubriand a exercée sur l'auteur, rend le souvenir très probable.

Daphné lui arrache malgré elle la promesse de se vouer au Seigneur, comme l'évêque de *Jocelyn* contraint le séminariste à recevoir malgré lui ordres. Puis il y a du Leconte de Lisle. La préface, l'invocation à Hellas :

> Alors qu'un Dieu jaloux,
> Arrachant de ton front les saintes bandelettes,
> Sur le parvis rompu brisa tes blancs genoux,

est un second souvenir d'*Hypathie et Cyrille*, tandis que le couplet de Daphné sur l'essaim des dieux qui s'envole devant Jésus s'inspire du *Runoïa*. Il y a, — chose inattendue, — du Ponsard : Théognis exhorte au travail ses esclaves, comme Lucrèce ses suivantes, au début de la tragédie. Il y a des réminiscences de l'antiquité, d'Euripide *(duo d'Artémis et d'Aphrodite)*[1], de Théocrite ou de Virgile *(Adonis)*, d'Horace *(les Quatre âges)*. Il y a enfin des inspirations shakespeariennes : les deux amoureux réunis dans le tombeau rappellent Roméo et Juliette et ils se redisent leurs tendresses en vers alternés comme Lorenzo et Jessica, au cinquième acte du *Marchand de Venise*.

---

[1] Cf. *Hippolyte porte-couronnes.* — M. Faguet ( *Débats*, 3 février 1902) rapproche ce duo du défilé des divinités dans le *Saint Antoine* de Flaubert ou d'un épisode du *Second Faust*, de quoi Flaubert s'est évidemment inspiré. Mais l'imitation serait bien lointaine, et le thème est si atténué qu'il en devient tout différent.

*Jocaste* est comme un centon de scènes et de caractères empruntés à Dickens et à Daudet. M. Fellaire de Sissac, avec ses éternels projets de grandes affaires et ses échecs successifs toujours suivis de regains d'espoir, sa solennité, ses grandes phrases et le décousu de sa vie, est un M. Micawber, comme celui que connaissent bien les lecteurs de *David Copperfield*. Il s'écrie : « Eh ! la truelle à poisson » quand il l'a sous les yeux, comme Wenmick des *Grandes Espérances* s'écrie : « Oh ! voici l'église ! » quand il passe devant ; « Ah ! voici une paire de gants ! » quand il les tire de sa poche. La vieille maison Haviland est tout à fait semblable à la maison Clenmann dans la *Petite Dorrit ;* et le domestique Groult a l'habileté, l'impeccabilité, la volonté audacieuse et dominatrice, la ruse, les allures mystérieuses et même la femme effarée de Jérémie Flintwinch, l'homme de confiance et le tyran de M^me Clenman[1]. Les visites secrètes que fait Hélène à son père, sa gaîté, sa façon de « tirer les favoris à son papa », semblent imaginées d'après les visites de Bella au paternel « chérubin », Rumty Wilfer, et d'après ces caresses familières à ce cher souffre-douleurs, dans l'*Ami commun*. Quand elle marche à la mort, elle observe tout sur son passage avec

[1] Doit-il aussi quelque chose à « Sieur Clubin » des *Travailleurs de la mer ?*

une acuité à la fois nerveuse et passive, tout
comme Ralph de *Nicolas Nickleby,* lorsqu'il
rentre chez lui pour se pendre. Mais cette même
course tragique fait songer davantage encore à
la dernière sortie de Monpavon, dans le *Nabab ;*
et, comme lui [1], c'est dans une banale cabine de
bains qu'Hélène met fin à ses jours. La promenade en voiture, pendant la convalescence de
son mari, correspond encore aux promenades au
Bois du *Nabab* et des *Rois en exil.* Et peut-être
M. Fellaire de Sissac, lorsqu'il a vainement demandé de l'argent à son gendre, ne descendrait-
il pas piteusement l'escalier, si Daudet ne nous
avait pas montré (dans les *Rois en exil* toujours)
Christian qui, « sans le sou, sans couronne, sans
femme, sans maîtresse, faisait une singulière
figure, en descendant l'escalier » de Tom Lewis.
Enfin, à Dickens et à Daudet, M. France ajoute
Tourgueneff. René Longuemarre, découragé et
désœuvré chez son père, y mène tout à fait le
même genre de vie que mène chez le sien Baza-
rof de *Pères et enfants.* Et je ne compte ni une
phrase, insignifiante d'ailleurs, mais textuellement empruntée à l'*Assommoir de Zola* [2], ni les
souvenirs de Sophocle ou de l'*Anthologie* grecque. M. France a beau lui adjoindre d'autres modèles ; visiblement, à cette date, il est avant tout

---

1 Et comme M. Merdle de la *Petite Dorrit.*
2 Cf. Gaston Deschamps, article cité.

sous le charme de Dickens, « un des plus puissants créateurs de ce siècle », l'inventeur de tant de scènes délicieuses et de héros « à jamais charmants », comme il le disait en sa préface [1].

Dans le *Chat maigre*, au contraire, c'est l'influence de Daudet qui domine. Les ratés de ce roman sont modelés sur les ratés de *Jack*. Leur groupe, leurs allures, leurs théories sont toutes pareilles ; eux aussi, ils fondent une revue qui doit révolutionner l'art et les lettres, et *La maîtresse dont on meurt, poésie par Paul Dion,* est l'exact pendant du *Credo de l'Amour* d'Argenton. Peut-être le personnage de Télémaque est-il, comme le suppose M. Potez [2], composé soit d'après Madou, le petit roi du Dahomey (dans *Jack),* soit d'après la négresse Coucou-Blanc (dans le *Petit Chose).* En tout cas, il semble bien que « les yeux de violette » y parlent comme, dans ce même *Petit Chose,* les « yeux noirs » de l'infirmerie.

Les sources du *Crime de Sylvestre Bonnard* ont été diligemment étudiées par M. Potez dans le *Mercure de France* [3]. Il a montré que, pour le premier récit, *la Bûche,* M. France a suivi de très près un article de Renan à la *Revue des*

---

[1] Supprimée dans les éditions ultérieures.

[2] *Les sources du « Crime de Sylvestre Bonnard »* dans *Mercure de France,* 1ᵉʳ mars 1910.

[3] *Ib.*

*Deux Mondes*[1] : *Quinze jours en Sicile.* De là lui
viennent les descriptions (le petit lys blanc qui
perce le sol gercé), les développements caractéristiques (Empédocle, demi-dieu d'Agrigente ;
Gellias, devenu éponyme d'un hôtel), les citations *(Extremum hunc,* etc.), le nom même d'un
des héros (Renan nomme Polizzi un bibliothécaire de Trapani). Le chat Hamilcar rappelle un
sonnet fameux de Baudelaire. L'enfant, qui contemple avec convoitise un pain d'épices, n'en peut
croire ses yeux quand on le lui offre, et dont
le regard semble dire alors : « Vous êtes cruel de
vous moquer de moi », se retrouve dans le
*Matteo Falcone* de Mérimée : le petit Fortunato,
quand l'adjudant de gendarmerie lui offre une
montre pour le tenter, prend cet air de chat à
qui l'on montre un poulet... — Le second récit
*(la Fille de Clémentine* dans la première rédaction, *Jeanne Alexandre* dans la deuxième) est
emprunté, pour la donnée essentielle, à l'*Abbé
Daniel* de Theuriet. L'abbé Daniel s'était fait
prêtre, parce que sa cousine avait dédaigné son
amour ; il recueille plus tard la fille qu'elle a
laissée orpheline, la marie à un sien pupille et
jouit de leur bonheur, en murmurant comme
Sylvestre Bonnard son *Nunc dimittis.* M. France
s'est contenté de faire de l'abbé un archéologue
célibataire. Mais il a dû le vieillir pour donner à

---

[1] 15 novembre 1875.

son affection le caractère désintéressé que l'état ecclésiastique donnait naturellement à celle de Daniel ; et il ne s'est pas aperçu qu'alors il y avait trop de distance entre Bonnard et Jeanne pour qu'elle fût fille de la femme aimée : il a raccommodé les choses bien des années plus tard. A cette imitation principale s'ajoutent d'autres imitations de détail. Sylvestre Bonnard décrit en termes d'archéologue la beauté de la fée qu'il vit assise sur le vieil in-folio, comme Hermann Schultz, dans *le Roi des Montagnes* d'About, inventorie en botaniste les charmes de la jeune Anglaise. Le dialogue de Don Quichotte et de Sancho-Pança, ciselés sur la pomme d'argent de sa canne, est celui de Tartarin-Sancho et de Tartarin-Quichotte : c'est du Daudet. Jeanne Alexandre exprime ses sentiments, tristes ou gais, par les attitudes diverses que prend son petit saint Georges en cire, comme la jeune Delobelle traduit les siens par les allures des oiseaux empaillés qu'elle prépare : c'est du Daudet encore. Les caresses que Jeanne fait à son chat Hamilcar en l'absence de Gélis ne trompent point Sylvestre Bonnard : « On sait, petite perfide, où vont vos soupirs et ce qui cause vos plaintes ! » C'est que M. France a lu la *Margot* de Musset, et qu'il y a vu comment le chat de la maison « recevait fort gravement des baisers qui ne lui étaient pas adressés ». Les classiques lui fournissent aussi des citations ou des allusions : « Les ans en sont la cause[1] », ou « Que celle qui passe ne se retourne pas en entendant mon nom. Je puis bien encore sans elle soulever mon fardeau[2] ». Enfin, c'est avec les lithographies de Charlet qu'il décrit l'oncle Victor, le vieux demi-solde[3], comme il s'inspire des vieilles estampes pour dessiner la silhouette de Paris qu'il aime[4].

Pour déguiser ses souvenirs et sa personne, dans les *Désirs de Jean Servien,* c'est encore à Daudet qu'il a eu recours. Pion comme le *Petit Chose,* Jean est malheureux comme lui : il a pour ennemi le préfet des études, comme l'autre avait le surveillant général ; il est en guerre ouverte avec l'élève Henri de Grizolles, aristocrate dédaigneux, comme l'autre l'était, avec le marquis de Boucoyran, « le seul échantillon de la noblesse cévenole au collège de Sarlande[5]. » La mère du jeune Ewans n'est pas sans ressembler à la mère de Jack. A Daudet s'ajoutent d'autres modèles. Quand le fils du relieur revoit partout sa bien-aimée sous les costumes les plus divers et les plus seyants à sa beauté, quand il écoute le vieux Théroulde, abondant en histoires d'artistes et de femmes, et qu'il se représente ces mille gloires oubliées, d'après les « lithographies moisies qui

[1] 143.

[2] 213.

[3] 153. Cf. Nozière, 34.

[4] 195.

[5] Cette multiplicité de détails semblables me paraît rendre non douteuse la réminiscence.

traînent sur les quais » [1] aux étalages des bouquinistes chers à M. France, c'est une utilisation
des œuvres d'art ; mais peut-être est-ce aussi le
souvenir d'un passage fameux de l'*Éducation
sentimentale*, où Flaubert étudie en Frédéric
Moreau la cristallisation de son amour pour
Mme Arnoux [2].

Le *Livre de mon ami* même, ce recueil de
confidences, reflète parfois des lectures antérieures. Si Bog (dans le conte *Jessy*) écrit un
traité *Des erreurs humaines*, c'est que Caxton,
dans un roman de Bulwer Lytton, avait composé
« avec index analytique et pièces justificatives,
l'*Histoire des erreurs humaines*, gros livre qui
coûta fort cher d'impression [3] ».

Dans le recueil intitulé *Balthazar*, du titre du
premier conte, le commencement de ce récit est
plein de réminiscences de Flaubert [4]. Y a-t-il aussi
un souvenir de l'*Epiphanie* de Leconte de Lisle,
dans la peinture de Balkis, qui « frissonnant dans
l'air frais du matin semblait sourire à quelque
chose d'invisible [5] »? — Il y en a sûrement un de
l'*Imitation*, dans ces paroles qu'Ary entendit en
rêve *(La fille de Lilith)* : « Ary, tu crois les aimer

---

[1] 93, 95.
[2] Edition Charpentier, 83-84.
[3] *Globe*, 14 août 1879.
[4] 1-4, 12, 14, 24.
[5] 15.

en Dieu ; mais c'est Dieu que tu aimes en elles [1] »;
et le sujet même de *Lilith* paraît pris à l'article
*Ève* du dictionnaire de Bayle [2]. — Dans *Abeille,*
les deux « porte-lunettes » rivaux, qui instruisent
Georges ou le prétendent instruire [3], s'appellent
de leur vrai nom Bridaine et Blazius, et viennent
d'*On ne badine pas avec l'amour ;* les ondines
qui l'enlèvent et le caressent sont les nymphes
d'Aristée [4], et viennent de Virgile ; quant aux
poupées, qui jouent pour Abeille des tragédies,
à une époque où l'art dramatique n'était pas inventé encore [5], elles viennent de la *Psyché* de
La Fontaine.

« De quoi *Thaïs* n'est-elle pas l'imitation, le
pastiche ? » demandait M. Ernest-Charles [6]. C'est
une exagération. Mais enfin il est évident que
dans cet ouvrage, M. France a beaucoup imité.
Tout le cadre de son roman, et le principal des
situations, et l'essentiel des caractères, il l'a
trouvé dans la *Légende de saint Hilarion* par
Louis Ménard [7]. La piété calme puis inquiète d'Hilarion, son émoi à la vue de la jeune Ondine, son
voyage avec elle dans le désert, la façon dont il

[1] 84.

[2] Cf. Léon Carias, *Quelques sources de A. France (Grande
Revue,* 25. décembre 1912.)

[3] 161.

[4] 192-193 ; 250. — Cf. encore l'*Hylas* de Chénier.

[5] 215.

[6] *Littérature française d'aujourd'hui.*

[7] Cf. Quillard (Huret, *Enquête,* 343) ; Bordeaux, *Ames modernes,* Ernest-Charles, *Littérature française d'aujourd'hui ;* Yvonne
de Romain, *Les Dieux éternels.*

la confie aux soins de Marie l'Égyptienne, son angoisse quand il l'a quittée pour toujours, en font presque un Paphnuce [1], comme sainte Marie l'Égyptienne annonce Albine, comme Ondine fait déjà prévoir Thaïs. Mais, dans les *Pensées d'un païen mystique*, Louis Ménard a aussi recueilli un *Banquet d'Alexandrie* ; et c'est un modèle auquel se conforme étroitement le banquet central de *Thaïs*. Il y a donné *le Diable au café*, et là s'exprime tout le manichéisme latent du roman de M. France. A cette imitation principale s'en joignent une foule d'autres. — Ce sont les anciens. Sa courtisane inquiète a bien des traits de la Leuconoé d'Horace [2]. Apulée lui a fourni un tableau de la vie antique, qu'après réflexion d'ailleurs il a supprimé [3]. Le discours d'Eucrite [4] est comme un résumé de Marc-Aurèle. Dion, dans son *Euboique* ou *Eubéenne*, lui a suggéré la scène du théâtre : la représentation, la harangue de Paphnuce aux spectateurs [5]. — Ce sont des écrivains religieux. Les hymnes du bréviaire lui ont fourni quelques couleurs pour dépeindre la lutte des religieux contre les dé-

---

[1] Mais Hilarion est sauvé : l'ange blanc a vaincu l'ange noir.

[2] *Thaïs*, 124-125. Cf. *Noces corinthiennes, Notes*, 281.

[3] *Echo de Paris*, 23 mars 1894 ; *Univers illustré*, 14 avril 1894 ; Cf. l'éloge curieux d'Apulée (*Temps*, 3 juillet 1892), singulièrement ressemblant comme ton à l'éloge que nous verrons plus loin du *Compère Mathieu*.

[4] *Thaïs*, 208.

[5] Cf. *Temps* du 31 juillet 1887 et du 4 décembre 1892.

mons de la nuit[1]. La bonne religieuse de Gandersheim, Hrowistha, lui a appris comment le saint homme Abraham abordait les pécheresses qu'il voulait convertir[2]; et Paphnuce adopte la même tactique, conforme d'ailleurs au récit de saint Éphrem[3]. Elle lui a appris encore, ainsi que saint Éphrem, quelles précautions il était bon de prendre pour que la brebis sauvée ne retombât point sous la dent des loups[4]. Et le Paphnuce vampire de la dernière page semble inspiré de son Callimaque[5]. — Parmi les modernes, on reconnaît Chateaubriand : les cérémonies secrètes des chrétiens aux temps de la persécution[6] rappellent celles dont nous lisons la description dans les *Martyrs*. — Erinoia, « entraînée par la pitié dans le mal et dans la souffrance[7] », est une sœur d'Éloa. — Les tentations de Paphnuce sont dépeintes par un écrivain qui assurément a lu la *Tentation de saint Antoine*[8]. — Où donc ai-je vu, dans Maupassant, quelque chose de comparable aux protestations des « honnêtes » marchands contre la conversion de

---

[1] *Thaïs*. 6-7. Cf. *Notice* sur l'abbé Prévost, 1879.

[2] *Vie littéraire*, II, 146 ; III, 15-19. — Cf. Quillard (*Enquête*, citée). Rodenbach, *L'Elite* (*Ollendorf*, 1899).

[3] *Thaïs*, 138.

[4] 250-251.

[5] *Vie littéraire*, III, 14.

[6] *Thaïs*, 101, 126, etc. Cf. l'article du P. Brucker.

[7] 197-199.

[8] Voir aussi la description des pages 286 sqq. : il est clair que c'est du Flaubert.

Thaïs[1] ? car les gens vertueux veulent bien mépriser les courtisanes, mais ils s'indignent quand elles ne font plus « aller le commerce ». — Zénothèmis, Dorion et Nicias lancent contre le Iahvé « borné » des Juifs des railleries dont Renan leur a donné l'exemple[2]... Et je ne doute pas qu'un lecteur plus érudit et plus patient n'ajouterait encore bien des noms à cette liste si longue.

Nous avons vu que, dans l'*Étui de nacre,* les contes de l'époque révolutionnaire ont des sources historiques, c'est-à-dire livresques. Il en va de même naturellement des contes où sont mis en scène les saints du moyen âge. Ils sortent des livres des biographes et collecteurs de légendes. Le *Jongleur de Notre-Dame* est une simple adaptation du miracle médiéval *Li tombeor Nostre-Dame*[3]. L'idée centrale de *Leslie Wood,* cette idée que, « l'amour étant plus fort que la mort », la bien-aimée défunte reparaît, et vit avec celui qui la pleurait comme une femme avec son mari, est puisée dans *Un caractère* de Léon Hennique.[4]

M. Jean-Émile Morel[5] a confronté la *Rôtisserie de la Reine Pédauque* avec l'une de ses sources, *Le comte de Gabalis* ou *Les entretiens sur les sciences secrètes...* de l'abbé Montfaucon de Villars. Par une analyse attentive, par des compa-

---

1 *Thaïs,* 227.
2 *Thaï.* 173, 179, 189. — *Vie littéraire,* II, 323.
3 Cf. *Vie littéraire,* II, 269.
4 *Vie littéraire,* III, 149-150.
5 *Grande Revue,* 25 novembre 1911.

raisons probantes, il a montré que M. France
doit à l'abbé l'idée maîtresse du livre ; qu'en bien
des endroits il suit son texte, le corrige, l'abrège,
le paraphrase, le commente, le poétise ; que beaucoup de ses développements ingénieux y ont au
moins leur point de départ et que, malgré toutes
les libertés qu'il prend, « il ne perd pas de vue le
livre qui l'inspire : ce livre est ouvert à côté de
lui quand il écrit ». Chemin faisant ou dans sa
conclusion, il dénonce en outre des sources diverses. La façon dont M. France a grimé et cos-
tumé M. d'Astarac s'explique par le portait du
comte de Gabalis dessiné pour l'édition d'Ams-
terdam (1788) des *Voyages imaginaires*. La théorie des démiurges qu'il a insérée dans la cosmo-
gonie de son philosophe « est proprement l'hé-
résie valentinienne, sur laquelle on trouvera des
détails dans la *Tentation de saint Antoine* de
Flaubert, livre dont France s'est manifestement
inspiré pour *Thaïs* ». Certaines joyeusetés ont
leur origine dans les imaginations bizarres de
théologiens suspects (cf. Bayle, article *Adam)*, Le
mariage avec une salamandre était déjà le thème
de l'*Amant salamandre* (de l'abbé Cointrau),
« lequel se trouve dans le même volume des
*Voyages imaginaires* que le livre de l'abbé de
Villars », et du *Diable amoureux* de Gazotte, que
l'auteur de la Rôtisserie a certainement lu avec
la préface de Gérard de Nerval : sa propre préface en témoigne.

Notons, continue M. Morel..., qu'à lui seul l'abbé de Villars n'a pu documenter tout le livre de France. Découvrir dans le chaos de la littérature des sciences occultes les ouvrages dont il s'est servi, c'est une besogne trop longue et que seul un spécialiste mènerait à bien. Y aura-t-il un mage critique littéraire ? Il aura de quoi s'occuper. Il dira entre autres choses que, très probablement, France a feuilleté le livre de Naudé, *Apologie pour les grands hommes accusés de magie*, souvent réédité et cité par Bayle. C'est là que France a dû puiser cette liste impressionnante (p. 148) — presque tout entière — des unions des hommes avec les génies de l'air, et surtout Pythagore « auquel sa mère avait contribué au point de lui faire une cuisse d'or ». Il faudra toutefois qu'il se demande si France n'a point utilisé les dictionnaires de magie, et notamment l'ouvrage de Colin de Plancy. Il devra même étendre ses recherches à toute la littérature des XVIe, XVIIe et XVIIIe siècles. Qui ne voit que frère Ange est sorti d'Henry Estienne, d'un conte de La Fontaine et d'un passage de Voltaire ? que Catherine est la sœur de Manon et Coignard cousin de Pangloss [1] ? J'aillais oublier Cydias, le bel esprit qui mit en dialogues l'astronomie à l'usage des caillettes de la ville. Il cherchera le lien qui unit Mosaïde à cette synagogue qui anathématisa le polisseur de verres de lunettes. Mais l'on peut, il semble, dire dès maintenant qu'il ne trouvera que des influences annexes et secondaires, la trace de lectures faites sans ordre, peut-être sans fiches, d'anecdotes nichées au coin de la mémoire et qu'un mot débusque, qu'une fantaisie arrange et déforme...

Ici, M. Morel se trompe. Un autre ouvrage est,

---

[1] Faguet, *Propos litt.*, III : « La *Rôtisserie* est trop évidemment écrite par un homme qui sait *Candide* par cœur. »

pour la *Rôtisserie,* une source presque aussi im-
portante que le *Comte de Gabalis :* c'est le *Compère Mathieu,* « petit livre abominable et délicieux, dit M. France, étrange magasin de folie et
de sagesse que le chanoine Dulaurens mit au jour
en 1766, pendant qu'il se cachait en Hollande.
Nouveau Panurge, ce compère Mathieu, malfai-
sant, pipeur, buveur, batteur de pavé, ribleur
et par-dessus tout larron, ne manquait pas de
philosophie. Il usait pour son compte du droit
naturel, lequel est le droit du plus fort. Mais il
demeurait pensif à l'idée qu'on n'est jamais as-
suré de ce droit jusqu'au bout. Il songeait avec
mélancolie que les coquins ne sont pas toujours
heureux, qu'ils ont souvent de méchantes affaires
sur les bras, que la vie est souvent aussi dure
pour eux que pour les honnêtes gens et qu'enfin
le métier de loup est un rude métier[1]. » Il y a
dans ce *Compère Mathieu* un Père Jean, moine
aventurier, philosophe et débauché, auquel Jérôme Coignard ressemble beaucoup par le caractère. Ce Père Jean, ayant eu avec une cabaretière
une aventure galante, il s'ensuivit une terrible
bataille : c'est ainsi que M. l'abbé Coignard as-
somme, ou peu s'en faut, M. de la Guéritaude[2].
Mais M. Coignard est aussi pour une part le
compère Mathieu lui-même. Comme son modèle,

[1] *Temps,* 1ᵉʳ décembre 1889. Voir une autre citation, *Temps,*
31 août 1890.

[2] M. Carias, dans l'article que je cite plus en bas, ne semble

il se répand volontiers en théories audacieuses, mais « lorsqu'il moralise contre les hommes, c'est toujours contre les hommes civilisés ». Comme son modèle, il est le « doux maître » du narrateur. Comme son modèle enfin, il fait une mort édifiante ; et il mérite cet éloge funèbre : « La fureur qu'il avait de philosopher l'avait conduit d'erreurs en erreurs... » voilà ce que Tourne-broche n'écrirait pas ; mais il écrirait la suite : « ... et lui avait attiré ainsi qu'à moi bien des peines et des traverses... ; d'ailleurs, il avait le cœur bon, il était humain et compatissant. Ces vertus seules feraient son éloge. S'il fit des folies, ce ne fut pas plus par envie d'en faire que par haine pour celles des autres. » Enfin, dernier détail assez significatif, c'est dans le *Compère Mathieu* qu'a été pris le nom de Jahel : ainsi s'appelait l'ange gardien d'un comparse, un Espagnol, qui mourut, puis ressuscita et dont l'âme pendant trois jours avait visité le paradis. On peut donc dire d'après cela que M. France a en quelque sorte versé, dans le *Comte de Gabalis*, le *Compère Mathieu* et qu'il a fait son ouvrage avec ces deux livres, — sans compter les autres.

---

donc pas avoir raison de chercher la source de la rixe entre Coignard et M. de la Guéritaude soit dans les *Mémoires de Bachaumont* (19 mai 1763), soit dans le *Diable boiteux* (fin du livre VI). — Je suis convaincu d'ailleurs que M. France a lu et *Bachaumont* et le *Diable boiteux*.

Car M. Léon Carias, qui a repris les recherches de M. Morel, en a trouvé d'autres[1]. Il voit dans le récit de la fuite effarée de frère Ange, dans les détails médicaux et chirurgicaux de la fin, des souvenirs de *Jacques le Fataliste*[2]. Il précise les réminiscences de *Candide*: frère Ange est le frère Giroflée, comme Catherine est Pâquerette, comme Tournebroche a beaucoup de la candeur de Candide lui-même[3]. Il démontre surtout que les deux récits de M. d'Astarac touchant l'aventure de M^me de Grancey et celle de l'académicien de Dijon viennent des *Génies assistants et des gnomes irréconciliables* (La Haye, 1718)[4]; que l'histoire du saint homme Abraham et de sa nièce Marie est tirée des *Vies des Pères des déserts d'Orient,* du R. P. Michel-Ange Marin, minime (Avignon, 1764); que celle de Schariar et Schahzenan a été prise dans les *Mille et une Nuits;*

---

[1] *Grande Revue,* 25 décembre 1912 et 10 Janvier 1913 : *Quelques sources d'Anatole France.*

[2] Cf. un des récits que fait Jacques à son maître (éd. *Assézat,* VI, 173).

[3] Mais, quoi qu'il en dise, la vie et le caractère de Jérôme Coignard me paraissent plus ressembler à celles du P. Jean (dans *Compère Mathieu)* qu'à celle de Martin. Les deux souvenirs d'ailleurs ont pu se mêler et se renforcer. Voir encore le *Dernier abbé* de Paul de Musset.

[4] M. Carias s'ingénie à démontrer que M. France n'a pas dissimulé son emprunt. Il s'épargnerait cette peine s'il avait remarqué que dans *l'Univers Illustré* (16 avril, 3 septembre 1892, 31 août 1895) M. France raconte les mêmes histoires, avec indication exacte de la source.

qu'enfin celle du rôtisseur *Quoniam* a été nar-
rée d'après les chansons du temps.

Mais cela n'est pas tout. M. France a lu encore
bien d'autres choses. Il a lu des livres sur As-
modée[1]. Il a lu le *Don Juan* de Mérimée et il
en a retenu l'anecdote du passant qui allonge
son bras à travers le fleuve pour lui tendre son
cigare allumé[2]. Il a lu les livres de Gyp et il
a répété, d'après le petit Bob, comment les Juifs
ont le pied fait[3]. Enfin M. Lanson[4] complète
heureusement les indications de M. Morel. Celui-
ci a signalé, par allusion, une page de Voltaire
comme modèle de frère Ange. Il s'agit sans doute
de la *Seconde anecdote sur Bélisaire,* où l'on voit
frère Triboulet entrer au cabaret avec la petite
Fanchon. M. Lanson remarque que « si l'origine
du récit est livresque, assurément l'imagination
de l'écrivain s'est excitée, guidée, déterminée par
des estampes et des tableaux ». Ailleurs[5], et sans
parler de M. France, il rappelle que Voltaire
nous montre « le comptoir de M. Gervais, cafe-
tier et libraire à Romorantin, chez qui les béné-
dictins voisins viennent prendre leur café et
feuilleter les brochures ». Et la ressemblance

---

[1] *Vie littéraire,* III, 224-225.
[2] *Rôtisserie,* 58. *Vie littéraire,* II, 333.
[3] *Rôtisserie,* 242.
[4] *Art de la prose,* 281.
[5] *Ib.,* 193.

générale de ce petit tableau avec la librairie de Tournebroche, pleine de visiteurs savants prompts à la discussion, suffit à prouver combien l'imagination de M. France est emplie des souvenirs de Voltaire, et comment elle utilise les lectures les plus lointaines et les plus diverses [1].

M. Renard, l'auteur de la *Critique de combat* [2], a cru reconnaître dans le *Lys rouge* une transposition probable du sujet de l'*Iris bleu* [3]. Certains autres rapprochements me frappent davantage. — M. Paul Bourget avait écrit, et M. France cite ce passage [4] : « Elle appartenait, sans doute par l'hérédité, se trouvant la fille d'un homme d'État, à la grande race des êtres d'action dont le trait dominant est la faculté distributive, si l'on peut dire. Ces êtres-là ont la puissance d'exploiter pleinement l'heure présente sans que ni l'heure passée, ni l'heure à venir, trouble ou arrête leur sensation. » M^me Moraines, en cela.

---

[1] Je ne parle pas ici des *Opinions de J. Coignard*. Les thèses qu'y soutient M. France n'ont pas en somme de prétention à l'originalité. Noter pourtant qu'en niant l'existence d'un art de la guerre (idée ancienne chez M. France, mais reprise et aggravée : *Temps*, 18 juillet 1886 ; *Mannequin d'osier*, 178 ; *Crainquebille*, 167 ; *Barbe-Bleue*, 228 ; *Les Dieux ont soif*, 281, etc.), il répète simplement P.-L. Courier (*Conversation avec la comtesse d'Albany*).

[2] T. II.

[3] C'est aussi, ajoute-t-il, un recueil d'anecdotes connues.

[4] *Vie littéraire*, I, 351.

ne ressemble-t-elle pas singulièrement à Thérèse?
— Le même M. Bourget écrit et le même
M. France cite[1] : « Quand on aime, les plus légers indices servent de matière aux pires soup-
çons et les preuves les plus convaincantes, ou que
l'on a jugées telles à l'avance, laissent une place
dernière à l'espoir. On suppose tout le possible
dans le mal, on veut le supposer, et une voix
secrète plaide en nous qui nous murmure : « Si
tu te trompais, pourtant ? » C'est alors, et quand
l'évidence s'impose, indiscutable cette fois, un
bouleversement de tout le cœur, comme si l'on
n'avait jamais rien soupçonné. » N'est-ce point là
l'état d'esprit de Dechartre ? — Dans un roman
de J. Case, *l'Amour artificiel*, Stella est fiancée
à Paul. Un jour, il s'excuse de ne pouvoir venir
dîner avec elle. Elle sait fort bien que c'est en
raison d'un rendez-vous qu'il a avec une maîtresse. « Elle s'en soucie fort peu ; mais elle jure
à Paul que, s'il ne vient pas dîner le soir, elle
rompra avec lui. Et en effet, elle rompt dans un
coup de tête, pour le plaisir de ne pas céder[2]. »
Ainsi Thérèse rompt avec Le Mesnil parce qu'il
n'a pas voulu renoncer, comme elle le lui demandait, à une partie de chasse[3]. — Un roman
de M^me Dieulafoy inspire à M. France la mé-

[1] *Vie littéraire*, IV, 26.
[2] *Temps*, 6 octobre 1889.
[3] *Lys*, 66-76.

ditation suivante[1] : « La haine est au fond de l'amour. On reproche à l'être aimé de n'avoir pas donné l'infini qu'on cherchait en lui. On ne lui pardonne pas de n'être pas Dieu ou de ne l'être qu'un moment. On le hait autant qu'on l'avait aimé. L'amour se change en haine. » Voilà bien ce qui se passe en Dechartre. — Toute la théorie de la jalousie masculine et féminine, dans les premières pages du *Jardin d'Épicure*, est comme le schéma du *Lys rouge*. Or elle a été inspirée à M. France par la lecture de *Jalousie*, de M. Psichari[2]. — Enfin, pour descendre jusqu'au détail, la parabole des trois anneaux, que Schmoll veut absolument « placer » au dîner de Thérèse, vient d'une conférence de Gaston Paris[3]. — Les « sources » artistiques s'ajoutent d'ailleurs aux sources livresques et parfois M. France les signale lui-même : le savetier florentin était « un petit homme chauve qui représentait un des types familiers de la peinture flamande[4] » ; et, à un moment, le visage du prince Albertinelli « prit cette expression de mécontentement cruel qu'on ne voit qu'à des marbres d'empereurs romains[5] ».

---

[1] *Temps*, 7 décembre 1890.

[2] *Temps*, 13 décembre 1891 (*Jardin*, 34).

[3] Donnée le 11 mai 1885. Cf. *Lettres et Arts*, 1er fév. 1886.

[4] *Lys*, 130.

[5] 177.

Bon nombre des histoires du *Puits de Sainte-Claire* n'ont aucune prétention à l'originalité, — en ce qui concerne les sujets, bien entendu, — les farces du joyeux Buffalmaco, par exemple. L'*Humaine tragédie* est inspirée des écrits et souvenirs des compagnons de saint François d'Assise. Saint Satyre, seul survivant des anciens dieux sous le règne du Dieu nouveau, ressemble au *Chiron* de Leconte de Lisle. Quant à la *Dame de Vérone,* c'est la simple transposition en Italie d'un conte du frère Maillard[1].

On serait bien tenté de croire que l'*Histoire contemporaine,* — pamphlet d'actualité, — n'a rien à faire avec des écrits antérieurs. Ce serait se méprendre ; et l'on retrouve la source littéraire, — ou du moins écrite, — et la source artistique de bien des détails. — « Le libraire Paillot alla servir des dames qui demandaient des ouvrages intéressants pour lire à la campagne », par exemple, voilà une phrase qui semble dictée par l'abbé Bournisien[2]. — « Ils le voyaient comme toute la ville, accompagné de son antique probité et de la gloire d'avoir soutenu durant toute sa vie entière la cause de la liberté[3] », phrase qu'on lit dans le portrait du vénérable président Cassignol, ne laisse pas de rappeler un

---

[1] *Temps,* 3 avril 1892.
[2] *Orme du mail.* 193.
[3] *Ib.,* 289

portrait fameux de médecin illustre, dans *Madame Bovary*. — Si M. France peut, avec tant de compétence, soutenir une discussion au sujet des signes ou « envies » qui se voient sur la peau des enfants[1], c'est qu'à l'époque où il collaborait au *Globe,* il y avait pu lire sur ce thème un long article signé Félix Brémond[2]. — Dans le *Mannequin d'osier,* Euphémie réclame « ses gages »[3] comme le Sganarelle de *Don Juan.* En Mme de Gromance, il y a un « génie passif du sexe, un divin abandon, une facilité d'aimer, qui la rend semblable aux grands symboles féminins des théogonies antiques », — et à Mme Chavailles du *Termite* de J. H. Rosny[4]. Ni l'une ni l'autre « n'ont l'ombre de vice » ; mais qui les veut, — sauf les préfets juifs trop familiers[5] et les maîtres de conférences « à qui elles n'ont pas envie de plaire[6] » — « les prend comme on cueille un beau fruit ». Et M. Bergeret se fait de l'une des « représentations » aussi incongrues que Noël Servaise de l'autre. — Le vieux savetier Piédagnel, avec « sa face maigre, où se creusait le trou noir de ses yeux et que terminait un menton saillant », est modelé sur les figures de

---

[1] *Orme du mail,* 199 sqq.

[2] 14 août 1879.

[3] *Mannequin,* 45.

[4] *Vie littéraire,* III, 280.

[5] *Orme du mail,* 300.

[6] *Mannequin,* 89.

pierre sculptées au portail de la vieille église
contre laquelle il est né, vit et mourra ; il en a
« le style dur et pauvre, le ton jaune, l'air malheureux [1] ». — La description des prisons ma-
rocaines a été faite par Pierre Loti [2]. — Les casse-
roles bossuées, la chaise dépaillée, l'évier en-
gorgé, etc., sont les « monuments de la dure vie »
d'Euphémie, comme la nasse et le filet, dans
l'*Anthologie* grecque, étaient les « monuments
de la dure vie » du pêcheur Pélagon [3]. — Dans
l'*Anneau d'améthyste,* lorsque les deux procu-
reurs se demandent l'un à l'autre : « Compère,
faut-il donc restituer ? [4] », c'est un souvenir des
sermons de Maillard. — « Rara », dans ses fureurs, se fait un turban d'une serviette mouil-
lée [5], comme M. Mantalini de *Nicolas Nickleby.*
— Puis ce sont des allusions à l'*Alceste* d'Euripide [6], à des légendes mythologiques [7], des
pastiches de l'antiquité [8], ou des discussions sur
la philosophie d'Helvétius [9].— Dans M. *Bergeret
à Paris,* le « divin porcher » Eumée fait une ap-

---

[1] *Mannequin,* 129.

[2] *Ib.,* 191. — Loti, *Au Maroc* (1890).

[3] *Ib., 310.* — *Vie littéraire,* II, 312.

[4] *Anneau,* 32.

[5] 108.

[6] 143.

[7] 144.

[8] 389.

[9] 186-187.

parition inattendue [1]. La philosophie de Riquet,
comme celle qui est exprimée en formules dans
*Pensées de Riquet* [2], rappelle les *Instructions morales et politiques d'une chatte à ses petits*, dont
l'abbé Galiani esquissait le plan dans une lettre
à Mme d'Épinay. — M. Bergeret tire parti de la
*Sémantique* de M. Michel Bréal [3] ; écrit des pastiches de Rabelais [4] ; se sert des expressions de
Racine pour dépeindre Joseph Lacrisse « fier et
même un peu farouche » [5]... que sais-je encore ?
— En un mot, on voit dans ces quatre volumes
que « quiconque a beaucoup lu peut avoir beaucoup retenu », et que M. France est de ceux-là.

Parmi les récits de *Clio, le Chanteur de Kymé*
est comme un centon de passages empruntés à
l'épopée grecque et aussi à Chénier. *Komm
l'Atrébate* est écrit, nous le savons, d'après les
*Commentaires* de César ; mais la première phrase
rappelle avec évidence une phrase fameuse de
Renan dans la *Prière sur l'Acropole* ; et il semble
bien qu'on y rencontre aussi des souvenirs du
récit d'Eudore. Dans *Farinata degli Uberti*, il y
a du Dante, du Machiavel, des pensées hardies

[1] 5.

[2] *Crainquebille, Putois, etc.,* 115.

[3] *M. Bergeret,* 81.

[4] 99, 372.

[5] 171.

empruntées aux libres philosophes de l'Italie sous la Renaissance.

La donnée centrale de l'*Histoire comique* ressemble beaucoup à celle de la *Marfa* de Gilbert Augustin-Thierry. « Je vous défends d'être l'un à l'autre. C'est ma dernière volonté », crie Chevalier en mourant[1] ; et Ligny et Félicie ne peuvent lui désobéir. Ainsi Volkine, au moment d'expirer, a dit à Lucien :  « Tu n'épouseras point Marfa. Le jour de vos noces, toi-même tu raconteras tout aux juges de ton pays. Je le veux[2] » ; et Lucien ne put pas ne pas obéir. On sait quelle utilisation ingénieuse, — mais scabreuse, — M. France y a fait de l'*École des Femmes*. Il rappelle lui-même qu'il a lu Cyrano de Bergerac[3] ; et l'on voit qu'il a lu *La Machine à explorer le temps* de Wells[4]. Pour dépeindre Pradel, il évoque Loth dans les estampes des vieux maîtres[5] ; et Félicie, jouant, dans les circonstances bizarres que nous savons, le rôle d'Agnès, « réalise par fortune et par caprice un joyau d'art, une allégorie de l'innocence dans le goût d'Allegrain ou de Clodion[6] ».

Le volume de *Crainquebille, Putois, Riquet et*

---

[1] 108.
[2] *Vie littéraire*, I, 123.
[3] 189.
[4] 298.
[5] 148.
[6] 320.

*plusieurs autres récits profitables* est en quelque
sorte fait, — sauf deux ou trois morceaux, — des
copeaux tombés de l'*Histoire contemporaine.* On
ne s'attend guère non plus à y trouver des sources livresques. Pourtant le dialogue de *Roussin
et de Blanchet*[1] n'y rappelle-t-il pas tantôt celui
des oiseaux de Cyrano[2], tantôt les *trois chevaux*
des *Châtiments ?* Quant à cette idée amusante de
décrire avec un grand luxe de détails précis le
signalement de l'inexistant Putois, elle vient de
Paul Arène. Dans un article de l'*Écho de Paris*[3],
auquel il collaborait en même temps que M.
France, le conteur provençal raconte une plaisanterie qu'il aurait faite à Léon Cladel. Il avait
prononcé par pur hasard les deux syllabes *ju,
mar ;* interrogé par Cladel sur le sens de ce mot,
il imagina aussitôt un animal fantastique, né de
la cavale et du taureau, dont il dépeignit avec la
plus grande minutie les caractères : la bête était
méchante et bossue, son corps était trapu, ses
jambes torses, sa mâchoire de dessous avan-
çante, etc. ; et l'auteur de *Montauban-tu-ne-le-
sauras-pas,* ravi de sa science toute nouvelle, se

[1] 232.

[2] *Histoire comique,* 189.

[3] *Echo de Paris,* 29 avril 1894. — Le procédé ressert pour le
dragon des Pingouins. — On me fait observer, et j'aurais dû en
effet le dire, que le récit de Paul Arène est singulièrement fantaisiste. Il n'a pas inventé, même par hasard, le mot *jumar,* puisque c'est un mot français couramment. usité dans le Midi.

hâta d'introduire des jumars dans quelques-uns de ses récits.

*Sur la pierre blanche* utilise encore la *Sémantique* de M. Bréal[1]. L'épisode de Gallion, comme l'auteur l'indique, est inspiré des *Actes des Apôtres*[2]; mais les discussions philosophiques qui s'y mêlent rappellent, comme le banquet de *Thaïs*, le *Banquet des philosophes* de Louis Ménard. La description de Corinthe[3] est imitée de la description de Carthage dans *Salammbô*; et Apollodore[4] n'est pas sans avoir quelques traits de ressemblance avec Spendius. Ailleurs, M. France cite H. G. Wells[5]; et c'est en effet d'après lui, en partie, qu'il décrit la société future. Lorsque Hippolyte Dufresne a confié qu'il avait écrit un petit conte, on le prie de le lire. « Je ne sais si j'ai le manuscrit sur moi, répondit Hippolyte Dufresne. Et tirant de sa poche un rouleau de papier, il lut ce qui suit[6]... » Il n'a pas, comme Vadius, débuté par une sortie contre ceux qui lisent leurs propres ouvrages ; il semble bien pourtant que sa conduite peut être rapprochée de celle de Vadius.

Par sa donnée même, l'*Ile des Pingouins* a

---

[1] 13.

[2] 137. — Ajoutons-y une profusion de souvenirs variés, par exemple, Racine (60), Virgile et Horace (64, 65), etc.

[3] 33.

[4] 46.

[5] 187, 254.

[6] 240.

pour fondement l'histoire de France tout entière. Cela n'a pas suffi à l'auteur ; et, pour un grand nombre de détails, il puise encore chez les écrivains les plus divers. Ce qu'il dit des origines de la propriété [1] serait avoué par J.-J. Rousseau. Le discours du vieillard Maël aux habitants qui viennent l'implorer contre le dragon [2] est traduit du commencement d'*Œdipe-roi*. Quand le jeune Samuel se reconnaît indigne de lier le dragon, comme le pourrait faire un homme absolument pur, et quand le frère Régimental fait observer à ce propos que saint Riock avait accompli cet exploit [3], mais à deux ans, c'est assurément un souvenir de la *Bonne Hélène* de Jules Lemaître. M. France indique, comme modèles de la *Descente de Marbode aux enfers* [4], le *Voyage de saint Brendan*, la *Vision d'Albéric*, le *Purgatoire de saint Patrice* et il y suit en outre Dante et Virgile. Le Prince des Boscènes est « méconnaissable à l'œil même d'une épouse [5] », comme l'Hippolyte de Racine, déchiré sur les rochers, l'était à l'œil d'un père. Enfin tout le livre VIII, *Les temps futurs* [6], est, du peu s'en faut, modelé sur un roman de Wells.

[1] 62 sqq.
[2] 79.
[3] 92.
[4] 139.
[5] 233.
[6] 391 sqq.

Dans les *Contes de Jacques Tournebroche, Roxane* est inspirée du *Dernier abbé* de Paul de Musset, pour lequel M. France avait écrit une préface en 1891. Quant au conte *La leçon bien apprise* et au conte où l'entremetteuse s'adresse avec des succès divers à la Picarde, à la Poitevine, à la Tourangelle, à la Lyonnaise et à la Parisienne, ils viennent d'Olivier Maillard[1]. De même aucun des quatre récits dont se compose le recueil *Les sept femmes de Barbe-Bleue*, etc., n'est inventé. M. France y a repris, — et développé à sa manière, — des « histoires » connues de tous dès l'enfance.

*Les Dieux ont soif* ont, comme on sait, un titre emprunté à Camille Desmoulins[2] (le titre primitif devait être *Les autels de la peur*[3]). Là aussi, on trouverait sans peine des souvenirs et des imitations. « Il n'est rien comme de condamner à mort un général pour donner du cœur aux autres », dit Brotteaux, par exemple : c'est du Voltaire[4]. Et même ce roman offre un exemple extraordinaire de ce qu'est la mémoire de M. France et de la tyrannie qu'elle exerce pour ainsi

[1] *Temps*, 3 avril 1892.
[2] *Vieux Cordelier*, 15 pluviôse an II.
[3] Cf. *Revue illustrée* de septembre 1887, article de M. du Bled. — Au lieu d'être du Desmoulins, c'eût été alors du Chénier.
[4] 126. — Cf. *Candide*, XXIII : « Dans ce pays-ci, il est bon de tuer de temps en temps un amiral pour encourager les autres. »

dire sur son imagination. A propos de *la Terre,* il avait écrit dans la *Vie littéraire :* « M. Zola n'a guère mis dans ce nouveau livre que ses défauts. Le plus singulier est l'effet de cet œil de mouche, de cet œil à facettes, qui lui fait voir les objets multipliés comme à travers une topaze taillée. C'est ainsi qu'il termine la description, assez exacte et assez vive d'ailleurs, d'un marché dans un chef-lieu de canton par ce trait incroyable : *De grands barbets jaunes se sauvaient en hurlant, une patte écrasée* [1] ». Or, dans la partie de campagne de *Les Dieux ont soif,* on lit : « Les ormeaux du chemin fuyaient sur leur passage. A l'entrée des villages, les mâtins s'élançaient de biais contre la voiture et aboyaient aux jambes des chevaux, tandis *qu'un grand épagneul blanc, couché en travers de la chaussée, se levait à regret* [2]. » Ainsi le grand épagneul blanc se retrouve à l'entrée de chaque village ? Est-ce l'œil de M. France qui est devenu « à facettes » ? N'est-ce pas plutôt qu'il a été comme hanté des traits mêmes qui lui avaient déplu dans la description de Zola ? — Mais, comme l'a bien montré M. Doumic, ce sont surtout les œuvres d'art, les gravures, les estampes, qui lui ont ici fourni des inspirations :

Un meilleur connaisseur vous dirait à chaque page

[1] *Vie littéraire,* I, 229.
[2] 139.

quelles réminiscences d'art a voulu provoquer l'écrivain. Ce sont tantôt des estampes du Paris révolutionnaire comme celles de Prieur, tantôt des images champêtres ou libertines dans le goût de Vincent, de Moreau le Jeune ou de Saint-Aubin. Lisez à cet égard tout le chapitre X : le récit de la promenade à la campagne, la traversée du village en calèche, le déjeuner à l'auberge, la scène des *gages touchés*, enfin la scène du grenier entre Desmahis et la fille de ferme, forment autant de tableaux de genre sur lesquels on pourrait placer un nom d'artiste. Plus loin, les scènes du Luxembourg, tout le rôle de Julie, la jolie émigrée qui se déguise en jeune seigneur habillé à l'anglaise, sont autant de tableautins touchants et presque du genre chromo. Mais peut-être l'exemple le plus frappant est-il celui de la fin du chapitre XI, lorsque Evariste va posséder Elodie pour la première fois : « Il la prit dans ses bras. La tête renversée, les yeux mourants, les cheveux répandus, la taille ployée, à demi évanouie, elle lui échappa et courut pousser le verrou » [p. 178]. Qui ne reconnaîtrait ici la copie textuelle d'une composition de Fragonard ? Et de fait c'est l'estampe fameuse, *le Verrou* [1].

Ainsi M. France, pour charmer ses lecteurs emploie le procédé qu'employait sa mère. Quand « elle lui faisait des contes pour l'amuser », « comme elle se sentait incapable de rien imaginer », ne les faisait-elle pas, — nous venons de l'entendre nous le dire, — « *sur les images*

---

[1] *Revue des Deux Mondes,* 15 juillet 1912. — Cf. les œuvres d'art citées p. 29, le Chardin de la page 32 et le trait ingénieux, qui est un demi-aveu bien significatif : « Tous se mirent à l'œuvre et s'efforcèrent d'exprimer la nature telle qu'ils la voyaient : *mais chacun la voyait dans la manière d'un maître* » (145).

qu'il avait ? » Entre les choses et lui s'inter-
posent, pour ainsi parler, les œuvres d'art antérieures, littéraires et plastiques. Elles lui semblent même, dirait-on, plus réelles que le réel ;
et, au rebours du procédé commun, c'est par ce
monde fictif qu'il nous aide, et qu'il s'aide lui-
même, à nous figurer, et à se figurer, le monde
véritable. « Les cheveux noirs, abondants et re-
belles » de M. de Nolhac, par exemple, le « font
songer, il ne sait trop pourquoi, à la chevelure
rebelle de l'ami de David Copperfield, ce bon
Traddles, si appliqué, si occupé à retenir de ses
dix doigts ses idées dans sa tête[1]. » C'est ainsi
que Balzac, lorsqu'on l'entretenait des événements contemporains, avait hâte de revenir aux
« choses sérieuses », le sort d'Eugénie Grandet
ou d'Ursule Mirouet. Mais c'étaient ses héros à
lui, par suite hallucination créatrice et surabondance d'imagination ; chez M. France, ce sont
les héros des autres et c'est plutôt besoin d'un
point de départ et d'un point d'appui, insuffisance d'imagination spontanée[2].

Encore, pour faire court, ai-je négligé ici les
écrits que M. France n'a pas réunis en volume et
les volumes de critique ou de philosophie dogma-

---

[1] *Vie littéraire,* III, 346.

[2] Et c'est pourquoi M. France a beau protester contre les livres,
montrer qu'ils nous accablent, nous étouffent, nous cachent la
vie et la nature *(Vie littéraire,* I, xviii ; *Temps,* 15 juin 1890 et
*Jardin,* 138 ; *Univers illustré,* 8 août 1891. etc.), il ne peut s'en
passer et, en quelque sorte, s'en guérir.

tique, — je veux dire : où la philosophie est exposée sans détour et sans affabulation, comme le *Jardin d'Épicure*. Mais ils donneraient lieu aux mêmes remarques. *Au petit bonheur* est inspiré des *Proverbes* de Musset, avec un souvenir des vers de Sully-Prudhomme sur un album : « Elle était blanche, cette page... » *La comédie de celui qui épousa une femme muette* est tirée de Rabelais [1], mais traitée avec des réminiscences des médecins et des apothicaires mis en scène par Molière. Tous les contes insérés dans la *Vie littéraire* sont le développement de sujets fournis par des lectures [2]. Ailleurs, ce sont des idées également empruntées. Pour comprendre les hommes et les idées du moyen âge, il faut « raccourcir sa vue [3]. » Voilà qui vient du Chatterton de Vigny [4]. « Si j'avais créé l'homme et la femme, je les aurais formés sur un type très différent de celui qui a prévalu et qui est celui des mammifères supérieurs. J'aurais fait les hommes et les femmes... à l'image des insectes qui, après avoir vécu chenilles, se transforment en papillons et n'ont, au terme de leur vie, d'autre souci que d'aimer et d'être beaux [5]. » Voilà qui vient de

---

[1] Cf. Bidou, *Semaine dramatique* (Débats, 25 mars 1912) et *M. Anatole France et la femme muette de Rabelais* (Débats du 19 mars).

[2] Cf. Delaporte, *Revue Bleue*, 9 décembre 1899.

[3] *Préface de Jeanne d'Arc* et passim.

[4] *Chatterton*, I, V.

[5] *Jardin d'Épicure*, 51.

Louis Ménard[1]. « Les poètes nous aident à aimer : ils ne servent qu'à cela[2]. » Voilà qui vient de Gaston Paris[3]. Tout le développement par quoi s'ouvre le *Jardin d'Épicure*, c'est du Pascal, mais du Pascal darwiniste et mis au courant de la science. Ailleurs, ce sont des procédés. Dans l'*Univers illustré* du 9 janvier 1892, on voit M. France commenter une chanson populaire avec une méthode savante et un soin méticuleux : c'est ce qu'a fait avant lui le savant docteur « Chrysostome Mathanasius » dans le *Chef-d'œuvre d'un inconnu*. Dans maint endroit de ses ouvrages[4], on le voit faire alterner des propos divers sur le modèle des comices agricoles de *Madame Bovary*. Ailleurs encore, ce sont des formules, employées sérieusement ou en parodie : Il faut aimer toutes les femmes, mais en Dieu[5] : voir l'*Imitation de Jésus-Christ*. Être homme, c'est une dure condition : voir Thiers[6]. Les « silencieuses orgies » de la méditation[7] : voir *Anthologie grecque*. « A Dieu ne plaise, mon-

---

1 *Origine des insectes (Rêveries*, 139).

2 *Jardin d'Epicure*, 96.

3 *Vie littéraire*, I, 156.

4 *Lys rouge*, 46, 58, 59 ; *Rôtisserie*, 207 ; *Orme*, 194, 289, 304 ; *Mannequin*, 64, 116 ; *Anneau*, 107 ; *M. Bergeret*, 209, 360 ; *Histoire comique*, 123, 149, 194, etc.

5 *Livre de mon ami*, 173 ; *Vie littéraire*, I, 349.

6 *Vie littéraire*, I, 244.

7 *Ib.*, II, 338, et partout.

sieur Léon Say, que vous sachiez ces choses aussi
bien que moi [1] » : voir Boileau. La nuit nuptiale
de Sara « fut pour sept époux une nuit éternelle [2] » : voir Racine. « Et ces fortes expressions,
par lesquelles une mondaine exagérait la fragi-
lité des femmes, devaient être pour Mme de
Gueldre si précises et si littérales [3] » : voir Bossuet, etc. Ailleurs, enfin ce sont des souvenirs
d'œuvres d'art : entre les chansons de Désaugiers
et un tableau de scènes gastronomiques qu'il a
vu jadis au Palais-Royal, M. France établit un
rapport et l'un évoque pour lui les autres [4] ; ou
ce sont les dessins de Denon qui l'aident à se
figurer les scènes du tribunal révolutionnaire [5] ;
ou les estampes, qui prêtent à Hamlet des costumes si divers et parfois si étranges, lui servent en
quelque manière de symbole, pour faire sentir
que le héros pensif est de tous les temps et de
tous les pays [6]... Partout, dans tous ses livres,
dans tous les sujets, dans tous les genres, nous
reconnaissons donc en lui la même imagination,
souple et brillante quand elle a reçu l'impulsion,

---

[1] *Vie littéraire*, I, 17.
[2] *Ib.*, III, 223.
[3] *Ib.*, IV., 267.
[4] *Temps*, 16 septembre 1888 ; *Univers illustré*, 11 mai 1895.
[5] *Vie littéraire*, III, 171.
[6] *Ib.*, I, 6.

mais qui a besoin de la recevoir ; originale dans
son déploiement, mais serve d'une mémoire trop
riche[1] ; bondissante. mais prisonnière comme un
ballon captif. Certains peut-être seront tentés de
transformer cette simple constatation en critique
et d'en tirer occasion de rabaisser le talent de
M. France. — Qu'ils y prennent garde. Leur mépris tomberait du même coup sur des écrivains,
et des poètes, qu'on n'a pas coutume de juger
doués d'une imagination médiocre ou stérile. Le
procédé de M. France est ici celui de Chénier,
— et de Chateaubriand lui-même[2].

Et l'on comprend alors que M. France ait
écrit deux articles sous ce titre paradoxal et pro-
vocateur : *Apologie pour le plagiat*[3]. Titre à
part, ils sont en somme justes, ces deux articles.
L'auteur y reconnaît, avec tout le monde, que le
plagiat franc, — le vol, pour parler net, des travaux littéraires et artistiques d'autrui, — est im-

[1] Cette mémoire est évidemment très sûre et très fidèle. L'é-
tude des sources que nous venons de faire, la surabondance des
souvenirs de toutes sortes que nous avons constatée en sont la
preuve. Voir d'ailleurs comment, à « des années » de distance,
il peut « citer de mémoire, sans crainte de se tromper », une
phrase lue jadis. (*Vie littéraire*, IV, 137).

[2] Voir Joseph Bédier, *Études critiques*, 291 : « C'est à partir
d'un texte déjà fixé par autrui ou par lui-même que son imagination (de Chateaubriand) s'ébranle et s'élance », et ce qui suit.

[3] *Vie littéraire*, IV, 156 et 166.

pardonnable. « Le plagiaire est l'homme qui pille sans goût et sans discernement les demeures idéales. Un tel grimaud est indigne d'écrire et de vivre. » Mais il soutient, avec nos classiques, que les sujets, — idées et situations, — sont à tout le monde et que celui-là se les approprie légitimement qui, les ayant puisés n'importe où, leur donne une valeur littéraire et artistique qu'ils n'avaient point avant lui. C'est son cas. Les adversaires qui parlent de ses plagiats, — j'ai entendu prononcer le mot à son occasion, — ont oublié la pensée de Pascal : « Qu'on ne dise pas que je n'ai rien dit de nouveau : la disposition des matières est nouvelle. Quand on joue à la paume, c'est la même balle dont joue l'un et l'autre ; mais l'un la place mieux. » M. France place bien la sienne. Seulement n'exagère-t-il pas un peu, lorsqu'il ajoute : « Quant à l'écrivain qui ne prend chez les autres que ce qui lui est convenable et profitable et qui sait choisir, c'est un honnête homme. » Je veux bien. Mais enfin pourquoi ne prendrait-il que « chez les autres » ? Ne serait-il pas, sinon plus honnête homme, au moins génie plus original et plus puissant, s'il prenait aussi, s'il prenait d'ordinaire, s'il prenait surtout, dans la réalité directement observée ? Affirmer sans réserves « qu'aucun homme ne peut se flatter raisonnablement de penser quelque chose qu'un autre homme n'ait pas déjà pensé avant lui », c'est faire trop bon marché vraiment

de la puissance créatrice. Elle existe pourtant ;
et la nier de la sorte, c'est implicitement reconnaître qu'on ne la possède point. — L'amusant
de l'affaire, c'est qu'ici M. France semble bien
mettre hardiment sa théorie en pratique : ne
s'inspire-t-il pas beaucoup des *Questions de littérature légale* de Nodier, — qu'il ne nomme point ?

D'autres emprunts, d'autres imitations ne révèlent pas moins clairement la nature et les procédés de son imagination. Ce sont les emprunts
qu'il fait... à lui-même, les imitations de ses
œuvres antérieures, qui se retrouvent dans ses
œuvres nouvelles. A lire dans leur suite chronologique les ouvrages de M. France, on voit les
idées, les sujets, les situations, les caractères, les
scènes, se présenter à sa pensée, se développer,
se combiner entre eux et arriver, — par étapes
successives, — à leur état définitif.

Discute-t-il de la réforme de l'orthographe ?
Il observe que les mots sont faits par le peuple.
« L'étymologie nous apprend que *Dieu est ce qui
brille* et que l'*âme* est *un souffle.* Mais l'humanité a mis en ces vieux mots un sens qu'ils ne
contenaient pas d'abord [1]. » Et cela devient, cinq
ans après, tout le dialogue d'*Ariste et Polyphile* [2].
— Lit-il *l'Affaire Clémenceau ?* Le problème de la
responsabilité se présente naturellement à son

---

[1] *Temps,* 26 mai 1889.
[2] *Temps,* 14 septembre 1894 *(Jardin,* 243).

esprit. « Si Clémenceau avait songé que tous les éléments dont se composait le corps délicieux de cette pauvre enfant existaient et s'agitaient dans l'immoral univers de toute éternité, il n'aurait pas brisé cette délicate machine [1]. » Et cela devient la méditation de Bergeret sur les origines cosmiques de sa femme et du dictionnaire de Freund [2]. — A propos des jouets, arrive-t-il à cette idée que les enfants sont fétichistes ? Il voit là, dans son évolutionnisme, un reste de la vie animale. « Il ne faut pas, dit-il, observer un chien bien longtemps pour reconnaître que son âme est pleine de terreurs sacrées. La foi du chien est, comme celle de l'enfant, un fétichisme prononcé [3] ». Et cela devient l'état d'âme de Riquet et le petit recueil des *Pensées de Riquet* [4].

Il en va de même pour les données centrales de ses romans ou de ses contes. — Le coutelier boiteux des *Opinions de Jérôme Coignard* n'est pas content de son sort. « Je ne puis pousser ma voiture aux bons endroits sans être inquiété par les sergents, et, dès qu'un laquais ou deux servantes s'arrêtent à mon étalage, survient un grand coquin noir qui m'ordonne au nom de la

---

[1] *Vie littéraire,* I, 7.

[2] *Mannequin d'osier,* 11-13.

[3] *Vie littéraire,* II, 13. Cf. encore *Globe,* 21 août 1879 et *Jeune France,* 1er janvier 1883.

[4] *M. Bergeret à Paris et Crainquebille, Putois,* 103 et 115.

loi d'aller déballer ma pacotille ailleurs [1].» Voilà comme le germe d'où est sortie toute l'histoire de *Crainquebille*. — Hélène Fellaire, après la mort de son mari, a la vision affreuse du défunt et cela seul la sépare de son ami : «Elle tendit la main à René, mais une main glacée, crispée, inanimée et elle le regarda avec une pénétrante expression de découragement et de désespérance [2].» Quand elle cède à la suggestion, c'est un vers de Sophocle qui la tue [3]. Chacun de ces deux épisodes a été repris dans des récits ultérieurs : le cadavre menaçant de Chevalier sépare ainsi Félicie et Robert dans l'*Histoire comique;* une phrase de Lampride perd ainsi Le Mansel [4]. — Dans le *Temps* du 16 septembre 1888, M. France constate que la renaissance du catholicisme a été la suite naturelle de la Révolution. Sylvestre Bonnard remarque avec tristesse que ceux qui s'occupent du bonheur des peuples rendent d'ordinaire leurs proches malheureux [5]. Dans le *Lys rouge*, Vence esquisse un sujet de roman : c'est l'histoire d'un jeune ciseleur, sobre, chaste, solitaire, pur, orgueilleux, qui « lit des livres » et croit à ce qu'il lit. Il veut faire le bonheur du

---

[1] *Opinions de J. Coignard,* 134.

[2] *Jocaste,* 130. Cf. 134-136.

[3] *Ib.,* 139.

[4] *Balthazar,* 127. M. France fait lui-même le rapprochement entre ies deux récits.

[5] *Le Crime,* 157.

genre humain et il a lu que, pour y arriver, il n'est que de détruire la société actuelle. Un matin donc, ayant embrassé sa mère, il s'en va tuer le député de son arrondissement. Et il finit sur l'échafaud[1]. Qui ne reconnaît dans tout cela les thèmes essentiels de *Les Dieux ont soif* ? — Le premier conte de M. France, autant que je sache, est la *Cure du D' Hardrel*[2]. Il s'agit d'un clerc de notaire, qui a du vague à l'âme et des aspirations poétiques, une Madame Bovary mâle. Il s'éprend de la femme du D' Hardrel et lui envoie des lettres. Elle l'accueille, non par amour ou par inconduite, mais parce qu'elle se propose de le marier avec sa nièce. Lui, il ne l'entend pas ainsi et se jette à ses genoux. Le docteur revient sur ces entrefaites, le surprend, mais feint de n'avoir rien vu ; et il se venge en lui arrachant une dent, moitié de gré, moitié de force. Conservez l'essentiel de l'anecdote et de la vengeance, transportez le fait et les personnages à Naples, mettez-y un peu de couleur locale, Santa-Lucia, de belles filles qui vendent « les fruits de la mer », des bandits, et vous avez le conte *La signora Chiara*[3]. — D'autres fois, on voit les sujets s'enchevêtrer les uns dans les autres de la façon la plus curieuse du monde. Lisons, par exemple, les deux nouvelles, *Marguerite* et le

[1] 63.

[2] *Jeune France*, 1<sup>er</sup> novembre 1878.

[3] *Crainquebille, Putois*, 217.

*Comte Morin, député,* qui ont paru presque en même temps, au mois de décembre 1886, l'une dans *Lettres et Arts,* l'autre dans le *Revue indépendante. Marguerite* sort d'ouvrages antérieurs ; mais de *Marguerite* sort *Le Comte Morin* et du *Comte Morin* sort un autre récit. Le narrateur de Marguerite s'inspire du *Livre de mon ami :* souvenirs d'enfance, images d'Épinal vues en rêves, enfant malade guéri, du jour où on peut lui donner le goût du jeu *(Pierre),* etc. Il s'inspire aussi du *Crime de Sylvestre Bonnard :* il a rencontré une petite fille malade à laquelle il s'est attaché immédiatement, parce qu'il reconnaît en elle la fille d'une femme qu'il a aimée et qui est morte ; il veut se rapprocher d'elle et lui être utile. Ce qu'il ajoute est peu de chose : la petite fille, accompagnée de son grand-père, joue au ballon ; ce ballon lui échappe ; le narrateur le rattrape, le remet à l'enfant et s'assure ainsi le moyen de lier conversation avec le vieillard. Mais ce peu de chose reparaît tel quel dans le *Comte Morin.* Et c'est encadré, cette fois-ci, dans l'aventure d'un journaliste débutant. Secrétaire d'un candidat à la députation, il est allé travailler en province au succès de son patron. Il échouera d'ailleurs, mais il ne s'en soucie guère. De son excursion, il a au moins rapporté un souvenir pittoresque et une amitié : il a fait connaissance du journaliste Planchonnet, il s'est lié avec lui et sera, pour finir, parrain de son dernier enfant. Et voilà cet épisode, à son tour, qui se détache du *Comte Morin* et qui, grâce à quelques suppressions et modifications, devient la *Madame Planchonnet* de *Pierre Nozière*[1].

Les situations ne se répètent pas moins que les sujets. M. France cause le soir au puits de Sainte-Claire avec le R. P. Adone Doni, comme M. Bergeret sous les ombrages du mail avec M. l'abbé Lantaigne. M. Bergeret et M. l'abbé Lantaigne discutent philosophie et religion comme Brotteaux et le père Longuemare. Ary, en confessant son péché, le savoure, comme Paphnuce, en faisant son examen de conscience, s'arrête dangereusement au souvenir de Thaïs. L'obstacle qui sépare invinciblement Dechartre et Thérèse dans le *Lys rouge* est le même que, malgré leurs infructueux efforts, Robert et Félicie ne peuvent vaincre dans l'*Histoire comique :* il vient seulement de la jalousie et non de la naïveté superstitieuse. Jérôme Coignard devient le maître de Jacques, comme Tudesco de Jean[2], etc.

Les caractères à leur tour se répètent, se complètent ou s'enchevêtrent. M. Fellaire, le père d'Hélène, est un inventeur infatigable et régulière-

---

[1] C'est par une simplification analogue que M. France a tiré du *Stratagème (Jeune France,* 1ᵉʳ novembre 1880) *Les dernières paroles de Decius Mus (Livre de mon ami).*

[2] Et un peu comme Godet-Laterrasse de Rémy *(Le Chat maigre).*

ment réduit à chasser les pièces de cinq francs, comme le père de Marcelle du *Livre de mon ami*[1]. Labanne et Potrel du *Chat maigre* sont bien reconnaissables en Jacobus Dubroquens et Meusnier des *Deux copains*[2]. Labanne-Dubroquens est philosophe, grand liseur, abondant en immenses théories et n'aboutit jamais ; Potrel-Meusnier est un paysan acharné et silencieux, toujours au travail, sauf lorsqu'un soleil aveuglant le gêne ; seulement, il l'appelle « sacré bibelot », quand il est Potrel[3], et « sacré bahut », quand il est Meusnier[4]. L'oncle Victor et Mathias sont deux répliques d'un même modèle. En devenant M. Pigeonneau, Sylvestre Bonnard a gardé son érudition, sa bibliothèque, sa gouvernante, son chat ; il a seulement perdu son goût des idées générales et sa philosophie. Malgré la différence de leurs situations sociales, les deux amants évincés, Le Mesnil et Chevalier, ont bien des traits communs. Crainquebille est un Pied-d'Alouette citadin, comme Pied-d'Alouette est un Crainquebille rural : l'un regrette son couteau et l'autre sa voiture ; mais les sentiments sont les mêmes[5], au moins jusqu'à l'heure où Crainquebille s'aigrit. Dans le poème de *Thaïs*, dans l'article sur *Leuconoé*, dans *Laeta Acilia*, on voit se dessiner peu

---

[1] 52.

[2] Dans *Pierre Nozière*.

[3] *Jocaste*, 263.

[4] *Pierre Nozière*, 123.

[5] Trop même, comme nous l'avons vu.

à peu le caractère de la Thaïs inquiète et mystique du roman. Quant à Jérôme Coignard, il a la vie aventureuse de l'abbé Prévost, l'allure bohème de Tudesco, la douceur du P. Adone Doni, la tendresse sensuelle de Don Giovanni, l'érudition théologique de l'abbé Lantaigne. Dans le récit, — très « subjectif » de ton [1], — que M. France a fait de l'existence agitée qu'a menée l'auteur de *Manon Lescaut*[2], dans *Jean Servien*, dans le *Puits de Sainte-Claire*, se forme sous nos yeux le personnage ; puis, quand il est arrivé à sa perfection, il se scinde pour ainsi parler ; et, laissant tomber son tempérament et ses passions, il transmet ses croyances et certaines de ses dispositions d'esprit au rigide abbé Lantaigne [3]. Rien, me semble-t-il, ne nous instruit mieux sur l'invention des caractères dans l'œuvre de M. France que de voir ainsi s'associer, puis se dissocier, les éléments constitutifs de ses person-

---

[1] Et un peu agaçant, s'il faut tout dire. Il y a là une ironie fringante (ou qui veut l'être) envers les « petits pères », où l'on sent trop l'affectation.

[2] *Notice*, 1878. Voir encore le capucin des *Etrennes de M*[lle] *Doucine*.

[3] J'avais écrit d'abord que Jérôme Coignard transmet son « fidéisme » à l'abbé Lantaigne. M. Souday m'oppose des propos ant.fidéistes prononcés par l'un et par l'autre. Si cela ne prouve pas grand'chose pour Coignard, qui n'en est pas à une contraction près et généralement paraît bien fidéiste, l'objection est décisive en ce qui concerne Lantaigne.

nages. C'est une lente et successive élaboration ;
ce n'est pas une création immédiate et spontanée.

Et c'est de la même façon qu'il utilise, remanie, combine, répète ses propres phrases. Ce
qu'il a une fois écrit, — avec quelque effort, je
crois, malgré les apparences, — s'impose en
quelque sorte à sa mémoire. On dirait qu'il
est incapable de donner à sa pensée une forme
essentiellement différente de celle qu'il lui avait
donnée d'abord. Il n'a pas la fécondité verbale
d'un Hugo, par exemple. Il ne sait pas reprendre
et développer une même idée en termes nouveaux. Au contraire, les mêmes idées ramènent
comme invinciblement les mêmes tournures,
les mêmes images, les mêmes comparaisons, les
mêmes mots. Cela a dû, j'imagine, se produire
mainte fois, sans qu'il en eût conscience ; puis,
de son procédé instinctif, il se sera fait une
manière, et, bien des fois, c'est avec ses anciennes
phrases sous les yeux, par des remaniements
prémédités, qu'il a élaboré ses phrases nouvelles. Les exemples en seraient nombreux. J'en
ai choisi trois qui m'ont semblé différemment
significatifs du procédé.

Le 15 février 1896, dans l'*Univers illustré*, il
parle des cafés-concerts. « Les cafés-concerts regorgent de monde ; ce qu'on y entend met le
spectateur dans un état d'esprit assez gai et...
comment dirai-je ? assez égrillard. Au retour, il
murmure aux oreilles de sa compagne émue les

refrains qu'ils viennent d'entendre. Il n'y a pas à disputer sur ce point : les cafés-concerts répondent admirablement aux instincts naturels de l'homme. Ils sont plus près de la nature que les théâtres. » Or, moins de trois mois après, le 5 mai 1896, dans le même journal, il revient sur le même sujet : « ... Les cafés-concerts regorgent de monde : *il n'y a pas à disputer là-dessus.* Ce qu'on y entend met le spectateur dans un état d'esprit assez gai et... comment dirais-je ? assez égrillard. *Le bourgeois, qui sort de l'Horloge, achève la soirée au Bois, dans une voiture à l'heure, en murmurant* aux oreilles de sa compagne émue les refrains qu'ils viennent d'entendre. Les cafés-concerts répondent admirablement aux instincts naturels de l'homme. Ils sont plus près de la nature que les théâtres. » On voit que les deux phrases sont calquées l'une sur l'autre ; et la première rédaction était tellement présente à la mémoire de l'auteur qu'il a conservé, mais à une autre place, et *appliquée à une autre idée,* une formule aussi insignifiante en soi que « Il n'y a pas à disputer là-dessus ». Je serais fort étonné qu'il y eût là une répétition volontaire, puisque les deux rédactions étaient destinées, après un si court intervalle de temps, au même public. Je ne me représente guère M. France, ici, refeuilletant l'*Univers illustré,* pour y reprendre sa phrase. Est-il vraisemblable qu'il se soit donné cette peine pour un résultat si mince, avec

la conscience de se répéter devant les mêmes
lecteurs ? Je crois bien plutôt qu'il a retrouvé
son texte dans sa mémoire, sans l'identifier, si
je puis parler ainsi, — et qu'il l'a utilisé comme
il utilise telle citation fameuse, telle phrase re-
tenue d'une lecture. Ce sont là de ces matériaux
déjà dégrossis qu'il emprunte à toute heure, —
sans se dire qu'il les emprunte, — à lui-même
comme aux autres.

Autre cas. Dans le *Temps* du 2 août 1891, il
raconte que, lors d'une excursion en Bretagne, il
a été surpris par la pluie et est entré se sécher
dans l'auberge du hameau de Kerherneau. Pendant qu'on apprête son souper, il tire une *Odyssée* de sa poche et relit la *Nékyia* :

L'hôtesse vient m'annoncer que le souper est servi.
L'omelette dorée brille sur la table et l'odeur du mouton
parfumé de thym emplit la chambre. Me voici ramené au
hameau de Kerherneau. J'étais avec l'antique Ulysse et
j'avais à peine changé de monde. Toutes ces vieilles croyances se ressemblent par leur simplicité, et il n'y a pas
bien loin, pour le sentiment, de la *Nékyia* d'Homère aux
*gwerz* des bardes de Breiz-Izel. Ces légendes immémoriales des trépassés sont restées peu chrétiennes dans la
chrétienne Bretagne. La croyance à la vie future y est
aussi obscure et flottante que dans l'épopée homérique.
Pour l'antique Armoricain comme pour l'Hellène primitif, les morts traînent languissamment une ombre d'existence et ce qui reste d'eux n'est guère que le souvenir
qu'on en garde. Les deux races croient également que si
les corps ne sont pas rendus à la terre maternelle, les
ombres de ces corps errent en se lamentant et supplient

qu'on leur donne la sépulture. L'ombre d'Elpénor demande un tombeau à Ulysse ; les naufragés de *l'Iroise* viennent frapper avec leurs ossements les portes des pêcheurs. Les tombes même ont la même forme dans la Grèce héroïque et chez les Celtes ; et le tertre du marin qui ramait sur les noirs vaisseaux d'Ulysse n'étonnerait pas sur la terre des galgals et des tumuli. Que dis-je ? J'ai vu hier, à Carnac, le tombeau d'Elpénor. Seulement la rame y manquait et les archéologues, en le fouillant, ont enlevé les armes et les os qui y dormaient : c'est le tertre Saint-Michel, qui s'élève sur le rivage « de la blanche mer ». Enfin, pour le Breton comme pour le Grec, les morts ont une terre à eux, séparée de la nôtre par l'Océan, une île brumeuse qu'ils habitent en foule. Là, l'île des Cimmériens ; ici, plus rapprochée du rivage, l'île sainte des Sept-Sommeils. Mais on m'avertit que mon omelette refroidit. Je laisse là mon Homère et mes rêveries...

Le 16 septembre 1893, il reprend et abrège le même développement, dans l'*Univers illustré :*

L'hôtesse vient m'annoncer que le souper est servi. L'omelette dorée brille sur la table et l'odeur du mouton parfumé de thym emplit la chambre. Me voici ramené au hameau de Kerherneau. J'étais avec l'antique Ulysse et j'avais à peine changé de monde. Toutes *les* vieilles croyances se ressemblent par leur simplicité et il n'y a pas bien loin, pour le sentiment, d'*Homère aux bardes* de Breiz-Izel. *Les* légendes immémoriales des trépassés sont restées peu chrétiennes dans la chrétienne *Bretagne. Mais on* m'avertit que *l'omelette* refroidit. Je laisse là mon Homère et mes rêveries *et je m'en vais dîner.*

Le 30 juillet 1895, c'est un résumé du même
genre, mais autre pourtant, dans l'*Écho de Paris:*

Ainsi parle l'ombre d'Elpénor. Il n'y a *pas loin* pour le
sentiment, de l'*Odyssée d'Homère* aux gwerz des bardes
de Breiz-Izel. L'ombre d'Elpénor demande un tombeau
à Ulysse ; les naufragés de l'*Iroise* viennent frapper
avec leur ossement les portes des pêcheurs. Les *tombes
ont* la même forme dans la Grèce héroïque et chez les
Celtes ; et le tertre du marin qui ramait sur les noirs
vaisseaux d'Ulysse n'étonnerait pas sur la terre des galgals, au bord de « la blanche mer ».

Deux mois après, le texte reparaît dans le
même *Écho de Paris* (29 octobre) : « *Je ferme
pour cette fois le vieux recueil des aèdes ioniens
et j'ouvre la fenêtre de ma chambre rustique. Je
revois dans la nuit la baie des Trépassés. Tout à
l'heure*, j'étais avec l'antique Ulysse..... », et la
leçon primitive se retrouve à peu près. M. France
supprime les phrases : « Toutes ces vieilles
croyances se ressemblent par leur simplicité »,
« et ce qui reste d'eux n'est guère que le souvenir qu'on en garde. » Il remplace. « Il n'y a
pas bien loin » par « Il n'y a pas loin ; la « *Nékyia* d'Homère » par la « *Nékyia* de l'Homéride » ;
« l'antique Armoricain » par « l'Armoricain » ;
« une ombre d'existence » par « un reste d'existence » ; et « Les tombes même ont la même
forme » par « Les tombes revêtent la même
forme ». Le développement « Enfin pour le Breton... Sept - Sommeils » légèrement modifié :

« *Dans le monde celtique comme dans le monde hellénique*, les morts...... des Sept-Sommeils » prend place, par une interversion, après « ... les portes des pêcheurs » et avant « Les tombes revêtent... ».

Enfin, on trouve un cinquième état du texte, définitif pour le coup, dans *Pierre Nozière*[1]. Là, l'auteur commence à peu près comme il faisait dans l'*Écho* du 29 octobre : « Je *ferme le* vieux recueil des aèdes ioniens et j'ouvre la fenêtre de *la* chambre rustique, etc. » Il maintient les corrections qu'il y avait faites : « il n'y a pas loin... », « la *Nékyia* de l'Homéride », « ...un reste d'existence , « les tombes revêtent... », « dans le monde celtique comme dans le monde hellénique... » Mais il réintroduit la phrase « Toutes *les* vieilles croyances se ressemblent par leur simplicité », après et non plus avant la comparaison de la *Nékyia* avec les gwerz. En revanche, il supprime « et le tertre du marin...... sur la terre des galgals et des tumuli » ; et le mot « hier ». Enfin, il termine en combinant ensemble les phrases par lesquelles le développement commençait et s'achevait dans le *Temps :* « Mais l'hôtesse vient m'annoncer que le souper est servi. L'omelette dorée....... emplit la chambre. Je laisse là mon Homère et mes rêveries. »

Or je prie qu'on remarque la nature de ces modifications. Si nous comparions le dernier état

---

[1] 298.

au premier, nous pourrions trouver aux corrections des motifs divers. L'auteur a introduit plus d'exactitude : « l'Homéride » au lieu d'Homère ». Il a donné à sa phrase plus d'harmonie : « loin » au lieu de « pas bien loin ». Il a supprimé des répétitions vicieuses : « ombre d'existence » à côté de « les ombres de ces corps » et « l'ombre d'Elpénor » ; « les tombes même ont la même » ; etc., etc. Mais, quand on suit les cinq états du texte dans leur ordre chronologique, on voit que la succession ne s'en explique pas par ces raisons littéraires. Il ne s'agit pas d'un morceau qui, d'une variante à l'autre, se développe, se complète ou se condense, en un mot, se parfait. Il n'y a rien là de comparable aux diverses rédactions d'un même passage qu'on peut étudier dans les manuscrits ou dans les éditions d'un Flaubert et dont on peut expliquer les différences par des considérations d'art. Ici, c'est tout autre chose. Nous avons des utilisations diverses de mêmes phrases, ou de fragments de phrases, que l'auteur combine, déplace et transpose, moins pour atteindre à la perfection que pour s'éviter la peine d'en composer de nouvelles.

On s'en rendra encore mieux compte, si l'on examine le fragment par quoi commence le *Jardin d'Épicure*. Il est fait d'une série de phrases et de développements, pris dans un article que M. France avait publié dans le *Temps*, le 8 mai 1887, et reliés entre eux par quelques raccords sommaires. Mais, dans l'intervalle, le 18 décembre 1892, revenant (au même journal) sur un sujet analogue, il avait tout simplement puisé de même dans l'article antérieur. Il en avait déjà reproduit à peu près les mêmes parties, avec une introduction et une conclusion différentes, et en y insérant de place en place d'autres phrases de raccord. Ainsi les passages essentiels de ce fragment ont été utilisés tels quels trois fois, enlevés d'une première rédaction pour passer dans une seconde, puis dans une troisième, comme des pierres toutes taillées serviraient à édifier successivement trois constructions diverses. C'est donc par marqueterie que M. France procède dans l'invention ou l'élaboration de la forme, ainsi qu'il fait dans l'invention ou l'élaboration des idées, des sujets, des situations ou des caractères.

Il en résulte nécessairement une certaine monotonie : M. France se répète. Je sais bien que tous les auteurs qui ont beaucoup écrit en sont là. Je sais bien que cela est encore plus naturel et plus excusable chez ceux qui ont écrit pour les périodiques, principalement quand ils y ont tenu une rubrique hebdomadaire, comme il l'a fait nombre d'années, au *Temps,* puis à l'*Écho de Paris* et au *Figaro,* ou de quinzaine, comme il l'a fait à l'*Univers illustré.* Il est bien difficile, il est impossible peut-être de se renouveler tous les huit jours. Je sais bien enfin que M. France semble avoir parfois collaboré à certains périodiques par complaisance pure, à la condition de n'être point tenu à offrir de l'inédit. J'imagine, par exemple, qu'il est entré à l'*Univers illustré* par amitié pour l'éditeur Calmann-Lévy et qu'il s'était réservé le droit d'y utiliser ses travaux antérieurs. De fait, bon nombre des articles qu'il y a donnés sont comme des centons pris un peu partout dans son œuvre. Malgré tout, et toutes ces circonstances prises en considération, il reste que les répétitions chez lui sont exceptionnellement nombreuses. Quand on lit, dans l'ordre chronologique, comme j'ai tâché de le faire, tout ce qu'il a écrit depuis 1867, à tout instant on se dit : Mais je connais cela. Cette théorie, cette idée, cette anecdote, cet épisode, ce développement, cette image, cette formule même, je les ai déjà lus et non pas une fois, mais deux fois, trois fois, ou davantage.

L'étude des sources que nous avons faite nous en présente déjà la preuve. Elle a été possible et relativement facile pour cette raison même que M. France, peu soucieux d'éviter les redites, nous a donné, dans ses confidences ou dans sa critique, le fait réel ou la citation exacte dont il s'est inspiré dans ses ouvrages d'imagination : souvenirs de la vieille Bible ou du Jardin des Plantes ; lecture d'Homère au réfectoire ou de Virgile en 1871 ; amour pour une actrice ; vieillard vêtu en toile à matelas ; le bras du diable allongé à travers le fleuve, etc., etc. Ces répétitions-là mises à part, quelle liste étrangement longue ne pourrais-je pas donner ici des autres ! Ce n'en est point le lieu. Voici pourtant quelques exemples. Je ne doute pas que tout lecteur de trois ou quatre des volumes de M. France, en interrogeant ses souvenirs, ne puisse aisément contrôler la plupart : Théories évolutionnistes, — vues cosmiques, appuyées principalement sur les découvertes de l'astronomie, — lenteur puissante des forces cosmiques, — âme des végétaux, — créatures supra-humaines, — nature mauvaise et efforts de l'homme, qui en sort, pour la rendre meilleure, — manichéisme : nécessité et bienfait de la douleur et du mal, — amour et faim menant le monde — amour et mort indissolublement liés, — Vénus symbolique du Muséum, — vérités d'instinct et vérités de sentiment, — scepticisme historique, — auteurs incapables de peindre autre chose qu'eux-mêmes, — lecteurs incapables de trouver dans les œuvres autre chose qu'eux-mêmes, — chefs-d'œuvre enrichis par les contre-sens des lecteurs — peuple créateur des religions, — religions renforçant les passions par l'attrait même qu'elles leur donnent en les condamnant, — saints défricheurs et civilisateurs du moyen âge, — monstres aperçus par les solitaires de la Thébaïde, — combat des moines contre les démons de la nuit, — le prêtre de Juda, — *Dies iræ,* l'impression que produit ce chant et en particulier la strophe *Qui Mariam absolvisti*..., — vanité de la gloire militaire, puisque de deux généraux opposés il faut nécessairement un vainqueur, — la guerre fondant les sociétés — le discours de la Petite Ville, — les origines de l'Université de France, — Vrain-Lucas et autres faussaires, — Martin de Gallardon et autres hallucinés, — la dame des Armoises et autres intrigants, — le père Maillard et ses contes, — les bouquinistes et les quais de Paris, — les causeries au Luxembourg, au pied de la statue de Velléda, — les vieilles théories, inoffensives et semblables à des cailloux aux angles usés, — la caducité et la mutabilité des formes d'art, — le conservateur qui ne connaît que sa vitrine, — les romantiques coiffés en coup de vent et comme battus par la tempête, alors qu'il leur avait suffi de passer leurs doigts dans leurs cheveux, — la vengeance « infecte » des sorcières surprises par un indiscret, — les doigts de la main d'un enfant semblables à des rayons roses d'une étoile, — le conseil de l'*Imitation* : Aimez toutes les femmes, mais en Dieu, — le mot de Virgile ou de son scoliaste: On se lasse de tout, excepté de comprendre, — le mot de la reine de Navarre : « L'ennui commun à toute créature bien née », — le mot de Gœthe : On ne meurt que lorsqu'on y consent, — le mot de Dickens : Les fous seuls m'amusent, — et les « silencieuses orgies » de la méditation ou de la philosophie.... Toutes ces choses, — et bien d'autres, — sont comme des refrains ou, pour user d'un terme plus noble, des leitmotivs ; et le lecteur les reconnaît au passage.

Parfois, souvent même, M. France ne prend pas la peine d'encadrer d'une façon nouvelle ces passe-volants. C'est un article tout entier qu'il répète ou d'amples fragments légèrement modifiés ou textuellement reproduits. Examinons, par exemple, sa collaboration à l'*Écho de Paris*. Elle a duré de 1892 à 1898. Il y a publié d'abord (en feuilleton à partir du 6 octobre 1892) la *Rôtisserie de la Reine Pédauque*, republiée dans la *Revue hebdomadaire* à partir de décembre 1893, puis, chaque semaine, des articles divers qui sont entrés dans différents recueils : *Puits de Sainte-Claire ; Pierre Nozière ; Contes de Jacques Tournebroche ; Clio ; Crainquebille, Putois,* etc., ou qui ont formé *les Opinons de Jérôme Coignard* et les trois premiers volumes de l'*Histoire contemporaine,* ou encore qui étaient des travaux préparatoires à sa *Jeanne d'Arc,* ou enfin qui n'ont pas été recueillis par lui. Or, le 18 janvier 1893, il y raconte l'histoire d'Hélène Gillet, qu'il y raconte encore le 28 juin de la même année. — Le 15 février 1893, il y publie le *Garde du corps (Pierre Nozière).* C'est la mise en œuvre d'un souvenir qu'il avait déjà rappelé dans le *Temps* du 18 octobre 1891, à propos des mémoires de M^{me} de Gontaut. Et le même souvenir, avec une anecdote puisée dans ces *Mémoires* et déjà citée

dans le *Temps,* reparaît à l'*Écho* le 21 juin 1898.
— Le 19 mars, les 21 et 28 décembre 1893, les 4,
11 et 18 janvier, les 1ᵉʳ, 8 et 16 février, les 1ᵉʳ et
15 mars, le 15 avril, le 1ᵉʳ mai, les 11 et 25 décembre 1894, le 19 mars 1895, le 11 mars 1897,
sous les titres *Le Verger, Notes marginales, Pyr-
rhon était jardinier,* le *Nouveau jardin d'Epicure,*
le *Verger du philosophe,* etc., il y publie des morceaux détachés, dont quelques-uns ont paru dans
*Pierre Nozière,* mais dont la plupart sont entrés
dans le *Jardin d'Épicure.* Or *tous* ces morceaux
sont simplement empruntés à des articles antérieurs du *Temps :* il en est qui avaient paru
deux fois dans le *Temps :* voir 3 février 1889 et
6 décembre 1891 ; il en est un qui a été publié
encore dans la *Revue de France* d'avril 1899 ; il
en est un qui, dans l'*Écho* même, se lit deux
fois : 11 janvier 1894 et 19 mars 1895, — Le 6 septembre 1893, il y parle de Maillard et de ses contes. Il revient sur le même sujet le 3 décembre
1895. Le 14 avril 1896, il y reprend et développe
le conte de la *Leçon bien apprise.* Il n'a fait là
qu'utiliser ses articles antérieurs, dans le *Temps*
du 3 avril 1892 et dans l'*Univers illustré* du 16
mars 1895. — Ce qu'il écrit des *Nouveaux mystiques* à l'*Écho* du 7 décembre 1893 répète le
*Temps* des 30 mars et 18 mai 1890. — Le 23 mars
1894, il y donne des passages inédits de *Thaïs,*
qui reparaissent immédiatement, le 14 avril,
dans *l'Univers illustré.* — Le 13 mai 1895, il y

17

dit à peu près de Brantôme ce qu'il en avait dit dans le *Temps* du 13 septembre 1891. — Les 21 et 28 mai, les 16, 23 et 30 juillet, le 3 septembre, le 29 octobre, le 5 novembre 1895, les 14 et 18 août, le 15 septembre 1896, le 29 mars, le 10 mai 1898, il y publie des morceaux de *Pierre Nozière: Monsieur Debas, Ariste, Polyphile et Dryas* et *Promenades de Pierre Nozière en France.* Or tout cela avait paru dans le *Temps,* entre 1886 et 1893, et maint fragment en avait été déjà ou en a plus tard été reproduit dans l'*Univers illustré,* dans la *Revue illustrée,* dans l'*Almanach du biblio-phile.* — Les articles du 4 juin et du 11 juin 1895 y développent l'article du *Temps* du 14 février 1892 sur Villon d'après Longnon. — Celui du 18 juin 1895 reprend celui du *Temps,* 20 janvier 1889. — Le 9 juillet, les 6, 13, 20, 27 août, les 10 et 17, 24 et 30 septembre, les 8, 15 et 22 octobre, le 12 novembre, les 10, 17 et 24 décembre 1895, les 11, 18, 25 février, les 3, 17, 24, 31 mars, le 7 avril 1896, le 12 avril 1898, il étudie divers épi-sodes de la vie de Jeanne d'Arc, ou des problè-mes qui la concernent, des visionnaires qui en-trèrent en concurrence avec elle ou qu'on peut lui comparer pour la mieux comprendre, etc. Tous ces sujets ont déjà été traités par lui ou vont être traités, dans le *Temps* (24 juin, 1ᵉʳ, 8, 18 juillet 1888, 12 mars 1892), dans l'*Univers illustré* (2 avril 1892, 16 mars, 9 novembre 1895), dans la *Revue illustrée* (janvier 1890), dans la

*Revue de Famille* (août 1889, janvier, avril, novembre 1890, février, mai 1891, janvier, avril 1892), dans la *Revue hebdomadaire* (mai, août, septembre 1893), dans la *Revue de Paris* (années 1906, 1907, etc.). — Le 19 novembre 1895, c'est un article sur Catherine Théot, tiré du *Temps* du 29 mai 1892, et, le 26 novembre, un sur la Fête de l'Être suprême, tiré du *Temps* du 5 juin 1892, mais déjà reproduit le 26 mars 1894, dans l'*Univers illustré*. — Le *Conte des Rois* de 1896 *(Écho,* 7 janvier)*,* intitulé le *Roi de l'Épiphanie,* est l'histoire de Pierrolet, publiée sous le titre *Le Roi boit,* dans le *Temps* du 8 janvier 1893. — Le 21 janvier et le 4 février 1896, le 21 février 1897, l'*Écho* donne des récits enfantins dont bon nombre sont tirés textuellement du volume *Nos enfants* paru en 1886 et ont reparu dans *Pierre Nozière.* — L'article *Sur un livre* du 11 mai 1897 répète le *Temps* du 13 décembre 1891. — L'article sur Vrain-Lucas du 22 mai 1898 avait été déjà lu dans l'*Univers illustré* du 27 avril 1895. — Et pour l'article du 19 avril 1898, voir le *Temps,* 5 octobre 1890, l'*Univers illustré,* 2 septembre 1893, la *Revue illustrée,* 1ᵉʳ mai 1896 ; — pour les articles des 17 et 24 mai 1898, voir le *Temps,* 26 mai 1889 ; — pour l'article du 28 juin 1898, voir le *Temps,* 31 juillet 1886, 6 août 1887, l'*Univers illustré* 18 janvier 1896 ; — pour l'article du 5 juillet 1898, voir le *Temps,* 29 juin, 13 juillet 1890, l'*Univers illustré,* 5 août 1893, etc.

Que conclure de ces faits si nombreux ? — et je les multiplierais sans peine si je voulais, ou si je ne craignais qu'à se prolonger une telle énumération ne devînt encore plus fastidieuse. C'est qu'évidemment M. France n'a pas la puissance d'imagination nécessaire pour donner chaque semaine un article nouveau, — sinon par le fond des idées (on ne doit pas demander l'impossible), au moins par la forme. En vain il utilise l'acquis de plusieurs années de méditation et de travail ; en vain il puise simultanément dans les divers ouvrages qu'il prépare à la fois ; il n'y peut suffire : il lui faut utiliser d'anciens écrits. L'invention verbale, non plus que l'invention des idées, des intrigues et des caractères n'a rien chez lui de rapide et de spontané. Il n'a ni la fécondité jaillisante d'un Dickens, ni la facilité copieuse d'une George Sand, ni l'inépuisable richesse d'un Balzac[1].

Ainsi se confirment les conclusions que nous avions tirées déjà de ses procédés et de l'étude

----

[1] Noter qu'ici encore c'est une constatation que je fais, non une critique. Car cette qualité, si elle appartient à Dickens, à George Sand, à Balzac, est un de leurs moindres mérites. Ce n'est pas par elle qu'ils sont grands : ils la partagent avec tant de barbouilleurs de papier ! J. Janin écrivait assurément d'une plume plus rapide que M. France : a-t-il laissé une page comparable à celles qu'on trouve à foison dans la *Vie littéraire* ? Alexandre Dumas père écrivait assurément d'une plume plus

de ses sources. Son imagination, un peu monotone, se meut dans un cercle assez restreint, se
joue volontiers autour des mêmes thèmes et des
mêmes spectacles. Fille de la mémoire, amassant
avec lenteur pour élaborer à loisir, elle n'est pas
une imagination vraiment créatrice, qui donne
sans effort l'illusion de la vie et, sans effort, trouve
sa forme parfaite. Ce n'est pas une puissance
féconde d'où l'œuvre naît d'un seul coup, comme une Minerve casquée. Elle utilise avec ap-
plication les souvenirs personnels, les épargnes
accumulées par une vaste lecture, les matériaux
préparés en détail par une série d'efforts. C'est
une industrieuse patience. Aussi M. France n'est-
il pas de ceux que la nature même destinait im-
périeusement à produire une œuvre personnelle.
Et on se le figure aisément qui, si les circonstances eussent été autres, se fût résigné sans effort à
lire, à méditer, à rêver, comme un intelligent
amateur, curieux et dilettante.

rapide que M. France : qui rapprochera *Les Trois mousquetaires*
du *Lys rouge* ? Quand l'abbé d'*Il ne faut jurer de rien* dit de
*Jocelyn* : « Il y a certainement du génie, beaucoup de talent et
de la facilité », je doute que la « facilité », ainsi reconnue à
Lamartine, lui ait paru un éloge. Je constate que cette épigramme
ne peut être lancée à M. France, pas plus qu'à Flaubert. Cela
ne le diminue pas plus que cela ne diminue Flaubert. Mais cela
les caractérise l'un et l'autre.

III

Si l'imagination de M. France est bien telle
que nous avons essayé de la définir, elle s'accorde
à merveille avec cette intelligence que nous lui
avions également reconnue. Toutes deux sont
plus souples que puissantes, toutes deux délicates, toutes deux voluptueuses, toutes deux enfin
plus aptes à se jouer autour des idées, des êtres
et des choses qu'à les dominer, à jouir qu'à créer.
Reste à savoir quelle est sa sensibilité, — sensibilité d'artiste et sensibilité d'homme : s'il a
bien le goût de son imagination et de son intelligence ; si peut-être la nature ou le degré de
ses sentiments et de ses passions lui fourniront
des inspirations originales et fortes, que nous
n'avons pas encore rencontrées en lui.

Son goût, — cela va de soi, — se traduit dans
ses doctrines esthétiques, qui elles-mêmes traduisent, — naturellement encore, — son tempérament d'écrivain. Puisqu'il n'a pas le don d'inventer et que dès lors il en nie l'existence ; puis-

que ainsi l'art, selon lui, ne consiste pas à créer mais à reproduire ; puisque son imagination un peu courte a sans cesse besoin de reprendre pied dans le réel ; il n'y a pas œuvre d'art, à ses yeux, là où il n'y a pas de vérité, — non pas vérité scientifique, s'entend, mais vérité humaine ; de cette vérité qui comprend en elle jusqu'aux illusions du cœur, aux fictions du rêve, aux beaux mensonges de la fantaisie. Ainsi, ce qu'il estime avant tout, c'est le naturel ; ce qu'il déteste avant tout, c'est ce qui altère ou déforme le vrai. Il n'aime ni les écrivains dont la personnalité envahissante déborde, pour ainsi parler, et s'interpose insolemment entre le lecteur et la réalité ; ni ces écrivains, trop désireux d'une originalité factice, dont les vains artifices dissimulent ou faussent la réalité.

Ce goût du vrai se reconnaît aussi bien dans ses jugements, sévères, indulgents ou enthousiastes, que dans ses théories ou ses formules. Dès les premières lignes de critique qu'il a écrites et jusqu'aux dernières, on s'aperçoit qu'il est peu sensible à la puissance, à l'éclat, à l'ampleur, à la fécondité verbale, bref aux qualités qui lui manquent, — mais aussi aux qualités qui deviennent aisément des défauts : en ce que les choses y sont comme offusquées ou dissimulées par la manière dont elles sont dites, et que l'écrivain apparaît en quelque sorte le rival de son sujet.

Victor Hugo, à cette date, a beau être le maître

incontesté de la poésie ; il a beau être le chef
dont se réclame (officiellement du moins) l'école
parnassienne, où s'est rangé M. France ; il a
beau être enfin l'ennemi de l'Empire, à qui le
collaborateur de la *Gazette rimée,* dans sa ferveur juvénile, emprunte des inspirations républi-
caines[1]. Malgré tout, il ne l'admire guère, ne
l'aime point, ou, pour mieux dire, ne le *sent* pas.
Il y a entre eux comme une antipathie de nature.
Le jeune homme ne passe rien au chef du romantisme. Il traite dédaigneusement ses essais dra-
matiques : sa prétendue réforme théâtrale n'est
qu'apparente et extérieure[2]. Il lui reproche de
n'avoir point le sens historique et peut-être même point de pensée. En vain le père d'Esmeralda
a-t-il interrogé les gnomes et les démons de
Notre-Dame, « il n'a pas toujours voulu comprendre ce que répondirent les symboliques re-
présentants du moyen âge. Le sang bouillonne
avec trop de fracas dans sa tête, pour que ses
oreilles puissent percevoir au milieu de ce vacarme intérieur les bruits du passé[3] ». « Vacarme
intérieur » est dur. D'autres insinuations sont plus
malveillantes encore, qui portent sur le caractère
même de l'ancien ami de Sainte-Beuve[4]. Et plus

---

[1] Cf. *Les Légions de Varus.*

[2] *Notice* sur *Vigny,* 60.

[3] *Ib.,* 49-50,

[4] *Notice* sur les *Poésies de Sainte-Beuve :* « V. Hugo alla

tard, dans un de ses premiers articles du *Temps*, M. France s'écrie avec une impatience visible, comme dans un mouvement de révolte : « Il ne faudrait pourtant pas qu'on crût qu'il n'y a que lui... » Il ne lui reconnaît guère que le mérite, assez mince, d'avoir assemblé plus d'images et remué plus de mots que d'autres. Et il semble bien le viser lorsqu'il parle d'« enflure » et de « galimatias » [1]. On sait de reste que la même sévérité transparaît en plus d'une page de la *Vie littéraire*. D'où procède-t-elle ? Assurément, pour une part, d'une déception intellectuelle. M. France ne cache guère qu'il n'est pas dupe des prétentions de penseur qu'étale volontiers l'auteur des *Mages* et il dénonce sa fastueuse indigence d'idées : « C'est une souffrance que de découvrir qu'il donna pour la plus haute philosophie un amas de rêveries banales et incohérentes[2] ». Mais bien plus grave encore est sa déception esthétique. Le romantisme chez Hugo est devenu « un formidable et vain assemblage de mots[3] ». En s'abandonnant à son imagination effrénée, il s'éloigne de la nature. « On est attristé en même temps qu'effrayé de ne pas rencontrer dans son

remercier le critique. Il faut monter plus d'un de ces escaliers-là pour devenir pape. » (xxiv.)

[1] 25 mai 1886.

[2] *Vie littéraire*, I, 115 Cf. II, 258, et *Temps*, 20 novembre 1887 et passim.

[3] *Temps*, 6 janvier 1889.

œuvre énorme, au milieu de tant de monstres, une figure humaine... Victor Hugo est démesuré parce qu'il n'est pas humain. Le secret des âmes ne lui fut jamais entièrement révélé. Il n'était pas fait pour comprendre et pour aimer [1]. »

Que tel soit le motif de son antipathie, la preuve en est dans l'indulgence qu'il montre envers Lamartine et Musset. Voilà, certes, deux poètes auxquels les délicats épris de perfection peuvent adresser bien des critiques. N'importe ! En les comparant à Victor Hugo, il leur pardonnait leurs défauts, même au plus vif de sa ferveur parnassienne, à plus forte raison, quand il en eut un peu rabattu. Lamartine a beau être trop peu artiste [2], il est « le plus grand de nos poètes comme il en est le plus simple » [3]; il a tout renouvelé, le fond et la forme ; il est « la poésie même [4] ». Musset a beau s'abandonner parfois à une

[1] *Vie littéraire*, I, 115. En 1902, après l'Affaire, M. France loue V. Hugo ; mais il le loue pour ses idées politiques et pour sa polémique anticléricale. Il ne loue pas sa pensée « à la fois éclatante et fumeuse, abondante, contradictoire, énorme et vague comme la pensée des foules ». La passion politique et religieuse elle-même n'a pu l'amener à l'aimer vraiment (Cf. *Vers les temps meilleurs*, I, 60-65) : — ainsi, sans doute, quoi qu'il en dise, M. Bergeret et M. Leterrier n'ont pu sympathiser complètement.

[2] *Temps*, 16 septembre 1888.

[3] *Ib.*, 26 septembre 1886.

[4] *Ib.*, 16 septembre 1888. Cf. les éloges du 11 Juillet 1886 : Lamartine fut « le plus grand poète, l'orateur le plus généreux, le citoyen le plus pur, l'homme le plus brave de son temps ».

improvisation rapide, il est « *notre* Musset[1] ». « Il fut passionné et resta spirituel. Cela est unique. Ce Musset est la perle de notre poésie. Il est parfois négligé, j'en conviens ; mais il est *vrai*, et, dans ses beaux moments, il est au-dessus de tout. Ne décernons l'immortalité à personne, aucun siècle n'en dispose. Pourtant il me semble que, s'il y a des strophes impérissables, c'est Musset qui les a faites. Son vers, quand il est bien venu, droit et simple sur sa tige, a l'élégance éternelle de l'acanthe. La beauté d'un tel vers semble aussi durable que celle des lys et des roses, puisqu'elle est *naturelle*. D'abord il n'est que charmant ; mais, si on y regarde, on le trouve prodigieux. Il est la passion même et il parle la langue la plus pure. C'est de la flamme et du cristal. Musset est, avec La Fontaine, le plus Français de nos poètes. Nous le savons tous par cœur[2]. » Musset et Lamartine sont donc plus grands que Victor Hugo ; car au lieu d'« étonner », d'être « ivres de sons et de couleurs et d'en saouler le monde »[3], ils ont « parlé aux cœurs » et « touché les âmes »[4], ils ont été vrais.

---

[1] *Temps*, 23 janvier 1887.

[2] *Temps*, 7 octobre 1888. Cf. 10 février 1889 : « le plus aimé des poètes ».

[3] *Vie littéraire*, I, 115.

[4] *Temps*, 25 mai 1886.

Et c'est pour la même raison que, — blâmant tous ceux qui s'éloignent du naturel : Michelet, qui fait trépider et grimacer la réalité[1], Zola, qui la fausse en y mêlant une luxure irréelle et apoca-

[1] *Vie littéraire*, I, 255. Cf. *Univers illustré*, 4 juillet 1896 : « Brissot avait des idées sur tout et un galimatias à attendrir Michelet, qui était nerveux. Je crois bien que cet historien sensible est tombé dans une crise d'hystérie à propos de cet excellent citoyen qui dénonçait et paperassait avec tant d'amour, devant qu'on lui coupât le cou. » Comparer enfin le passage du *Crime de Sylvestre Bonnard*, si curieusement corrigé en 1903 (pour des raisons politiques). Texte de 1881 : « Gélis... dit : « *Michelet a toujours eu des propensions à l'attendrissement, il u versé de douces larmes sur Maillard, ce petit homme propre, qui introduisit la paperasserie dans les massacres de septembre. Mais, comme l'attendrissement mène à la fureur, le voilà tout à coup furieux contre les victimes. Que voulez-vous ? C'est le sentimentalisme moderne. On a pitié de l'assassin, mais on considère que la victime est impardonnable. Dans sa* dernière manière, *Michelet est devenu plus Michelet que jamais. Cela n'a plus le sens commun : c'est admirable ; ni art, ni science, ni critique, ni récit ;* des colères, des pâmoisons, une crise d'épilepsie à propos de faits qu'il dédaigne d'exposer. Des cris de petit enfant, des envies de femme grosse ! *et un style, mes amis !* par une phrase faite ! C'est étonnant. » Cette folie est amusante, me dis-je... *Ce jeune homme a vivement touché, en se jouant, le défaut de la cuirasse.* » Texte de 1903 : « Gélis... dit : « *C'est ce Michelet de la* dernière manière, *le meilleur Michelet. Plus de récit !* Des colères, des pâmoisons, une crise d'épilepsie à propos de faits qu'il dédaigne d'exposer. Des cris de petit enfant, des envies de femme grosse ! *Des soupirs* et pas une phrase faite. C'est étonnant ! »... Cette folie est amusante, me dis-je... *Car il y a bien un peu d'agitation, et je dirais même de trépidation dans les récents écrits de notre grand Michelet.* »

lyptique ou une grossièreté invraisemblable[1], les décadents, enfin, qui la dédaignent et la déguisent sous leurs insanités prétentieuses et leurs vocables inintelligibles[2] ; — il excuse Augier de se contenter d'un vers « bon enfant[3] », parce ce que ce vers du moins rend la vie réelle ; il loue fort le ton et le style « naturels » d'Henri IV[4] ; il admire, comme nous venons de le voir, La Fontaine ; il réclame de l'historien des anecdotes, car « le moindre trait l'enchante, lorsqu'il est pris sur le vif et qu'il est un trait de nature[5] » ; ou enfin, lisant l'*Heptaméron,* il s'écrie avec une sorte de ravissement : « Comme le naturel est une belle chose[6] ! »

D'autre part, puisque l'imagination de M. France, industrieuse et constructrice, décore, embellit, stylise, pour ainsi parler, les éléments que lui offre la réalité, puis les combine entre eux, pour

---

[1] *Vie littéraire,* I, 225. Cf. *Temps,* 28 août et 4 septembre 1887. Voir, en revanche, dans le *Temps* du 3 juillet 1892, l'éloge de la *Débâcle,* parce que les récits de batailles y restent dans la vérité et le ton juste.

[2] *Temps,* 26 septembre, 24 octobre 1886, 28 octobre 1888, etc.

[3] *Chasseur bibliographe,* mars 1867. On retrouve le même jugement d'ensemble dans l'article nécrologique qu'il lui a consacré (*Temps,* 27 octobre 1889).

[4] *Globe,* 9 octobre 1879.

[5] *Ib.,* 31 juillet 1879.

[6] *Ib.,* 2 octobre 1879.

donner de cette réalité une image ordonné, idéalisée en même temps que fidèle ; tout l'effort de l'artiste se ramène, selon lui, à trouver l'« arrangement » le plus heureux, la forme la plus achevée. Il n'apprécie guère les improvisateurs ou les écrivains qui s'abandonnent aux caprices inégaux de l'inspiration spontanée, exception faite d'un Lamartine, d'un Musset ou de ceux qui, à leur exemple, rachètent la négligence par un naturel souverain. Il aime surtout les auteurs qui, par un travail minutieux et réfléchi, atteignent à l'expression parfaite.

Là encore, ses sévérités ou ses éloges sont révélateurs. Certes, il admire Flaubert. Mais, quand l'auteur de *Bouvard et Pécuchet* vante les romans « sans composition et sans arrangement » et proclame qu'il « faut découper des tranches de vie », il n'hésite pas à déclarer ces idées « pitoyables »[1]. Certes, il reconnaît que Michelet est « un grand écrivain ». Mais il demande : « que serait Michelet sans l'éclat de sa phrase, lui qui ignore les belles ordonnances et le noble arrangement des idées ? Cette phrase sensuelle de Michelet donne un plaisir bien vif, mais qui ne peut se prolonger sans se changer en malaise et devenir enfin une véritable souffrance[2]. » Et Flau-

---

[1] *Vie littéraire*, III, 373.
[2] *Ib.*, I, 255.

bert et Michelet méritaient encore qu'il discutât leurs théories ou leur manière. Mais quand il se heurte à des ouvrages d'une forme lourde et grossière, ou prétentieuse et artificielle, ou banale et plate, il n'en parle que pour « exécuter » les auteurs, et pour les bannir, avec des considérants plus ou moins sévères, « hors de la littérature » : les décadents et M. Ohnet en ont su quelque chose [1].

Au contraire, quand il rencontre des écrivains qui ont su tout à la fois être vrais dans les idées ou les sentiments qu'ils expriment et les exprimer en une forme parfaite, qui ont eu, selon son heureuse expression, le « don délicieux de donner de la vie une belle image [2] »; alors il admire sans réserve ; alors il s'enthousiasme. — Il s'enthousiasme pour Vigny. Il a pour ce poète « un respect religieux [3] », parce qu'il trouve en lui, avec « la beauté tranquille et contenue des anciens Hellènes [4] », la « hauteur des préoccupations [5], la pensée ferme et précise, la peinture fidèle d'âmes hautes, touchantes et fortes : « La renaissance poétique de 1830, écrit-il, n'avait rien produit de si grand (que les *Poèmes* et qu'*Éloa):* elle ne devait rien laisser de si pur »; et sur

1 *Vie littéraire,* II, 56.
2 *Univers illustré,* 8 octobre 1892.
3 *Notice,* I.
4 *Ib.,* 3.
5 *Ib.,* vi.

*Moïse :* « Rien dans la poésie française ne sur-
passe ce chant grave et sacré »; et sur *Éloa :*
« Elle resplendit au fond de toutes les mémoires,
cette belle Éloa [1] »; et sur les trois récits de
*Servitude et grandeur :* « Ils sont peut-être ce
qu'on a dit de plus fort et de plus beau sur le
soldat français [2] ». De tous les poètes du romantisme, — malgré l'éloge que nous venons de
l'entendre faire de Lamartine et de Musset, —
c'est peut-être celui qu'il juge le plus grand : ne
réunit-il pas « la fermeté du langage », « la science
du vers » et « l'audace lumineuse de la pensée »,
qu'il a « portée plus haut qu'aucun poète de son
temps » [3] ? — M. France s'enthousiasme encore
pour Leconte de Lisle, parce que, dans ses
*Poèmes antiques,* qui sont « une des plus grandes
œuvres de la poésie moderne [4] », il a su évoquer
l'histoire vraie du passé, en « évitant les écueils
de la banalité et de la convention », en inspirant
à tous par son propre exemple « le souci de la

---

[1] *Notice,* 41.

[2] *Ib.,* 69.

[3] *Vie littéraire,* II. 255. Pour lui *(Temps,* 27 janvier 1889)
Vigny a écrit « les plus beaux vers du siècle »; il a été *(Temps,*
22 novembre 1891) « le seul poète méditatif de son temps. » C'est
avec raison que M. Lanson explique qu'il aime en Vigny son
irréligion (audace de la pensée) et sa solitude aristocratique *(Notice* en tête des *Pages choisies).*

[4] *Notice* sur Vigny. 134.

forme, le respect de la poésie, qui est chose sainte »[1]. — Il s'enthousiasme pour Renan, qui « a mis de l'art dans tous ses livres, puisque dans tous il a mis de l'ordre et qu'il a toujours approprié la manière d'écrire au sujet et toujours subordonné le détail à l'ensemble[2] ». — Et ramené naturellement aux classiques[3], — car ceux-là précisément ont réalisé cette harmonie qu'il aime, du fond vrai et de la forme belle, — il s'enthousiasme pour Racine, « le plus audacieux, le plus terrible et le plus vrai des naturalistes[4] », et s'extasie devant la « pureté exquise », la « délicieuse pudeur » de Monime[5]. Il s'enthousiasme pour La Fontaine, « qui fut à sa manière le vrai poète du xviie siècle et mit toute la nature dans ses fables, auxquelles il faut toujours revenir, comme on en revient toujours aux belles promenades plantées de beaux arbres et ouvertes sur des horizons de bois, d'eaux et de collines[6] », La Fontaine, « celui de nos poètes qui possédait

[1] *Chasseur bibliographe,* février 1867.

[2] *Vers les temps meilleurs,* II, 48.

[3] M. France se vante de n'avoir jamais « médit de Nicolas » *(La société historique d'Auteuil et de Passy,* 1894). Cf. *Temps,* 4 novembre 1888.

[4] *Vie littéraire, IV,* 14 Cf. *Notice* de 1874.

[5] *Notice* sur Vigny, 191.

[6] *Globe,* 16 octobre 1879.

l'art décrire le plus profond et le plus varié [1] »,
La Fontaine, « le plus Français de nos poètes [2]».

Le théoricien, chez lui, s'accorde pleinement avec le critique. En parlant du théâtre français, à propos d'Alfred de Vigny, il avait écrit une phrase singulièrement remarquable. Il appelait la tragédie classique « un moule usé, dont le *génie* de Corneille et le *talent* de Racine n'avaient pu dès l'abord dissimuler l'étroitesse et l'insuffisance [3] ». Et le sens général de son développement impliquait qu'en s'exprimant ainsi, il n'entendait point mettre Racine au-dessous de Corneille. D'ailleurs, il s'est plus tard expliqué nettement là-dessus [4]. L'orgueil romantique, dit-il, et l'espèce de mysticisme littéraire qui s'est répandu depuis Chateaubriand, ont donné au mot « génie » je ne sais quelle valeur mystérieuse. On semble entendre par là une espèce de don exceptionnel conféré à certains privilégiés, à ce qu'on pourrait appeler des sur-hommes. Mais le génie est en réalité un « beau naturel », et rien de plus. C'est pourquoi le mot « talent » dit davantage. Le talent est un génie intelligent (il ne faut pas croire que tous le soient) [5], harmonieux,

---

[1] *Temps.* 8 mars 1891.

[2] *Ib.*, 7 octobre 1888.

[3] *Notice.* 58.

[4] *Temps,* 6 janvier 1889.

[5] *Ib*. 22 juillet 1888.

qui s'est soumis à une règle réfléchie, qui s'est perfectionné lui-même, qui a acquis « ce rien qui est tout : le goût[1] ». C'est un diamant taillé, bien plus brillant et plus précieux que le diamant brut.

Ainsi M. France tend, non pas à nier, mais enfin à restreindre l'importance des dons naturels et à augmenter d'autant celle de la méditation et du travail. Cela justifie son admiration pour les artistes réfléchis, classiques ou parnassiens. Cela explique l'inquiétude qu'il éprouve, quand il voit un auteur heureusement doué se laisser aller à sa facilité et produire avec trop d'abondance[2] : les délicats ou la plupart d'entre eux ont le travail difficile[3]. Et cela explique enfin qu'il ait lui-même le travail difficile[4]. Il est dé-

---

[1] *Vie littéraire*, III, 288.

[2] *Temps*, 3 mai 1891.

[3] *Temps*, 22 mai 1892 : « Monselet avait, comme la plupart des délicats, le travail difficile ».

[4] M. Doumic pourtant estime que « son talent ignore le travail » (*Revue des Deux Mondes*, 15 décembre 1896), tandis que Brunetière lui reprochait, avec quelque rudesse, « ses grâces péniblement apprises » (*Ib.*, 1er novembre 1892). Il me semble, au ton dont il parle des « peines et des angoisses de l'effort », dont il déclare que « produire est amer » (*Vie littéraire*, II, 23), que M. France n'est pas sur lui-même de l'avis de M. Doumic. D'ailleurs, il n'est que de voir comme il travaille lentement, élaborant à la fois de multiples ouvrages longuement tenus en chantier. En septembre 1887 (*Revue illustrée*), M. du Bled annonce qu'il prépare un *Racine*, un *Fouquet*, une *Jeanne d'Arc* et les *Autels de la Peur*. Le *Racine* n'a pas abouti ; le *Fouquet* n'a été qu'une notice sur le *Château de Vaux-le-Vicomte*, prétexte à illustrations de Pinor

licat et veut plaire aux délicats : ce sont eux « qu'il a surtout en vue quand il travaille et qu'il voudrait parvenir quelquefois à satisfaire [1].» Ainsi ces répétitions que nous avons notées, ces reprises d'anciens fragments ou d'anciens articles utilisés pour gagner du temps, prennent une signification et une valeur nouvelles. La seule cause n'en est plus une imagination trop peu spontanée ou trop lente. S'il est vrai que M. France sache mal improviser, il faut ajouter qu'il ne *veut* pas improviser.

En même temps, il est bien loin, — cela va sans dire, — de négliger la signification profonde des œuvres d'art, de professer, avec les Jacobins de l'Art pour l'Art « l'indifférence au contenu ». Il accorde même à un Taine et à un J.-J. Weiss que les chefs-d'œuvre sont des documents historiques : « Il comprit, dit-il de ce dernier, que le grand intérêt d'une œuvre d'art, poésie, roman

(1888) ; la *Jeanne d'Arc* n'a été terminée qu'en 1909 ; et les *Autels de la Peur (Les Dieux ont soif)* qu'en 1911 ; l'élaboration a été lente pour bien des raisons sans doute, mais assurément aussi parce que M. France a le souci de la perfection. De même le conte *Balthazar* dont le début a paru dans le *Temps* du 26 décembre 1886, n'a été terminé qu'en janvier 1888. Enfin, si l'on étudie de près les deux rédactions du *Crime de Sylvestre Bonnard*, on voit sans peine que M. France apporte à ses corrections le soin le plus attentif et même le plus méticuleux.

[1] *Globe*, 7 août 1879.

ou comédie, est de nous faire comprendre, sentir, goûter délicieusement la vie, avec le goût particulier qu'elle avait au temps où cette œuvre fut conçue et dans la société dont elle est l'expression la plus subtile, et qu'enfin il n'est pas de monument plus précieux des mœurs d'autrefois, pas de témoignages plus sûrs des vieux états d'âme, que tel conte ou telle chanson, à les bien entendre [1]. » Mais il proteste bien vite, — ou plutôt il avait protesté d'avance contre les conséquences que l'on pourrait tirer et que certains ont en effet tirées d'une telle concession : « Le docteur H..., récemment décédé..., a laissé un *journal* qu'il ne destinait pas à la publicité. Je n'oserais pas publier le manuscrit intégralement, ni même en donner des fragments de quelque étendue, bien que beaucoup de personnes pensent aujourd'hui, avec M. Taine, qu'il convient surtout d'imprimer ce qui n'a pas été fait pour l'impression. Pour dire des choses intéressantes, il ne suffit pas, quoi qu'on dise, de n'être pas un écrivain [2]. » Document qui fasse comprendre, sentir et goûter, soit ! mais qui fasse comprendre, sentir et goûter *délicieusement,* l'œuvre d'art doit donc être avant tout... artistique.

---

[1] *Vie littéraire,* IV, 288.

[2] *Étui de nacre,* 161 : *Le Manuscrit d'un médecin de village.* Ce conte a paru dans *Lettres et Arts du* 1ᵉʳ mars 1886 et dans la *Revue indépendante* de juillet 1887.

Si le talent est plus que le génie, et le rôle du travail réfléchi plus grand que celui de l'inspiration ; si l'œuvre, même originale et curieuse, n'a de valeur littéraire que par l'expression esthétique qui lui est donnée, on comprend quelle importance capitale M. France attache à la forme. « La Forme, écrit-il, solennellement et avec des majuscules expressives, la Forme est le vase d'or qui garde la Pensée, essence fugitive, à la Postérité [1]. » Forme et pensée sont d'ailleurs inséparables : « Il est aussi insensé de séparer la forme du fond qu'un parfum d'une cassolette [2]. « Un poème n'est beau que quand la forme est belle, puisque la forme d'une œuvre résulte de la substance de cette œuvre et n'est que l'apparence de sa constitution intime [3]. » Je sais bien que ces doctrines ne lui sont point personnelles. Dans ces passages caractéristiques, dans le conseil donné à Verlaine débutant : « Il a la Force, qu'il ait la Sérénité, sa compagne éternelle [4] », on reconnaît sans peine les thèses essentielles du Parnasse et de l'Art pour l'Art. Mais, même sa ferveur parnassienne passée, M. France n'a pas changé d'avis sur ce point. En 1878, notant les emprunts qu'a faits Le Sage à l'Espagne,

[1] *Chasseur bibliographe,* janvier 1867.
[2] *Ib.,* février 1867.
[3] *Notice* sur Racine.
[4] *Chasseur bibliographe,* février 1867.

il observait que ses livres étaient néanmoins
« tout français par la seule chose qui compte, le
style [1] ». Dira-t-on qu'à cette date il n'avait pas
encore publiquement rompu avec Leconte de
Lisle ? Voici donc qui est postérieur à cette rupture. Le 10 avril 1890, il vante en Feuillet « l'art
exquis et tout français... de composer et de dé-
duire ; par lequel on procède, même en étant un
simple conteur, des Fénelon et des Malebranche,
et de tous ces grands classiques qui fondèrent
notre littérature sur la raison et le goût ». A ce
propos il proclame : « A y bien songer, l'art
consiste dans l'arrangement et même il ne consiste qu'en cela [2]. » Le 25 mai de la même année,
il s'écrie : « Malheur à qui méprise la forme ;
on ne dure que par elle [3] ». Le 4 janvier 1891,
c'est en elle et en elle seule qu'il fait consister
toute l'originalité d'un écrivain : « Une idée ne
vaut que par la forme et donner une forme nouvelle à une vieille idée, c'est tout l'art et la seule
création possible à l'humanité [4]. » Et l'on trouverait sans peine bien d'autres déclarations analogues. Mais qu'est-il besoin de déclarations ?
Est-il un seul de ses lecteurs qui n'ait senti, dans

[1] *Notice* sur Lesage, 1878.
[2] *Vie littéraire*, III, 373.
[3] *Temps*, 25 mai 1890.
[4] *Vie littéraire*, IV, 163.

tous ses ouvrages, le souci, le culte de la forme parfaite[1] ?

Cette forme parfaite, quelle sera-t-elle ? Ici encore, son goût n'est que l'expression de son tempérament. Puisque son imagination est modérée, délicate, plus gracieuse que puissante, les qualités qu'il apprécie sont, avant tout, la sobriété, la mesure, la clarté, la justesse, en un mot, toutes les qualités proprement classiques.

En effet, dès ses débuts et en plein Parnasse, c'est là qu'il se porte d'instinct. Ce sont les défauts opposés à ces qualités qui lui ont déplu chez Victor Hugo. C'est ce qui leur restait de ces qualités, au milieu même de leur improvisation et de leurs négligences, qui l'a charmé chez Lamartine et Musset. Et depuis il n'a cessé de vanter les mêmes mérites : « La mesure est tout l'art[2] », « La brièveté est tout l'art[3] ». Maupassant compte comme écrivain, pour « posséder les trois grandes qualités de l'esprit français : d'abord la clarté, puis encore la clarté, et enfin la clarté », pour « avoir l'esprit de mesure et d'ordre qui est celui de notre race »[4]. Feuillet compte comme écrivain, parce que ses romans ont « la forme

1 Noter par exemple *(Jeune France,* 1<sup>er</sup> février 1880) comment il s'excuse d'employer dans une étude paléontologique les mots « durs » de la langue savante.

2 *Vie littéraire,* II, 195.

3 *Temps,* 20 janvier 1889.

4 *Vie littéraire,* I, 55.

parfaite », que « l'idée s'y répand comme la vie dans un corps harmonieux », qu' « ils ont la proportion », qu' « ils ont la mesure » et que, par là ils sont humains[1]. Et ainsi de tous les autres auteurs qu'il admire. C'est pourquoi, de tous les genres littéraires, celui-là le séduit le plus, qui accepte ou requiert le plus naturellement la clarté et la mesure. Il a un goût très vif pour la « nouvelle » à la française, courte, élégante, facile, rapide[2]; et il en fait l'éloge à mainte reprise. « Que c'est un moyen délicat, discret et sûr, s'écrie-t-il, de plaire aux gens d'esprit dont la vie est occupée et qui savent le prix des heures ! La première politesse de l'écrivain n'est-ce pas d'être bref ? La nouvelle suffit à tout. On y peut renfermer beaucoup de sens en peu de mots. Une nouvelle bien faite est le régal des connaisseurs et le contentement des difficiles. C'est l'élixir et la quintessence, c'est l'onguent précieux[3]. » Ailleurs encore, il fait valoir que l'« arrangement » ne se sent pas dans la nouvelle et qu'ainsi elle donne l'impression parfaite de la réalité. L'essentiel y est dit et donne à penser ; mais l'esprit du lecteur est invité à compléter de lui-même ce

---

[1] *Vie littéraire*, II, 344. — Dans sa période parnassienne, il lui avait reproché d'avoir « couronné de roses le bonnet de coton » et confusément embrouillé le devoir et le plaisir *(Chasseur bibliographe*, février 1867).

[2] *Temps*, 5 août 1888 (*Vie littéraire*, II, 198).

[3] *Ib.*, 12 juillet 1891 (*Vie littéraire*, IV, 319-320).

que n'a point dit le narrateur dans sa brièveté suggestive. Enfin, par sa concision même, appropriée à la faiblesse humaine, la nouvelle peut être parfaite. Elle plaît sans laisser voir d'effort et sans en exiger [1]. *Daphnis et Chloé*, *La Princesse de Clèves*, *Candide*, *Manon Lescaut*, autant de contes, « épais chacun comme le petit doigt » et qu'on lit toujours. Ce sont, ou du moins ces trois derniers sont, les vrais chefs-d'œuvre de l'esprit français, « prompt et concis [2] » ; et ce sont les chefs-d'œuvre qui satisfont pleinement au goût de M. France.

Peut-être y a-t-il eu à cet égard un léger conflit entre son goût personnel et celui de l'école où il s'était enrégimenté d'abord. Le Parnasse aimait l'expression éclatante, colorée ou sculpturale, selon les cas, mais qui, valant toujours par elle-même, était, pour ainsi dire, ou semblait désireuse d'attirer l'attention. Lui, naturellement, il l'aimait le plus simple, le plus dépouillée possible et comme nue, — ainsi que le disait Cicéron des *Commentaires de César*. Il prit peu à peu conscience de cette opposition secrète et dès lors commença de s'affranchir. Sans cesser de réclamer des écrivains le travail réfléchi, il en vint à rendre au génie sa place égale à côté du talent [3].

---

[1] *Temps*, 27 mars 1892.

[2] *Vie littéraire*, II, 198.

[3] *Vie littéraire*, I, 99.

Sans renier l'importance de la forme, il demanda pourtant qu'elle se fît modeste et ne s'étalât point trop orgueilleusement. Son vœu serait qu'on en subît le charme sans y avoir songé : « Un bon arrangement ne se voit pas et on dirait la nature même [1] » ; « Il n'y a d'art véritable que celui qui se cache [2] » ; « Il n'y a de beau que ce qui est facile [3] » ; « Gardons-nous d'écrire trop bien, c'est la pire manière qu'il y ait d'écrire [4] ». Quand Halévy déclare : « La forme simple est la seule qui soit faite pour traverser paisiblement les siècles », M. France l'approuve et répète à son tour : « Le style simple est le meilleur style [5] ». Le style simple doit son « apparence heureuse », non pas « à ce qu'il est moins riche que les autres en éléments divers, mais bien à ce qu'ils forment un ensemble où toutes les parties sont si bien fondues qu'on ne les distingue plus... La simplicité belle et désirable... résulte uniquement du bon ordre et de l'économie souveraine des parties

---

[1] *Vie littéraire*, III, 373-374.

[2] *Ib.*, II, 211.

[3] *Ib.*, II, 208.

[4] *Ib.*, II, 213. Il raconte *(Temps*, 24 juillet 1892) que Cladel le méprisait pour admirer *Candide : Candide* « n'est pas écrit ». Mais c'était là justement le motif de son admiration. — Est-il nécessaire d'ajouter que M. France ne donnerait pas à cette formule le même sens que Cladel ? Lorsque Cladel dit : Il n'y a pas d'art là-dedans, puisqu'on ne le voit pas ; M. France dirait : C'est précisément parce qu'on ne le voit pas, que l'art y est exquis.

[5] *Temps*, 1er mai 1892.

du discours[1]. » Sa conception de l'art d'écrire se définit à merveille dans son jugement total sur Renan. « On ne trouvera jamais d'expression assez simple pour louer l'art de Renan, qui est la simplicité parfaite. Il se défiait de l'éloquence et avait la rhétorique en aversion. Son discours fluide est moins dans la manière des Latins que dans celle des Grecs, qui est de beaucoup plus fine et ne se laisse guère imiter. Comme les Grecs, il évita toujours l'emphase et la déclamation. Il a mis de l'art dans tous ses livres, puisque dans tous il a mis de l'ordre et qu'il a toujours approprié la manière d'écrire au sujet et toujours subordonné le détail à l'ensemble. Mais, où son art se montre avec le plus de charme, facile à tous et précieux aux connaisseurs, c'est dans ces *Souvenirs d'enfance,* qui brillent en son œuvre comme la fleur d'or sur les rochers de sa Bretagne. De tous ses livres c'est le plus aimable, puisque c'est celui où il a mis le plus de lui-même[2]. »

Ainsi M. France, à une date où sa doctrine, à coup sûr, est définitivement constituée, — nous sommes en 1903, — a singulièrement atténué la rigueur des théories chères au Parnasse. Il reconnaît, par exemple, que la personne de l'auteur peut heureusement apparaître dans son

[1] *Jardin d'Epicure,* 104-108.
[2] *Vers les temps meilleurs,* II, 48. Sur le goût grec, cf. *Vie* I, 289, II, 137.

œuvre : nous voici loin de l'impersonnalité cherchée et de l'impassibilité voulue[1]. Il ne dit plus que la forme est une résultante nécessaire du fond, mais bien qu'elle doit lui être « appropriée » : le sujet, l'idée, reprennent dès lors une importance qu'ils avaient perdue. Et surtout il se sépare de ses anciens compagnons en ce qu'il réclame une forme « simple », « fluide », « fine ». Sa nature foncière a fini par triompher de toutes les influences et de toutes les modes. Il se montre ce qu'il est, un attique. Car un attique, — il l'avait expliqué dès 1879, — ce n'est pas celui qui « fait du grec » et de l'anthologie, qui écrit des « tirades sur les Atrides »[2]. C'est celui qui, ressuscitant en lui « la plus belle des choses humaines», le génie attique[3], ne « hausse pas le ton mal à propos et sait garder la mesure ». C'est celui dont le vers, — ajoutons-y la prose, — « tout français, juste de sentiment et de doctrine, naturel d'allure » a « pour les vrais doctes un parfum antique ». C'est celui enfin qui présente « la familiarité noble, la grâce décente, la beauté facile »[4]. Qui niera qu'à ce signalement on le puisse reconnaître ?

Les attiques sont des délicats ; et les délicats

---

[1] Cf. *Vie littéraire,* III, 361.

[2] *Notice* sur Sainte-Beuve, xxv.

[3] *Vie littéraire,* II, 137. Cf. 109 : « Cette chose incomparable : le divin naturel. »

[4] *Notice* sur Sainte-Beuve, xxv.

sont difficiles pour ce qu'écrivent les autres comme pour ce qu'ils écrivent eux-mêmes. Ils n'aiment que l'exquis[1]. Ils sont sensibles aux moindres défauts. Aisément dédaigneux, comme le rat du bon Horace, ils sont exposés à paraître

[1] Il faut faire pourtant une réserve. Le goût de M. France, si fin en général, n'est pas toujours sûr. Quand M. France se travaille pour être délicat ou ingénieux, il lui arrive (ou au moins il lui est arrivé quand il était jeune) de dépasser le but. Je n'aime pas beaucoup les exagérations ironiques de l'étude sur Vigny : .... « le poète, monstre hideux. L'idée qu'un poète était entré dans sa famille le révoltait (le beau-père de Vigny) jusqu'à lui tourner le sang. Ses rêves les plus horribles lui faisaient voir un tel homme assis à son foyer » (55). Je n'aime pas beaucoup non plus le ton fringant et supérieur, les railleries usées de la *Notice* sur l'abbé Prévost (en 1878). Et dans la *Notice* sur Chateaubriand( en 1879), je n'estime extrêmement ni l'allure affectée et prétentieuse, ni des formules comme : « cette jeune fille avait les genoux frileux d'une amoureuse » (il s'agit de Lucile). — En revanche, quand M. France ne se surveille pas assez, il tombe parfois dans la vulgarité. Cela paraît dans ses œuvres de jeunesse : « Le rêve de Baudelaire était de traverser le monde en voyant tous les peuples de l'Univers se culbutant à son approche dans les contorsions de l'épouvante et des armées de 500.000 hommes tombant à son approche sur leurs milliers d'aloyaux. » *(Globe,* 24 juillet 1879). Et cela a reparu plus tard (à partir de 1893 environ). Les farces du « Joyeux Buffalmaco » ne méritaient vraiment pas qu'il leur fit place dans le *Puits de Sainte-Claire.* L'ironie dans l'*Ile des Pingouins* est parfois bien grosse et bien lourde. L'*assemblée au paradis* est d'un atticisme discutable et il est indiscutable que le « species inductilis » (114) est une plaisanterie médiocre. De même dans les *Sept femmes de Barbe-Bleue,* dans *Sur la pierre blanche,* dans *les Dieux ont soif,* il y a des brutalités ou des grossièretés de langage, des plaisanteries faciles qui, pour être voulues, n'en sont pas plus heureuses.

parfois, — et même à être, — un peu étroits.
Ainsi M. France, en menant la guerre que l'on
sait contre les grossièretés du naturalisme[1],
contre les obscurités prétentieuses[2], la langue
inouïe[3], la « névrose et la folie[4] » des symbo-
listes et des décadents, méconnut sans doute ce
qu'il y avait de puissance réelle dans l'œuvre
d'un Zola, et les aspirations légitimes auxquelles
les tentatives discutables des « jeunes » visaient
à donner satisfaction. Logique en cela avec lui-
même, il se mettait pourtant en contradiction
avec une autre de ses tendances innées : le désir,
le besoin de comprendre et de sentir toutes les
formes du beau. Si des divisions et des opposi-
tions de ce genre n'étaient un peu factices, je
dirais qu'il y avait désaccord entre le goût de
son imagination, — délicate, attachée à ses souvenirs et à la tradition, et le goût de son intelli-

[1] Articles sur *la Terre*, le *Rêve*, etc. Cf. *Vie littéraire*, II, 195,
et voir *Temps*, 4 novembre 1888 : que le naturalisme, comme le
décadentisme, est une maladie mentale.

[2] *Temps*, 26 septembre 1886 ; *Vie littéraire*, I, 299 ; II, 192-196,
208-214 ; III, 143,189 ; IV, 89, etc.

[3] *Temps*, 28 octobre 1888 ; *Vie littéraire*, III, 143, etc.

[4] *Vie littéraire*, II, v-viii ; III, 189 ; *Univers illustré* 29 novembre 1890 ; cf. *Temps*, 28 octobre 1888, l'article sur la langue
décadente : « J'ai peine à sourire jusqu'au bout. Ce n'est pas
là seulement un jeu. C'est une démence et une maladie contagieuse ... Le langage décadent n'est que le commencement de
l'aphasie qu'amène la paralysie générale. »

gence, — agile et curieuse. En tout cas, il y
avait, sans aucun doute, dans cet atticisme même,
quelque chose d'incompatible avec l'ouverture
et la souplesse infinie de son esprit. Consciem-
ment ou inconsciemment, — je ne sais, — il a
donc cherché une conciliation. Sans renier ses
principes essentiels (il ne le peut pas, puisqu'ils
se confondent avec son tempérament même), il
a tenté d'élargir le plus possible la doctrine qui
s'en tire.

Il ne manquait point pour cela de bonnes raisons. — Son scepticisme en est une. Il est d'une
bonne « hygiène intellectuelle », c'est « un bon
exercice pour l'esprit », que d'admirer des talents
opposés. « Il me semble, dit-il, qu'on a moins de
chances de se tromper tout à fait dans son admiration, quand on admire des choses très diverses[1]. » — Son sens historique en est une autre :
« Il y a une œuvre dont je sais infiniment de gré
à nos contemporains. C'est d'avoir déployé cette
intelligence heureuse qui pardonne et réconcilie.
Ils ont terminé les querelles littéraires que le
romantisme avait furieusement allumées. Grâce
à nos maîtres, Sainte-Beuve et Taine, grâce à
nous aussi, il est permis aujourd'hui d'admirer
toutes les formes du beau[2]. » Son darwinisme
enfin en est une troisième. Dès 1874, en célé-

---

[1] *Vie littéraire*, I, 99-100.
[2] *Ib.*, II, 205.

brant Racine, il avait hésité à déclarer ses «images » «immortelles »; car « quelques réflexions et les enseignements scientifiques de notre siècle nous ont appris que l'homme ne construit rien pour l'éternité » [1]. A plus forte raison pouvait-il écrire au quatrième volume de sa *Vie littéraire* : « Si l'on vit, il faut consentir à voir tout changer autour de soi... L'incessante métamorphose de tout ne surprend ni n'effraye. Elle est naturelle. Les formes d'art changent comme les formes de la vie [2]. » — Et, son évolution ainsi justifiée, il a donc évolué.

Ce fidèle de la tradition française, cet admirateur de nos classiques du xvii° et du xviii° siècle, finit par admettre comme légitimes les influences exotiques, par reconnaître comme fondées les « suggestions puissantes » qu'exercent sur la génération des jeunes la musique de Wagner, la poésie anglaise et le roman russe. « Ne nous plaignons pas trop de ces importations ; les littératures comme les nations vivent d'échanges [3].»

Lui qui aimait avant tout les œuvres d'art aux contours nets et tranchés, donnant par le fini de leur forme l'impression d'un tout achevé, mûre-

---

[1] *Notice.*

[2] *Vie littéraire,* IV, 148. Cf. *Temps,* 2 septembre 1888 ; 27 octobre 1889 ; 30 août 1891 ; 6 novembre 1892, etc.

[3] *Vie littéraire,* III, 276.

ment conduit à son point de perfection, le voici devenu sensible à « tous les bonheurs de l'inachevé et de l'involontaire »[1]. Il s'était plu à la sobriété grêle et même un peu sèche de l'*Anthologie grecque*. Il continue de s'y plaire. Mais, en lisant des vers de Mallarmé, il dira : « J'aime infiniment... ce qui n'est pas fini, et je crois qu'il n'y a au monde que des fragments ou des débris pour donner aux délicats l'idée de la perfection[2]. »

La clarté lui paraissait le mérite essentiel de tout ouvrage littéraire et de ceux même qui s'adressent à la seule imagination[3]. Maintenant, il reconnaît que « des choses qui n'ont point de sens sont pourtant charmantes », pour vouloir « exprimer l'inexprimable, dire l'ineffable, ce qui est précisément l'idéal de la poésie symbolique[4] ». Il lit l'*Hérodiade* de Mallarmé, et il confesse ; « J'y goûte même ce que je n'y comprends pas. Hélas ! faut-il tout comprendre, après tout, pour aimer ? Le mystère, au contraire, ne conspire-t-il

[1] *Lys rouge*, 299.

[2] *Temps*, 15 janvier 1893.

[3] Il a bien écrit dès 1889 (*Le Faust de Gœthe : Revue bleue*, 3 août) : « Toute la poésie consiste dans le vague. » Mais le contexte restreint le sens de cette formule. Il y explique qu'il ne faut pas trop particulariser, qu'il faut simplifier pour généraliser et aboutir ainsi à un type ou à une doctrine qui en renferme mille autres.

[4] *Vie littéraire*, IV, 88-89.

pas parfois avec la poésie ? Jadis, je demandais aux vers un sens précis. Je ne les goûtais pas seulement par le sentiment. C'est une de mes erreurs. J'ai pensé depuis qu'il était bien inutile de demander à la raison son consentement avant de se plaire aux choses [1]. »

Le parnassien et le classique qui s'unissent en lui sont assurément « troublés dans leurs habitudes » par la prosodie et la versification nouvelles, par la langue « insolite et parfois insolente » qu'affecte la jeune génération. Je ne crois pas qu'il soit vraiment arrivé ici à se déprendre de son éducation première. Il l'avoue à demi : « On ne serait point artiste, si l'on n'aimait point par-dessus tout et d'un amour jaloux les formes dans lesquelles on a soi-même enfermé le beau. On en devine, on en pressent de nouvelles ; mais celles-ci, dès qu'elles se montrent, sont importunes et font dire : J'ai assez vécu ! » Toutefois il se défend contre ces préventions si fortes : « Hélas ! la critique ne doit pas céder aux charmes du regret ; il lui faut suivre l'art dans toutes ses évolutions et craindre de prendre pour incorrection et barbarie ce qui est recherche nouvelle et nouvelle délicatesse [2]. »

---

[1] *Temps*, 15 janvier 1893. — Noter que, malgré tout, l'obscurité le choque aisément ou le fait sourire (*Histoire comique*, 305).

[2] *Vie littéraire*, IV, 152. Cf. *Mannequin d'osier*, 24 et 83 ; M. Bergeret ne *sent* pas le rythme des vers libres.

Enfin, — et cela peut-être est plus significatif encore, car ici ne sont plus seulement en jeu des tendances esthétiques ou des préventions d'artiste : c'est sa délicatesse d'homme contre laquelle il lui faut lutter, — M. France est parvenu à s'accoutumer aux brutalités mêmes du naturalisme. Aux discours enthousiastes qu'il a prononcés, le jour des obsèques d'Emile Zola[1] ou à la séance commémorative du huitième anniversaire de « J'accuse »[2], on a malicieusement opposé l'article violent qu'il avait consacré à *la Terre*[3], l'article railleur où il avait ridiculisé « la pureté de M. Zola » dans *le Rêve*[4], ou l'article ironique sur *la Bête humaine*, dans lequel il s'était amusé à prouver finalement que « Zola était un grand idéaliste[5] ». C'était tentant, en effet. Et pour peu qu'on s'en fût donné la peine, on eût trouvé bien des reproches et bien des malices à y ajouter encore[6]. De là à conclure qu'il n'est devenu indulgent au père de *Nana* que pour des raisons étrangères à la littérature et en considération de

---

[1] *Vers les temps meilleurs*, II, 7.

[2] *Ib.*, III, 56.

[3] *Vie littéraire*, I, 225.

[4] *Ib.*, II, 284.

[5] *Ib.*, III, 319.

[6] *Globe*, 22 octobre 1879 ; *Lettres et Arts*, 1ᵉʳ mai 1886 ; *Jean Servien*, VII ; *Livre de mon ami*, 204 ; *Etui de nacre*, 169 ; *Temps*, 26 septembre 1886 ; 4 novembre 1888 ; *Vie littéraire*, I, 75, 343 ; II, 195, 305, etc.

son rôle dans l'Affaire, il n'y avait qu'un pas ;
— et ce pas fut vite franchi. Mais c'est une erreur.
« Si j'ai combattu d'abord, avec moins de mesure
que de sincérité, quelques rudes manifestations
de son génie, disait M. France en 1904, j'avais
reconnu en plus d'un article la force et la bonté
de sa création littéraire, bien avant les jours de
combat où je me rangeai de son parti[1] ». C'est
l'expression de la stricte vérité. Dès le 15 mars
1890, dans la *Revue illustrée,* il reconnaissait que
la *Bête humaine* n'était pas sans présenter quelque grandeur dans l'action, quelque force dans
les caractères. Le 20 avril 1890, parlant d'Octave
Feuillet, il proclamait la fin de la Terreur naturaliste. Mais ce lui était une occasion de rendre
justice à son ancien adversaire. Le naturalisme
avait « accompli de grandes choses ». Son règne
avait laissé « des monuments énormes », des
œuvres « indestructibles ». Il fallait être un
« émigré de lettres » pour « nier la beauté d'un
roman épique tel que *Germinal* ». « Le devoir
des vainqueurs était de respecter, de protéger, de
défendre le patrimoine des vaincus. » Ils devaient
se faire « un honneur de mettre les *chefs-d'œuvre*
de l'école de M. Zola à l'abri de l'injure », car
« dans la ruine de ses doctrines, son œuvre res-

1 *Vers les temps meilleurs,* II, 64.

tait en partie debout »[1]. Le 22 mars 1891, il parlait de son roman *l'Argent*. Sans doute, il faisait
encore des réserves, et de très graves. Mais enfin,
il lavait le romancier du reproche le plus infa-
mant qui lui avait été lancé : celui d'immoralité systématique et intéressée. Il reconnaissait la
grandeur de l'effort fourni par ce vigoureux
ouvrier. Il notait, avec quelque sympathie, son
« optimisme physiologique » et son espèce de
« naturalisme religieux ». S'il jugeait l'ouvrage
lourd, il le jugeait aussi « solide et vivant ». Et,
rappelant ses articles sur la *Terre* et sur le *Rêve*,
il avouait : « Je regrette un peu mes colères [2]. »
Le 26 juin ét le 3 juillet 1892, c'était un éloge
très vif et sans restriction de la *Débâcle,* roman
original, puissant, d'une large humanité, où les
récits de batailles restent dans la vérité et dans le
ton juste [3]. Le 6 novembre de la même année, il
proclame qu'il serait fâcheux que Zola n'eût pas
écrit « sa brutale épopée pleine de grands
tableaux ». Et aux premières pages du *Mannequin d'osier* [4], le succès européen des romans de
Zola est un des arguments qu'il invoque, pour
attester que la France a conservé sa légitime

<hr>

[1] *Temps (Vie littéraire,* III, 370-372).
[2] *Temps,* non recueilli.
[3] *Id.*
[4] 26. Cf. *Orme du mail,* 207, où M. Bergeret défend *la Terre.*

influence et son légitime prestige. Qu'est-ce à
dire ? sinon que, passant de l'indignation et du
mépris à l'indulgence, de l'indulgence à la sympathie, de la sympathie à l'admiration, M. France
n'a point cédé à des considérations de parti.
Son goût, un peu étroit d'abord, s'est progres-
sivement élargi jusqu'à comprendre et sentir des
formes du beau qui l'avaient déconcerté au premier moment. Et son dilettantisme s'est complu
à ce qu'aucune des conceptions différentes de
l'art ne lui demeurât étrangère.

Ce n'est pas seulement comme critique, c'est
comme artiste, poète ou prosateur, que M. France
révèle l'étonnante souplesse de son esprit et de
son talent. « Et le style ! s'écriait M. Lemaître à
propos du *Lys rouge*[1]. C'est un composé plus
précieux que le métal de Corinthe. Il s'y trouve
du Racine, du Voltaire, du Flaubert, du Renan, et
c'est toujours de l'Anatole France ! » S'il s'était
agi non plus d'un seul roman, mais de l'œuvre
totale, M. Lemaître aurait pu sans effort allonger
la liste des modèles suivis, — et égalés. On pourrait presque dire qu'à lire dans leur ordre chronologique les ouvrages de M. France, on reconnaît, à la « manière » seule, les diverses influences, — successives ou simultanées,— qu'il a subies.

---

[1] *Contemporains,* VI.

Ses vers rappellent les vers de ses maîtres et de ses contemporains :

Devant Djioun la blanche aux parfums de jacinthe,
Les fils au front cuivré des mangeurs de lézards,
A qui le Chamelier enseigna la loi sainte,
Avaient dressé leur camp et leurs bleus étendards [1].

N'est-ce point du Leconte de Lisle ?

Tout dans l'immuable nature
Est miracle aux petits enfants ;
Ils naissent, et leur âme obscure
Eclôt dans les enchantements [2].

N'est-ce point du Sully-Prudhomme ?

Une fois seulement elle m'est apparue
Sous un doux ciel d'avril, dans une calme nue,
Or l'odeur des lilas descendait des vieux murs.
Le jour, en la touchant, prenait des tons si purs
Qu'il semblait émaner de sa propre personne.
Sur un cheval anglais, pâle et svelte amazone, etc. [3]

N'est-ce point du Coppée des *Intimités* ? Et dans ces mêmes poèmes, on trouverait aussi du Vic-

---

[1] *Poèmes*, 71. — Voir le paysage de l'*Orme du mail*, 210. C'est le *Midi* de Leconte de Lisle transposé en prose et localisé dans une ville de province française.

[2] *Ib.*, 59.

[3] *Ib.*, 87.

tor Hugo, du Sainte-Beuve, du Gautier, que sais-je encore ?

Un peu plus tard, — dans *Jocaste* et dans le *Chat maigre,* — voulant écrire des « chroniques» de la vie contemporaine, M. France s'est mis à l'école des romanciers en vogue. La description de la vieille maison de la Buttes-des-Moulins ne déparerait pas un roman de Balzac : « Elle était bien noircie et souillée quand on la marqua pour la pioche...[1] » ; et la page qui suit, où l'écrivain nous fait si bien sentir la déchéance du vieil hôtel Louis XV, déshonoré par ses aménagements industriels et par la vulgarité de ses derniers habitants. — La promenade au Bois : « Elle regardait d'un œil frileux les arbres, les réverbères, etc. » est traitée selon tous les procédés de l'école naturaliste : minutie des détails, énumération menée dans un désordre voulu, contrastes soigneusement ménagés pour conclure : « Des saluts s'échangeaient d'une voiture à l'autre, et des cavaliers s'approchaient, en souriant, des femmes épanouies sous le fond sombre des capotes abaissées. Une noce d'ouvriers défilait, à pied, par couples, dans la sombre allée [2]. » — Ailleurs, ce sont les tableaux et les « effets » familiers à ceux que Brunetière a appelés les petits naturalistes : la foire normande avec la confu-

[1] *Jocaste,* 15.
[2] *Ib.,* 79.

sion des « faces rougeaudes », les femmes « roi-
des dans leurs jupes plates » veillant âprement
près de leur charrette, tandis que les hommes
« en blouse bleue à plis bouffants » boivent du
cidre « dans le cabaret plein de mouches » [1] ; la
scène parisienne du cocher de fiacre cherchant
avec lenteur dans ses multiples poches une mon-
naie qu'il ne trouve point, tandis que le voyageur
s'impatiente et peste [2] ; la rue vue d'en haut par
la fenêtre, les chevaux « minces d'encolure, longs
de corps et gros de croupe », « les balancements
gracieux ou les dandinements comiques » des
femmes [3], etc. — Enfin, le jeune romancier s'efforçait de transposer en notre langue les couleurs
et l'humour de son cher Dickens. « Une lueur de
jour entra dans la chambre ; c'était le reflet dé-
goûtant d'une lumière plusieurs fois souillée
avant d'arriver jusque-là. La chambre n'avait de
vue que sur le mur de soutènement de la maison voisine qui dominait de ses cinq étages de
plâtre tous les toits du voisinage. Ce mur de
moellon, bombé, lézardé, crevé, suintant, verdâ-
tre..., s'élevait de cinq ou six mètres au-dessus
de la chambre... et la revêtait d'une ombre éternelle [4] » : ne dirait-on pas une description d'une

---

[1] *Jocaste,* 278.

[2] *Ib.,* 283.

[3] *Ib.,* 212. Cf. Brunetière. *Le roman naturaliste.* passim et surtout 327-328.

[4] *Ib.,* 167.

maison londonnienne, tirée de la *Petite Dorrit* ou de *Martin Chuzzlewit* ? Et la mésaventure que voici de M. Godet-Laterrasse n'est-elle pas racontée avec la même humour que celles de M. Pickwick : « Un tourbillon de neige voulut déraciner le mulâtre ; un souffle traître prit son parapluie en dessous et le retourna complètement. M. Godet-Laterrasse rétablit la concavité première de cet appareil domestique ; mais le taffetas, rompu de toutes parts, flotta, comme un drapeau noir, sur l'armature démantelée[1] ».

Auteur des *Poèmes dorés* et des *Noces corinthiennes*, M. France avait donc tendu à l'imitation des artistes du Parnasse ; auteur de *Jocaste* et du *Chat maigre*, à l'imitation des naturalistes. Puis vint une période où parurent dominer les influences des classiques proprement dits : les anciens, Homère, l'*Anthologie*, Virgile, et nos poètes du XVII° siècle, surtout Racine et La Fon-

---

[1] *Jocaste*, 173. C'est aussi du Dickens, me semble-t-il, que la remarque de la page 6 sur le « crâne magnifique » des garçons de café, etc. J'en retrouve encore dans l'*Œuf rouge*, écrit en 1887 : « ...un petit homme chauve, qui glissait dans les allées comme un fantôme. Il était si mince et si léger qu'on pouvait craindre que le vent l'emportât. Son allure timide, son long cou décharné qu'il tendait en avant, sa tête grosse comme le poing, ses regards de côté, ses pas sautillants, ses bras courts soulevés comme des ailerons, lui donnaient, autant que possible et plus que de raison, l'aspect d'une volaille plumée » *Balthazar*, 134).

taine, et le plus classique des contemporains,
Renan. Avec *Balthazar* et surtout Thaïs, s'y ajoutent celles de Chateaubriand et de Flaubert.
Dans la *Rôtisserie* et dans les *Opinions de Jérôme Coignard* éclatent celles du XVIIIe siècle. Enfin, à partir de l'*Histoire contemporaine,* ce Zola
si longtemps combattu, s'ajoute à la collection.

Ce qui saute aux yeux d'abord, c'est que toutes
ces imitations sont parfaites. Avec une souplesse
admirable, M. France a su reproduire le ton, les
allures, les procédés de tous ses modèles. C'est
à s'y tromper. Le *Chanteur de Kymé* ne semble-
t-il pas un chant retrouvé d'un Homéride célé-
brant le grand ancêtre ? Ne croirait-on pas lire
quelques vers inconnus, non pas peut-être d'un
attique, mais d'un Alexandrin atticisant, d'un
Théocrite, quand, « soulevant la toile de la tente,
se montre la vierge Polyxène ? Un frémissement
unanime agita les spectateurs. Ils avaient reconnu Thaïs. Paphnuce la revit, celle-là qu'il venait
chercher. De son bras blanc, elle retenait au-dessus de sa tête une lourde tenture. Immobile,
semblable à une belle statue, mais promenant
autour d'elle le paisible regard de ses yeux de
violette, douce et fière, elle donnait à tous le
frisson tragique de la beauté » [1]. C'est du Virgile,
— ou du Théocrite, ou peut-être plutôt du Ché-

---

[1] *Thaïs,* 80.

nier — que l'enlèvement de Georges par les ondines : « Georges vit bien que ces lueurs qui éclai-
raient les eaux n'étaient pas toutes le reflet brisé
de la lune, car il remarqua des flammes bleues
qui s'avançaient en  tournoyant... Il reconnut
bientôt que ces flammes tremblaient sur des
fronts blancs, sur des fronts de femmes. En peu
de temps, de belles têtes couronnées d'algues
et de pétoncles, des épaules sur lesquelles se ré-
pandaient des chevelures vertes, des poitrines
brillantes de perles et d'où glissaient des voiles,
s'élevèrent au-dessus des vagues. L'enfant reconnut les ondines et voulut fuir. Mais déjà des
bras pâles et froids l'avaient saisi et il était
emporté, malgré ses efforts et ses cris, à travers
les eaux, dans des galeries de cristal et de por-
phyre[1]. » Ainsi firent les nymphes des eaux
quand elles entraînèrent Hylas ; ainsi Aristée
put admirer les palais sous-marins.

Veut-on du Bossuet, de ces grands tableaux
simples et sobres, comme en présente le *Discours sur l'Histoire universelle*, et qui résument
à grands traits toute une période du passé ?
Qu'on lise dans *Vers les temps meilleurs* cette
page admirable, où M. France analyse les *Origines du Christianisme :* « Ce livre nous découvre dans l'humanité même du christianisme la
cause de son triomphe. Rome étend sa puissance

---

[1] *Balthazar*, 219-193.

bienfaisante sur tout le monde connu. Plus grande dans la paix que dans la guerre elle administre les provinces avec une souveraine sagesse... » et tout ce qui suit, l'énumération de ses bienfaits, puis celle de ses tares, de ses dédains injustes et la revanche enfin de ceux qu'elle a méprisés : « Ils sont la lie de l'humanité, le rebut des peuples, ces juifs du Janicule. Dans leur abjection et leur dénuement, ils n'ont que leurs rêves. Ce sont leurs rêves qui changeront le monde. De l'infâme Suburre, des ergastules, des carrières, des prisons, va sortir l'Église que Constantin fera asseoir dans la pourpre, qui arrachera de la Curie la statue de la Victoire et qui, debout sur les ruines de Rome, disputera l'empire aux Césars germains et se fera baiser les pieds par les rois et les empereurs[1]. »

Du Voltaire ? On en trouvera, comme on sait, en mainte page de la *Rôtisserie* ou dans de nombreux passages ironiques et prestes de l'*Histoire contemporaine*. — Du Chateaubriand ou du Flaubert ? Qui en veut, — et du meilleur, — n'a qu'à ouvrir *Thaïs,* ou à relire, dans *Sur la pierre blanche,* ces deux descriptions exquises : la vue de Corinthe, le matin, à l'heure où, « dans le ciel rose, le soleil se lève, humide et candide[2] » ; la peinture de la petite enceinte d'arbus-

---

1 *Vers les temps meilleurs,* II, 40-42.
2 33-34.

tes verts, asile paisible des amicales causeries, où, parmi les ombres des lauriers et des myrtes, brillent les belles statues, tandis que, dans les feuilles, au-dessus du bassin limpide, se plaint doucement la colombe [1]. — Du Renan ? En voici qui ne déparerait pas la *Prière sur l'Acropole :* « La source qui descendait le coteau feuillu où le pieux Valéry s'arrêta était une de ces sources sacrées auxquelles les hommes faisaient des offrandes... Du temps de saint Valéry, c'était une nymphe. Nulle main n'avait osé la retenir, elle fuyait sous les saules. Semblable à ces ruisseaux qu'on voit encore en grand nombre dans les vallées du pays, elle formait de distance en distance de petits lacs, *où sommeillait, sur un lit flottant de feuilles sèches, la pâle fleur du nénuphar* [2]. »

Mais j'aime mieux insister sur d'autres imitations dont la « réussite » est plus significative encore. Les sujets vulgaires ont toujours déplu au goût délicat de M. France ; les procédés de l'art naturaliste lui ont longtemps été antipathiques et il les a bien des fois critiqués. Eh bien ! quand il l'a voulu, nul n'a mieux traité ces sujets, nul n'a mieux manié ces procédés. Voici du Coppée :

Le fiacre... franchit la porte Maillot, entre les grilles

---

1 41-42.

2 *Pierre Nozière,* 210.

couronnées civiquement de fers de piques, près desquelles sommeillaient au soleil les gabelous poudreux et les
boutiquières hâlées. Laissant à sa droite l'avenue de la
Révolte, dont les cabarets bas, barbouillés de rouge,
moisis, et les maigres tonnelles, regardent la chapelle
Saint-Ferdinand, agenouillée, seule et petite, au bord
du morne fossé militaire plein d'herbe écorchée et
malade, il s'engagea dans la rue de Chartres, triste sous
son éternelle poussière de pierre qu'on taille [1]...

Il ne semble pas que l'auteur de *Toute une
jeunesse* ait jamais mieux dépeint la mélancolie
chlorotique des quartiers populaires. — Voici du
Maupassant :

Quand la femme à Robertet, la grande Léocadie, paya
une paire de bretelles à son valet pour l'amener à faire
ce qu'elle voulait qu'il fit, elle ne fut si fine que Robertet ne s'avisa du manège. Il surprit les galants au bon
moment et corrigea sa femme à coups de chambrière,
si rudement qu'elle perdit à jamais l'envie de recom-
mencer. Et, depuis lors, Léocadie est une des meilleu-
res femmes de la contrée : son mari n'a pas *ça* à lui
reprocher. C'est aussi qu'il faut marcher droit avec
M. Robertet, qui a de la conduite et sait mener les bêtes
et les gens [2].

— Et voici le monstre lui-même, voici l'auteur
de la *Terre,* imité avec une vérité étonnante :

Il s'arrêta devant la boutique du boucher Lafolie. Elle

---

[1] *Mannequin d'osier,* 257.

[2] *Mannequin d'osier,* 306. Cf. la page 301 de l'*Orme du mail :*
on la dirait tirée d'un des contes gaulois de Maupassant.

était grillée comme une cage de lions. Au fond, contre la planche à débiter la viande, le boucher, sous des quartiers de mouton pendus à des crocs, sommeillait. Il avait commencé de travailler au petit jour et la fatigue amollissait ses membres vigoureux. Les bras nus et croisés, son fusil encore pendant à son côté, les jambes écartées sous le tablier blanc taché de sang rose, il balançait lentement la tête. Sa face rouge étincelait et les veines de son cou se gonflaient sous le col rabattu de sa chemise rose. Il respirait la force tranquille... Le boucher Lafolie sommeillait. Près de lui sommeillait son fils, grand et fort comme lui, et les joues ardentes. Le garçon de boucherie dormait, la tête dans ses mains sur le marbre de l'étal, ses cheveux répandus parmi les viandes découpées. Dans une cage de verre, à l'entrée de la boutique, se tenait, droite, les yeux lourds, gagnée aussi par le sommeil, Mᵐᵉ Lafolie, grasse, la poitrine énorme, la chair tout imbibée du sang des animaux. Cette famille avait un air de force brutale et souveraine, un aspect de royauté barbare [1].

Vraiment les Quenu-Gradelle, dans leur genre, ne sont pas plus beaux [2] ; et n'importe quel lecteur jurerait sans doute que cette page est authentiquement extraite d'un des volumes où s'étale l'épopée des Rougon-Macquard.

Ce qui frappe encore un lecteur attentif, c'est

[1] *Mannequin d'osier,* 156-157.

[2] Pour être exact, il faut ajouter que la puissance lourde de Zola y est un peu affaiblie. Je ne sais quelle mollesse se mêle à la matérialité du tableau. On dirait un Téniers traduit par quelque graveur habitué à reproduire en estampes les œuvres de Greuze ou de Fragonard.

la manière dont ces imitations se succèdent et s'additionnent. Elles se succèdent, introduites pour ainsi dire par les sujets mêmes. Dans le *Crime de Sylvestre Bonnard,* dans le *Livre de mon ami,* dans *Pierre Nozière* (qui est en réalité de la même époque et de la même veine), on trouverait assurément, en cherchant bien, mais il faudrait chercher, les influences de Chateaubriand et de Flaubert, des conteurs du xviii° siècle, de Voltaire ou Diderot, de Zola enfin et des naturalistes de son groupe. Avec la reconstitution du monde antique, voici venir l'auteur des *Martyrs* et l'auteur de *Salammbô ;* avec la peinture du siècle philosophe et libertin, voici venir l'auteur de *Candide ;* avec les tableaux pessimistes de la vie contemporaine, voici venir à son tour l'auteur de la *Bête humaine*[1]. Il y a, peut-on dire, des sources pour ses styles comme il y en a pour ses sujets : il emprunte les uns comme les autres et avec eux[2]. Il s'y reprend à plusieurs fois pour arriver à l'expression parfaite, comme il s'y reprend pour combiner une intrigue ou construire

---

[1] Et les Goncourt. Cf. *Anneau d'améthyste,* 245 : « A tout moment aussi, *des registres petits et grands, divers, nombreux, passaient au bras des fourriers importants.* » C'est bien le procédé des deux frères.

[2] On trouvera une énumération à la Rabelais dans *Balthazar* (170) ; mais elle est exceptionnelle alors. Au contraire, elles abondent dans les *Sept femmes de Barbe-Bleue* : 70, 92, 102, 105, 107, 112, etc.

des caractères. Il a besoin de l'appui des artistes ses prédécesseurs pour trouver sa forme, comme il en a besoin pour trouver sa matière. Comme son imagination, son art est une patience.

Et ces imitations s'additionnent. Car M. France s'enrichit sans cesse et enrichit sa palette ; il ne perd jamais rien de ce qu'il a une fois aquis. De là vient la saveur si spéciale de son style. Dans un même ouvrage, dans un même chapitre de cet ouvrage, dans une même page parfois, on passe de la poésie candide et claire des poèmes homériques à la poésie incertaine et fluide des décadents, ou du Racine au Zola. Mais on passe de l'un à l'autre sans heurts, sans contrastes pénibles ou choquants, bien au contraire, avec des transitions et des dégradations habilement ménagées, avec le « fondu » le plus délicat. Lorsque, par exemple, les pensées et les émotions de la jeune Euphémie, souillon bornée et touchante, sont analysées dans le *Mannequin d'osier,* au vocabulaire de *Pot-Bouille* se mêlent insensiblement les expressions de l'*Anthologie grecque* [1], et pas un instant nous n'en sommes surpris. C'est à la réflexion seulement que nous nous en apercevons. Et même alors nous avons beau chercher le point de soudure : il n'y a pas de soudure. Les phrases se suivent et se déroulent semblables et diverses : on ne voit pas comment « c'est fait ».

---

[1] 296-310..

Cela seul suffirait à assurer à ce style une originalité véritable. M. France semble avoir voulu se juger lui-même, — et se défendre, s'il y a lieu, contre les critiques trop subtils, — quand il écrivait de Marcel Schwob : « Bien qu'il montre une aptitude naturelle et méthodique à calquer les formes d'art les plus diverses..., il est original, il a une manière composite qui lui est propre [1]. » Il semble encore avoir voulu justifier sa « manière », quand il explique qu'il n'y a pas de style simple, mais qu'il y a des styles « qui paraissent simples », parce que tous les éléments en sont si bien fondus qu'on ne les distingue plus l'un de l'autre. Ce style simple, c'est la lumière blanche, qui n'est blanche précisément que parce qu'elle est complexe et qu'elle rassemble en sa riche et candide unité toutes les couleurs du prisme [2]. — Tel est bien le sien. On a beau discerner tous les matériaux dont il est constitué, on ne les voit pas séparés, et l'on en arrive à la conclusion de M. Jules Lemaître : « et c'est toujours de l'Anatole France ».

Je crois pourtant qu'il y a encore dans ce style une originalité plus profonde et, si j'ose dire, plus originale encore. Il n'est pas seulement un mélange ou, — pour parler plus justement et comme le ferait un chimiste, — une

---

[1] *Vie littéraire*, IV, 321.
[2] *Jardin d'Épicure*, 104-107.

combinaison unique. A tous les emprunts si nombreux qu'ils soient s'ajoute, — et s'ajoute pour les dominer, — quelque chose d'individuel.

Je n'entends point parler ici de l'harmonie de la phrase. Elle est admirable, savante et simple : « A travers les mers transparentes, il regardait s'épanouir les anémones de mer et le corail fleurir, tandis qu'au-dessus des madrépores délicats et des étincelants coquillages, les poissons de pourpre, d'azur et d'or faisaient d'un coup de queue jaillir des étincelles [1]. »

Je ne parle pas non plus de l'art exquis avec lequel sont choisis et assemblés, pour leur beauté propre, pour leurs beaux sons et pour ce qu'ils suggèrent, les mots courants et les mots rares. Il est non moins admirable, non moins savant et non moins simple :

Le sentier descendait en pente douce jusqu'au bord du lac, qui apparut aux deux enfants dans sa languissante et silencieuse beauté. Des saules arrondissaient sur les bords leur feuillage tendre. Des roseaux balançaient leurs glaives souples et leurs délicats panaches : ils formaient des îles frissonnantes autour desquelles les nénuphars étalaient leurs grandes feuilles en cœur et leurs fleurs à chair blanche. Sur ces îles fleuries, les demoiselles, au corsage d'émeraude ou de saphir et aux

---

[1] *Balthazar*, 253. Cf. encore *Thaïs*, 156 : « Puis il se tut, laissant parler Dieu, et l'on n'entendait plus, dans la grotte des Nymphes, que les sanglots de Thaïs mêlés au chant des eaux vives ».

ailes de flamme, traçaient d'un vol strident des courbes brusquement brisées. Et les deux enfants trempaient avec délices leurs pieds brûlants dans le gravier humide où couraient la pesse touffue et la massette aux longs dards. L'acore leur jetait les parfums de son humble tige ; autour d'eux le plantain déroulait sa dentelle au bord des eaux dormantes, que l'épilope étoilait de ses fleurs violettes [1].

Cela est beau. Mais enfin on pourrait dire que c'est du Flaubert et du Balzac [2], amollis par du Renan. — Il y a mieux encore et plus personnel.

Qu'on lise, en effet, cette page du *Mannequin d'osier :*

Les ormes du mail rovêtaient à peine leurs membres sombres d'une verdure fine comme une poussière et pâle. Mais, sur le penchant du coteau, couronné de vieux murs, les arbres fleuris des vergers offraient leur tête ronde et blanche ou leur rose quenouille au jour clair et palpitant qui riait entre deux bourrasques. Et la rivière au loin, riche des pluies printanières, coulait, blanche et nue, frôlant de ses hanches pleines les lignes des grêles peupliers qui bordaient son lit, voluptueuse, invincible, féconde, éternelle, vraie déesse, comme au temps où les bateliers de la Gaule romaine lui offraient des pièces de cuivre et dressaient en son honneur, devant le temple de Vénus et d'Auguste, une stèle votive, où l'on voyait rudement sculptée une barque avec ses avirons. Partout, dans la vallée bien ouverte, la jeunesse timide et charmante de l'année frissonnait sur la terre antique. Et M. Bergeret cheminait seul, d'un pas inégal

---

[1] *Balthazar,* 189.
[2] Cf. le fameux bouquet du *Lys dans la Vallée.*

et lent, sous les ormes du mail. Il allait, l'âme vague, diverse, éparse, vieille comme la terre, jeune comme les fleurs des pommiers, vide de pensées et pleine d'images confuses, désolée et désirante, douce, innocente, lascive, triste, traînant sa fatigue et poursuivant des Illusions et des Espérances, dont il ignorait le nom, la forme, le visage [1].

Voilà une page qui rend un son unique, un son que tout lecteur amoureux de la langue française entend avec délices, qu'on n'a point entendu avant Anatole France et qu'on n'entendra plus sans doute, quand sa voix se sera tue. Et ce n'est point là une réussite accidentelle. Avec une maîtrise inégale, avec un inégal bonheur (naturellement), il a semé dans tous ses ouvrages, — depuis la date où il a pris pleine conscience de lui-même, depuis 1881 environ, — des passages du même genre et de la même séduction.

On commence à les trouver dans le *Crime de Sylvestre Bonnard* :

La nuit répandait sa paix sur la campagne silencieuse. La terre, chauffée tout le jour par un soleil pesant, par un « gras soleil », comme disent les moissonneurs du val de Vire, exhalait une odeur forte et chaude. Au ras du sol, des parfums d'herbe traînaient lourdement... Après un demi-siècle, les souvenirs remontent tout frais et clairs à la surface de mon âme sous ce ciel étoilé qui n'a pas changé... et dont les clartés immuables et sereines verront sans faillir bien d'autres écoliers, comme j'étais, devenir des savants catarrheux et chenus comme

1 *Mannequin d'osier.* 220-221.

je suis. Etoiles qui avez lui sur la tête légère ou pesante
de mes ancêtres oubliés, c'est à votre clarté que je sens
s'éveiller en moi un regret douloureux [1]...

Dans le *Livre de mon ami*, la perfection, déjà,
est atteinte :

La nuit était tranquille et chaude. Une ombre transpa-
rente baignait la fine chevelure de l'acacia, dont nous
voyions les fleurs tombées former des traînées blanches
dans notre cour. Le chien dormait, les pattes hors de sa
niche. La terre était trempée au loin d'un bleu céleste.
Nous nous taisions tous trois. Alors, dans le silence,
dans l'auguste silence de la nuit, Suzanne leva le bras [2]...

Au deuxième volume de la *Vie littéraire*, c'est
un dyptique. Ici l'été : « Ce matin, un gras soleil
boit la rosée des prés, dore les pampres sur les
coteaux et pénètre de ses flammes subtiles les
raisins déjà mûrs. L'air léger vibre à l'horizon... »
et ce qui suit, et ce tableau du battage en grange,
comparable au tableau des labours par lequel
s'ouvre la *Mare au Diable* [3]. Là c'est l'automne et
sa tristesse délicieuse :

La pluie froide et tranquille, qui tombe lentement du
ciel gris, frappe mes vitres à petits coups comme pour
m'appeler ; elle ne fait qu'un bruit léger et pourtant la

[1] *Crime de Sylvestre Bonnard*, 95-97. Cf. d'autres descriptions
du même ton, passim et notamment -93 : « Ces matins d'un gris
tendre, qui donnent aux choses une douceur infinie... »
[2] 219.
[3] 252-253.

chute de chaque goutte retentit tristement dans mon
cœur. Tandis qu'assis au foyer, les pieds sur les chenets,
je sèche à un feu de sarments la boue salubre du chemin et du sillon, la pluie monotone retient ma pensée
dans une rêverie mélancolique, et je songe. Il faut partir. L'automne secoue sur le bois ses voiles humides.
Cette nuit, les arbres sonores frémissaient aux premiers
battements de ses ailes dans le ciel agité, et voici qu'une
tristesse paisible est venue de l'occident avec la pluie
et la brume. Tout est muet. Les feuilles jaunies tombent
sans chanter dans les allées ; les bêtes résignées se taisent : on n'entend que la pluie ; et ce grand silence pèse
sur mes lèvres et sur ma pensée [1].

*Thaïs* nous entraîne en Orient ; mais si les
paysages sont bien autres, le talent de l'auteur
est le même :

Au matin, il vit des ibis immobiles sur une patte, au
bord de l'eau qui reflétait leur cou pâle et rose. Les
saules étendaient au loin sur la berge leur doux feuillage
gris ; des grues volaient en triangle dans le ciel clair
et l'on entendait parmi les roseaux le cri des hérons
invisibles. Le fleuve roulait à perte de vue ses larges eaux
vertes, où des voiles glissaient comme des ailes
d'oiseaux, où, çà et là, au bord, se mirait une maison
blanche, et sur lesquelles flottaient au loin des vapeurs
légères, tandis que des îles lourdes de palmes, de fleurs
et de fruits, laissaient s'échapper de leurs ombres des
nuées bruyantes de canards, d'oies, de flamants et de
sarcelles. A gauche, la grasse vallée étendait jusqu'au
désert ses champs et ses vergers qui frissonnaient dans
la joie, le soleil dorait les épis, et la fécondité de la terre
s'exhalait en poussières odorantes [2].

[1] 275-276.
[2] 44.

Avec la *Rôtisserie de la Reine Pédauque*, nous revenons en France ; et c'est un charme de voir quelle saveur nouvelle l'art donne à des tableaux qui nous sont pourtant familiers :

La nuit était profonde. La lune versait sur le fleuve ses clartés liquides qui y tremblaient avec le reflet des lanternes. Le vol des éphémères nous enveloppait de ses tourbillons légers. La voie aiguë des insectes s'élevait dans le silence de l'univers. Une telle douceur descendait du ciel qu'il semblait qu'il se mêlât du lait à la clarté des étoiles [1].

Il n'est pas jusqu'aux scènes les plus triviales, où paraissent les personnages les plus vils, qui ne revêtent, sous la plume du grand écrivain, je ne sais quelle beauté prenante :

A l'angle de la rue des Ecrivains, j'entendis une voix grasse et profonde qui chantait... Et je ne tardai pas à voir, du côté d'où venait cette voix, frère Ange qui, son bissac ballant sur l'épaule et tenant par la taille Catherine la dentellière, marchait dans l'ombre d'un pas chancelant et triomphal, faisant jaillir sous ses sandales l'eau du ruisseau en magnifiques gerbes de boue, qui semblaient célébrer sa gloire crapuleuse, comme les bassins de Versailles font jouer leurs machines en l'honneur des rois... La tête renversée sur l'épaule du moine, Catherine riait. Un rayon de lune tremblait sur ses lèvres humides et dans ses yeux comme dans l'eau des fontaines [2].

[1] 141.
[2] 101.

Et nous voici en Italie. Tableau d'une soirée,
dans le *Lys rouge* :

L'air humide, tiédi par un soleil encore faible et déjà
généreux, soufflait l'inquiète douceur du printemps.
Thérèse, accoudée à la balustrade, baignait ses yeux
dans la lumière. A ses pieds, les cyprès élevaient leurs
quenouilles noires et les oliviers moutonnaient sur les
pentes. Au creux de la vallée, Florence étendait ses
dômes, ses tours et la multitude de ses toits rouges, à
travers laquelle l'Arno laissait deviner à peine sa ligne
ondoyante. Au delà, bleuissaient les collines [1].

Tableau d'un crépuscule dans le *Puits de
Sainte-Claire* :

J'étais à Sienne au printemps... J'allais me promener,
le soir, après souper, sur la route sauvage du Monte
Oliveto, où, dans le crépuscule, de grands bœufs blancs
accouplés traînaient, comme au temps du vieil Evandre,
un char rustique aux roues pleines. Les cloches de la
ville sonnaient la mort tranquille du jour, et la pourpre
du soir tombait avec une majesté mélancolique sur la
chaîne basse des collines. Quand déjà les noirs esca-
drons des corneilles avaient gagné les remparts, seul
dans le ciel d'opale, un épervier tournait les ailes immobiles, au-dessus d'une yeuse isolée. J'allais au-devant
du silence, de la solitude et des douces épouvantes qui
grandissaient devant moi. Insensiblement la marée de
la nuit recouvrait la campagne. Le regard infini des
étoiles clignait au ciel. Et dans l'ombre, les mouches de
feu faisaient palpiter sur les buissons leur lumière

[1] 127.

amoureuse... Tout le long de mon chemin, elles vibraient dans les herbes et dans les arbustes, se cherchant et parfois, à l'appel du désir, traçant au-dessus de la route l'arc enflammé de leur vol[1].

Et je pourrais citer encore les paysages grecs de *Sur la pierre blanche*[2], — et bien d'autres. Et je n'ai pas cité le plus beau. Non, je ne les citerai point ici ces pages merveilleuses, ces pages incomparables, par lesquelles se termine *l'Humaine tragédie :* « Et parlant de la sorte, ils sortirent de la ville...[3] » C'est à leur place qu'il faut les lire, pour les goûter pleinement, pour sentir combien la beauté en est rehaussée et rendue plus profonde, par le drame dont elles donnent le dénouement, par la tristesse amère et chérie de la pensée qu'elles expriment, par le symbole dont elles sont pénétrées, et par la sincérité émouvante d'une confidence à peine voilée.

Or tous ces passages, — et les morceaux nombreux que tout lecteur assidu de M. France y ajoutera sans peine, — ont un caractère commun. A les lire, on est comme envahi d'une sorte de volupté physique. Il y a en eux plus que des phrases harmonieuses, plus que des mots caressants, plus que des images enchanteresses, plus

---

[1] 1-2. Cf. 11 et la vision de Fra Mino, 16-17.
[2] 33 sqq. ; 41 sqq.
[3] *Puits de Sainte-Claire*, 240.

que des tableaux séducteurs. On y sent, — non seulement dans le choix des sujets et dans cette préférence qui perce, me semble-t-il, pour les scènes crépusculaires ou nocturnes, non seulement dans la forme, mais dans l'inspiration même, — je ne sais quelle langueur ardente, à la fois insinuante et chaude, dont l'impression est contagieuse. Ces passages sont tout ensemble délicats et sensuels, et sensuels et délicats tout ensemble sont les sentiments qu'ils font naître, parce que l'âme même qui s'y peint est, par dessus tout, sensuelle et délicate. S'il est vrai, comme l'a dit Schopenhauer, que la Mort soit le « Musagète de la philosophie », la Volupté, pour M. France, est le Musagète de la poésie.

A cet égard, nous avons de lui-même des confessions, un peu déguisées sans doute, mais pourtant non douteuses. Tel est bien le tempérament des deux « lui » où l'on peut le mieux le reconnaître, M. Bergeret et Brotteaux des Ilettes.

C'est M. Bergeret qui admire la beauté de M<sup>me</sup> de Gromance, non point d'un œil d'artiste, mais avec une précision un peu déplacée peut-être ; car son regard détaille avec insistance la taille souple, les reins agiles, la molle flexion du genou, « images d'une réalité non permise à l'humaniste obscur et pauvre, mais dont il pouvait du moins illustrer à propos un vers d'Horace, d'Ovide ou de Martial ». Et, quand son sourire a trop clairement traduit les pensées qui lui viennent alors,

quand M^me de Gromance a châtié son audace d'un
regard hautain, le seul regret qu'il éprouve vraiment c'est que « cette délicieuse créature », —
qui faisait avec le bonheur de son mari celui de
beaucoup d'autres, — ne fût pas « un philosophe
affranchi des préjugés vulgaires ». « Elle ne pouvait me comprendre, se dit-il ; elle ne pouvait
pas savoir que je tiens sa beauté pour une des
plus grandes vertus du monde et l'usage qu'elle
en fait pour une magistrature très auguste [1]. »
C'est le même M. Bergeret qui trouve fort à son
gré la petite concierge de la Bibliothèque. « La
délicate couleur, la forme mince et souple, la
vénusté gracile de cette fille avaient plus d'une
fois, dans les longues séances, flotté sous ses yeux,
devant les feuilles jaunis de Servius et de Do-
nat.» Et, quoique plein d'indulgence pour les
amoureux, l'idée qu'elle plaisait au jeune Roux
lui fut « désagréable » [2]. C'est encore lui qui, re-
voyant à l'improviste, dans un petit cabaret du
Bois, la même M^me de Gromance, « dont la rencontre charmante l'avait plus d'une fois troublé
dans l'âpre monotonie des rues provinciales »,
en « ressentit cette douceur cruelle que donne
aux âmes voluptueuses la beauté des formes vi-

[1] *Mannequin d'osier*, 87-90.
[2] *Ib.*, 335-336. — On a imprimé : « Domat ». Le jurisconsulte
janséniste n'a rien à faire ici.

vantes[1] ». C'est lui enfin qui garde « en un coin
discret et d'accès facile » de sa bibliothèque les
conteurs du moyen âge et de la renaissance, les
«lit de préférence en ses moments de loisir », et
reconnaît en eux les « vrais moralistes » bien plus
humains et bien plus vrais que Marc-Aurèle[2].

Quant à Brotteaux des Ilettes, on sait qu'il
faisait « de la recherche du plaisir la fin unique
de sa vie », et qu'il n'était pas très difficile sur
la qualité de ce plaisir, lui qui, les pieds dans
le ruisseau, à la porte de la boulangerie, en attendant son tour, lisait les vers les plus libres de
son cher Lucrèce, « non sans toutefois jeter les
yeux sur la nuque dorée de sa petite voisine, ni
sans respirer avec volupté la peau moite de cette
petite souillon[3] ». On sait également que, s'il
«admirait la nature en plusieurs de ses parties »,
une de celles où il l'admirait « spécialement »
était « l'amour physique » : aussi n'était-il point
pessimiste et « il ne pensait pas que la nature fût
tout à fait mauvaise »[4].

Et je ne sais pas si les confidences involontaires qui échappent parfois à notre auteur ne
sont pas plus révélatrices encore. Du moins,
quand il rappelle que, dans ses premières an-

---


[1] *M. Bergeret à Paris*, 121.
[2] *Mannequin d'osier*, 159-161 ; *Anneau d'améthyste*, 181-182.
[3] *Les Dieux ont soif*, 90-91.
[4] *Ib.*, 206.

nées, le soir, feuilletant sous la lampe sa vieille bible, « le sommeil, ce sommeil délicieux de l'enfance, invincible comme le désir, l'emportait dans ses ombres tièdes, l'âme toute pleine encore d'images sacrées [1] » : cette seule comparaison, « *invincible comme le désir* », n'est-elle pas un trait de lumière ?

Cela s'est inégalement manifesté dans son œuvre.

A l'origine, quand sa jeune intelligence venait de découvrir le monde et s'enivrait à le reconstruire, il avait comme un culte religieux pour la volupté. C'est avec les sentiments d'un Lucrèce qu'il célébrait.

> L'Amour, l'Amour puissant, la Volupté féconde :
> Voilà le dieu qui crée incessamment le monde,
> Le père de la vie et des destins futurs [2].

C'est « comme en un sanctuaire » qu'il entrait au Muséum et qu'il pénétrait jusqu'au saint des saints, jusqu'à cette dernière salle où s'élevait la statue symbolique de Vénus. En la contemplant, en méditant sur « la force invincible et douce par laquelle se multiplient toutes les races animées », il se flattait « d'avoir surpris le plan

---

[1] *Pierre Nozière,* 6.
[2] *Poésies,* 10 et passim.

divin » [1]. Ainsi se déployait en lui une sorte de sensualité impersonnelle et comme métaphysique. Elle se précise, s'individualise, se développe dans *Les désirs de Jean Servien.*

Puis, pendant une dizaine d'années, conformément aux tendances qui dominaient alors en lui et à l'attitude qu'il avait prise, l'expression en fut surveillée et réprimée. Maintenant même, éclairés que nous sommes par tout ce qui a suivi, c'est à peine si nous en retrouverions quelques traces, — combien imperceptibles ! — dans le *Crime de Sylvestre Bonnard,* dans le *Livre de mon ami,* dans les premiers volumes de la *Vie littéraire.*

Mais le moment vint où sa nature foncière devait enfin éclater. En quelques pages déjà de *Balthazar* [2], mais bien plus dans *Thaïs* [3], et, sous une autre forme, dans la *Rôtisserie de la Reine Pédauque* [4], et, sous une autre forme encore, dans

---

[1] *Vie littéraire,* III, 56. Cf. *Jeune France,* mars 1880 ; *Temps,* 17 mars 1889, etc.

[2] Voir le personnage et le caractère de Balkis dans *Balthazar ; La fille de Lilith.*

[3] Nicias étale et professe la sensualité ; Paphnuce est entraîné et perdu par elle ; Thaïs la dévie ou la déguise et ne se convertit en réalité que pour goûter une volupté nouvelle. Tous y cèdent. Cf. l'orgie à la fin du banquet (205).

[4] A part la « bonne mère » de Tournebroche, naïve et superstitieuse, et M. d'Astarac, halluciné, aucun des personnages n'a la moindre notion de morale. Et là s'étale la curiosité de la

le *Lys rouge* [1], se trahit une singulière préoccupation du plaisir et des choses de la chair. Cela
n'a fait que s'accroître depuis, — ou tout au
moins que se confirmer, — jusqu'à en être désobligeant. Il y a, dans mainte page de l'*Histoire
contemporaine,* ou de cette *Ile des Pingouins,*
décidément le plus médiocre de ses ouvrages, un
goût sournois ou une curiosité ricaneuse pour
l'obscène, dont on peut légitimement être
choqué. Le commandeur Carlo Aspertini paraît
sur une pente bien fâcheuse, quand il écrit à
M. Bergeret : « Il est temps de cultiver des vices
choisis. La vie serait vraiment trop triste, si le
rose essaim des pensées polissonnes ne venait
parfois consoler la vieillesse des honnêtes gens »;
et c'est, me semble-t-il, une mauvaise marque
pour le professeur de latin que son correspondant ait eu le droit ajouter : « Je puis faire part
de cette sagesse à un esprit rare comme le vôtre
et capable de la comprendre [2] » ;   il la com-

« fille » qui perçait déjà dans *Balthazar* et dans *Thaïs.* M. Doumic
notant combien les gravelures y sont multipliées, écrit : « On
n'imagine pas de tâche plus difficile pour un lettré délicat. »
(*Revue des Deux Mondes,* 15 décembre 1896.) M. Doumic sait
manier l'ironie.

[1] Cf. *Lemaitre, Contemporains,* VI : « Ce livre respire la plus
âcre volupté. Les étreintes y sont fréquentes et variées dans
leurs modes et l'auteur les décrit avec une habileté rapide qui
reste décente mais qui n'est point timide. »

[2] *Anneau d'améthyste,* 242.

prend trop bien. Citerai-je encore d'autres exemples : l'*Histoire de Dona Maria d'Avalos* et surtout la fin de cette histoire [1] ? certaines conversations d'*Au petit bonheur* ? certains *Contes de Jacques Tournebroche* ? certains tableaux de l'*Histoire comique* ou de *Sur la pierre blanche* ? A quoi bon ? Il suffit de lire le dernier roman de M. France, *Les Dieux ont soif,* et de voir avec quelle régularité, — vraiment fastidieuse, — y reparaissent les épisodes voluptueux. On les attend, — je veux dire : on les prévoit, — au bout de chaque chapitre. De fait, « comme une fable ne saurait se terminer sans une morale, ni une ballade sans un envoi, dit justement M. Doumic, tout chapitre ici se termine par une coucherie ; c'est la règle [2]. » Encore si c'était toujours une « coucherie » ! Mais ce mot même paraît trop noble pour désigner la scène nocturne de la partie de campagne [3].

Dira-t-on qu'ici c'était une nécessité du sujet ? que l'époque révolutionnaire, comme les autres époques tragiques, fut aussi et par cela même « celle du plaisir effréné et de la volupté débridée ? » que M. France « s'est souvenu de cette particularité des mœurs, qu'il a voulu la signaler

---

[1] *Puits de Sainte-Claire*, 286. Cf. 17, 22, etc.

[2] *Revue des Deux Mondes*, 15 Juillet 1912, p. 441.

[3] *Les Dieux ont soif*, 160.

et la souligner ? [1] » C'est une étrange infortune alors, pour M. France, que tous les sujets qu'il traite présentent cette même nécessité et que toutes les époques qu'il dépeint offrent ce même caractère. Que ses héros vivent aux temps pré-historiques, dans l'antiquité classique, au moyen âge, à la renaissance, au xvii° siècle, à l'époque de la Révolution, de nos jours enfin, toujours ils sont en proie à la même sensualité. Femmes, quels que soient leur situation et leur rang social, elles restent singulièrement troublées par

L'instinct primordial de l'antique nature.
Qui mêlait les flancs nus dans le fond des forêts,

et toutes

Elles gardent le sang de l'Eve des grands bois [2].

Hommes, — fussent-ils artistes, érudits ou phi-losophes, « intellectuels » en un mot, ou peut-être même surtout quand ils sont intellectuels, — ils révèlent, par les actes qu'ils osent ou qu'ils rêvent, par les plaisirs qu'ils recherchent ou qu'ils caressent dans le secret de leurs pensées, quel « gorille », sinon « féroce », au moins « lubrique », ils portent en eux. Or il est très

---

[1] C'est l'excuse qu'allègue M. Doumic, — sans en être dupe.
[2] *Poésie*, 37.

clair que ni femmes ni hommes ne scandalisent en cela ou même n'étonnent [1] M. France. Et cette indulgence inaltérable, — ou pour mieux dire cette tranquille approbation, — a vraiment la valeur d'une profession de foi.

Non seulement la sensualité lui apparaît ainsi comme une chose normale, mais encore elle est à ses yeux une chose bonne. Il la retrouve partout dans ce qui fait la valeur et la grandeur de l'homme. Les sentiments des hommes, les diverses formes de leur activité, leurs doctrines, lui semblent dignes d'approbation, ou de blâme, dans la mesure où les uns et les autres procèdent de la sensualité, ou du moins lui font sa part.

Il n'y a peut-être aucune vertu plus chère à M. France que l'humanité ; et je ne sais même si ce n'est pas, au fond, la seule vertu qu'il reconnaisse. Le plus grand éloge qu'il puisse faire d'une femme tolérante, charitable, dévouée, comme la reine de Navarre, c'est qu'elle « fut humaine dans le plus beau sens du mot [2] ». Pour son compte, il ne me paraît guère douteux que tout son socialisme ou son anarchisme tolstoïsant

---

[1] Que Dechartre et Thérèse n'aient pas le « sentiment du péché », soit. Mais il est curieux que la dentellière de la *Messe des ombres* (*Etui de nacre*, 109) ne l'ait pas davantage et, vivant « saintement » (112), n'éprouve aucun remords de son péché ancien.

[2] *Globe*, 2 octobre 1879. Cf. le même éloge d'Henriette d'Angleterre. (*Notice* sur M^me de Lafayette. 1882.)

ne procède de la révolte intérieure qu'ont provoquée en lui la misère des classes inférieures, les inégalités sociales écrasantes pour les humbles, la' rudesse des prescriptions gouvernementales et des répressions judiciaires [1]. Sa compassion s'étend même aux animaux, et on le voit protester vivement contre les plaisirs « barbares » [2] de la chasse. Enfin, quand il donne à la vie pour témoins et pour juges la Pitié et l'Ironie, cette Ironie est, peut-on dire, encore une Pitié : puisque son rôle est de railler les méchants et les sots, afin de nous détourner de les haïr [3]. « La bonté intelligente, disait-il, dès 1879, est le plus beau des trésors [4]. »

Eh bien ! cette vertu, en quelque sorte distinctive de l'homme, n'est vraiment pour M. France qu'une suite, ou même une forme de la sensualité. « Il faut être sensuel pour être humain. La pitié est dans les entrailles comme la ten-

---

[1] Cf. *Opinions de Jérôme Coignard.* Et la même tendance perce partout, plus clairement à partir de 1890 environ.

[2] *Revue illustrée,* 15 novembre 1896.

[3] *Jardin d'Epicure,* 122 (*Temps,* 6 décembre 1891). Cf. *Jardin,* 39 (*Temps,* 9 novembre 1890). Cf. *Notice* sur Racine, 1874 : « Les hommes les plus tendres ne sont pas les moins moqueurs. La même *sensibilité nerveuse* qui excite à pleurer de beaucoup de choses provoque à rire de beaucoup d'autres. »

[4] *Globe,* 11 septembre 1879.

dresse est sur la peau [1]. » Celui-là n'est pas sensible qui n'est pas sensuel, parce qu' « il ne se fait pas de la souffrance humaine une idée concrète et physique [2] », — j'allais ajouter : et, en un sens, égoïste ; mais M. l'abbé Jérôme Coignard l'expliquera mieux que moi. Quand Jahel soupire à la vue des malheureux, mendiants et estropiés, qui se disputent les aumônes, le subtil philosophe lui rend ainsi compte de son émotion:

Cette pitié vous sied comme une parure, mademoiselle... Mais souffrez que je vous dise que cette tendresse, qui n'en est pas moins touchante pour être intéressée, trouble vos entrailles par la comparaison de ces misérables avec vous-même, et par l'idée instinctive que votre jeune corps touche, pour ainsi parler, à ces chairs hideusement ulcérées et mutilées... D'où il suit que vous ne pouvez envisager cette corruption sur la chair de ces maheureux sans la voir, dans le même temps, en présage sur votre propre chair. Et ces misérables se sont levés vers vous comme des prophètes annonçant que la part de la famille d'Adam est, en ce monde, la maladie et la mort. C'est pourquoi vous avez soupiré, mademoiselle [3].

Mais, égoïste ou non en son principe, cette compassion sensuelle n'en rend pas moins dignes

---

[1] *Lys rouge*, 63.

[2] *Crainquebille, Putois*, etc., 278. — Cf. *Temps*, 23 janvier 1893, l'éloge adressé à M. Barrès pour cette *« pitié sensuelle* qui s'émeut des souffrances de la chair et du sang ».

[3] *Rôtisserie*, 309.

d'affection ceux qui l'éprouvent. Et ceux qui ne la ressentent point, — n'étant pas sensuels, ou ne l'étant que médiocrement, ou ne l'étant qu'à leurs heures [1], — sont haïssables, parce que, sans même en avoir conscience, ils se laissent aller à être plus qu'immoraux : cruels. A vrai dire, ceux-là sont des fanatiques ou des machines ; ce ne sont point des hommes.

Et ce ne sont pas non plus des artistes. Car M. France établit expressément un lien étroit entre cette sensibilité, dont il vient de définir la nature et les organes, — cette sensibilité qui est sensualité, — et le sens esthétique proprement dit. Rappelons-nous en effet son Frémont (du *Mannequin d'osier*). Ce communard, ce disciple des philosophes du xviii° siècle, « avait un goût sincère et fin des arts. La *sensibilité nerveuse* qui, adolescent, l'avait ému devant les blessures de la patrie, et qui, vieillissant, le troublait encore en face des misères sociales, l'intéressait aux expressions élégantes de l'âme humaine, aux formes exquises, à la belle ligne, à la tournure héroïque des figures [2]. » L'artiste véritable est de ces « *êtres sensuels,* enclins à chercher leur joie dans les formes et dans les couleurs [3] », qui

---

[1] *Crainquebille, Putois,* etc., 278 ; *Les Dieux ont soif,* 200.

[2] 180.

[3] *Jardin d'Epicure,* 111. Cf. « Le désir seul donne la beauté aux choses ». *(Préface des Poésies de Sainte-Beuve. XXXVIII.)*

trouvent partout des plaisirs, — et aussi des souffrances, — inconnus aux autres hommes. Il n'y a point d'art sans complaisance aux choses de la chair : telle est encore l'idée que M. France développe dans la satire amusante qu'il a faite des primitifs et des préraphaélites[1], comme dans sa *Vision de Margaritone.* Ce peintre, — éminemment spiritualiste, car ses tableaux témoignent d'un rare dédain pour les proportions réelles et le coloris véritable des corps, — remarqua chez un jeune confrère une madone « qui, bien que sévère et rigide, grâce à une certaine exactitude dans les proportions et à un assez diabolique mélange d'ombres et de lumières, ne laissait pas que de prendre du relief et quelque air de vie. A cette vue, le naïf et sublime ouvrier d'Arezzo découvrit avec horreur l'avenir de la peinture ». Il y discerna « la fin de l'art chrétien, qui peint les âmes et inspire un ardent amour du ciel ». Il prévit que les peintres des siècles futurs ne se borneraient pas à « rappeler... la matière maudite dont nos corps sont formés », mais qu'ils la « célébreraient » et la « glorifieraient ». Et présageant ainsi comment, pour « faire goûter les formes de la vie terrestre », les articles de la Renaissance et de l'École Bolonaise étaleraient à tous les yeux les splendeurs

---

[1] *Ile des Pingouins,* 131-136.

de la chair, le grand Margaritone en « mourut suffoqué »[1]. Si la littérature et la poésie n'ont pas les mêmes moyens d'expression que les arts plastiques, l'inspiration du moins est la même pour les uns et pour les autres. C'est le désir passionné de la volupté, uni au sentiment que la volupté la plus profohde, la plus parfaite et la plus durable, est celle que produisent le beau, la grâce, la délicatesse[2]. C'est ce que Saint-Cyr de Rayssac admirait « également » dans l'art grec et dans l'art chrétien : « l'union féconde du sensualisme et de l'idéal, la généreuse ardeur qui fait le génie des Prud'hon et des Chénier[3] ».

Entre deux des textes que je viens de rappeler, il y a une espèce de contradiction. Dans l'un — au tome II de la *Vie littéraire,* — l'auteur appelle « chrétien » l'art de Raphaël et de la

---

[1] *Ile des Pingouins,* 136-138. — Cf. *Clio,* 81-82 ; Komm « déteste les arts latins et les artifices mystérieux des peintres » parce qu'il « ne concevait rien aux voluptés ausoniennes », ne se faisant pas « une idée sensible des formes variées des córps » et n'étant pas « tourmenté par le désir de la beauté ».

[2] C'est pourquoi M. France déteste la grossièreté et la grivoiserie ou la scatologie : ce sont des « péchés que les véritables voluptueux ne pardonnent jamais » (*Temps,* 3 juillet 1887). C'est pourquoi il aime médiocrement Rabelais : « ses plaisanteries sont trop innocentes ; elles offensent la volupté et c'est leur plus grand tort. » (*Vie littéraire,* III, 30-31.) En revanche, il appréciera Catulle Mendès : « Il n'y a qu'un voluptueux pour donner de la grâce à la pudeur. » (*Temps,* 15 mai 1892.)

[3] *Vie littéraire,* II, 109.

Renaissance [1], qu'il admire à l'égal presque de
l'art antique ; dans l'autre, — au chapitre de *La
peinture pingouine,* — il appelle exclusivement
« chrétien » l'art des siècles primitifs, qu'assurément il n'aime guère. On pourrait voir là comme
un symbole du changement qui s'est opéré en
lui entre 1888 et 1909. Mais on peut y voir aussi
un symbole de ces raisons contradictoires d'aimer
le christianisme et de le haïr, qui ont toujours
coexisté dans son âme sensuelle, précisément
parce qu'elle fut sensuelle.

Car nul n'a été plus sensible aux séductions
que la religion peut avoir pour les âmes voluptueuses ; et il a pris plaisir maintes fois à les
analyser. Lui-même, tout enfant encore, a sa-
vouré la paix mystérieuse des sanctuaires.
« J'étais dans la chapelle, attendant avec deux ou
trois camarades mon tour de me confesser. Le
jour baissait. La lueur de la lampe perpétuelle
faisait trembler les étoiles d'or de la voûte as-
sombrie. Au fond du chœur, la Vierge peinte
s'effaçait dans le vague d'une apparition. L'autel
était chargé de vases dorés, pleins de fleurs ; une

----

[1] C'est le Titien qu'il préfère entre tous les peintres. (Gsell,
*La maison de M. Anatole France. Revue des Revues,* 1er mars
1905.) Les détails que donne M. Gsell sont révélateurs du goût
artistique de M. France. — Si l'art de la Renaissance vaut l'art
des anciens, c'est qu'alors les hommes, affranchis du christianisme et de ses « vaines terreurs », s'étaient « réconciliés avec
la nature ». (*Ile des Pingouins,* 159.)

odeur d'encens flottait dans l'air ; on entrevoyait confusément mille choses, et l'ennui, l'ennui même, ce grand mal des enfants, prenait une teinte douce dans l'atmosphère de cette chapelle. Il me semblait que du côté de l'autel elle touchait au paradis.[1] » Son Jean Servien, — et l'on sait combien il lui ressemble, — consumait aux offices, « dans une allégresse langoureuse », ses « dimanches parfumés d'encens ». Il contemplait dans les tribunes les mères et les sœurs des élèves de Stanislas. « Les chants, l'encens, les fleurs, les images pieuses, tout ce qui fait qu'on se trouble et qu'on prie amollisait son âme et la livrait tremblante à ces patriciennes... Tout ce qui dans la religion donne à l'amour l'attrait de la chose défendue prenait pour lui un intérêt puissant. Athée, il aimait le Dieu de Madeleine et goûtait la religion, qui a donné aux amants une volupté de plus, la volupté de se perdre.[2] » M. France « aime les cérémonies du culte[3] » qui émeuvent à la fois ses sens

---

[1] *Livre de mon ami*, 138. Cf. son Firmin Piédagnel (*Orme du mail*, 25).

[2] *Les désirs de Jean Servien*, 155-156. Cf. *Notice* sur Racine (1874) ; *Jardin d'Épicure*, 10 sqq. (*Temps*, 29 septembre 1889 et 21 février 1892.)

[3] *Anneau d'améthyste*, 209. C'est M. Bergeret qui parle. Pradel (de l'*Histoire comique*), moins ferme dans son scepticisme et d'âme plus grossière, traduit au fond la même impression, quand il dit : « D'entendre l'orgue, ça me f... des idées pieuses » (189).

et son imagination. Il aime les pieuses légendes
« qui donnent trop de prix à la pureté, pour ne
pas rendre en même temps la volupté infiniment
précieuse [1] ». Il se plaît à montrer comment, pour
Sainte-Beuve, « la religion est un assaisonnement
qui donne à la volupté plus de saveur [2] »; comment Chateaubriand et G. Sand « savaient tout
le prix que le remords ajoute au plaisir [3] ; comment « le christianisme a beaucoup fait, pour
l'amour, en en faisant un péché », pour la femme,
en en faisant un danger [4]. Il se plaît à célébrer
ces belles révoltées que tourmente un sublime
mécontentement et qui vont demander à la religion un bonheur non encore conquis : les Madeleine [5], les Leuconoé [6], les Laeta Acilia [7]. Mais
il laisse deviner, par la façon dont il décrit leur
inquiétude et leurs aspirations, que ces troubles
de leur âme ont leur origine dans la chair
même, dans la vanité des plaisirs jusqu'alors

[1] *Jardin d'Epicure*, 12.

[2] *Préface*, XXVII.

[3] *Préface* aux poésies de Sainte-Beuve, XXXII. Cf. *Vie littéraire*, I, 346 ; *Temps*, 29 septembre 1889.

[4] *Jardin d'Epicure*, 10 sqq. Cf. Vie littéraire, III, 199 : « Toutes les croyances *ne servent qu'à* charmer les troubles des sens
et le mysticisme répand sur la volupté les plus suaves parfums. »
Voir la même idée de la « lascivité » du mysticisme développée
dans le *Temps* du 1er novembre 1891.

[5] *Poésies*, 120.

[6] *Ib.*, 235, 281. Cf. l'*Adieu*, *ib.*, 114. Voir aussi *Crime de Sylvestre Bonnard*, 45-46.

[7] *Balthazar*, 103.

éprouvés, dans le besoin de plaisirs inconnus et infinis. Enfin, quand il vante le plus la sagesse chrétienne, c'est parce que, la vie étant pleine de misères, cette « sagesse nous élève au-dessus de toutes les misères et donne une beauté à la douleur même [1] »: c'est par un hédonisme supérieur sans doute, mais un hédonisme pourtant.

Mais il a beau s'être inoculé ainsi « le goût de la piété [2] », être « très pieux », sans foi [3], il sent bien que ce goût voluptueux est essentiellement « contraire à la véritable piété [4] ». Le combat de la religion et de la nature a beau passionner sa curiosité [5], il faut bien qu'un jour il se décide à se ranger de l'un ou de l'autre parti [6]. Son choix ne pouvait être douteux [7]. Le chris-

---

[1] *Crime de Sylvestre Bonnard*, 210.

[2] *Préface* aux poésies de Sainte-Beuve, XXVII.

[3] *Vie littéraire*, I, III.

[4] *Préface* à Sainte-Beuve, XXVII.

[5] *Temps*, 20 janvier 1889.

[6] C'est vers 1890 que son opposition commence à se manifester nettement, en grande partie par suite de la tendance religieuse qu'il aperçoit dans la jeunesse nouvelle. Cf. *Temps*, 30 mars, 18 mai, 7 septembre 1890 ; 22 février 1891, etc.

[7] En réalité ce choix a été fait par lui dès qu'il a pensé par lui-même. Il se plaît à raconter que, « sous le gouvernement de l'ordre moral », un commissaire du recensement lui demandant à quelle religion il appartenait, il « lui dit qu'il n'appartenait à aucune religion. » (*L'Eglise et la République*, 95.) Et, dès 1891, accusé par un spirite d'être clérical, il répondait avec netteté : « Il me prête gratuitement des croyances que je n'eus jamais. » (*Univers illustré*, 18 avril.)

tianisme méprise le corps. — Le voluptueux chérit le corps[1]. « C'est dans la mort que triomphe le christianisme. Comme il ne conduit tous les actes de la vie qu'en vue du dernier, il a pour celui-là des ressources souveraines[2]. » — Le voluptueux détourne sa pensée de la mort; il tâche de l'oublier jusqu'au jour inévitable et il ordonne tous ses actes en vue de jouir de la vie présente. Cette mort même, « de tout temps hideuse et cruelle », le christianisme l'a singulièrement « aggravée » par la frayeur de l'au delà. — Le volupteux aime à la concevoir, à la façon des Grecs, comme « un sommeil sans fin », et, pour l'adoucir, à « donner de la grâce à l'évanouissement suprême[3] ». Enfin et surtout le christianisme ordonne de réprimer les passions; il oppose les scrupules au plaisir. — Le voluptueux conçoit comme « don premier la paix sereine dans l'inévitable désir[4] ». Comment une opposition aussi foncière aurait-elle pu ne pas éclater enfin au grand jour ?

En réalité, pour qui sait lire, elle était déjà dénoncée dans les *Noces corinthiennes*[5]. Pour-

---

[1] Cf. *Thaïs* (poème) ; *Vie littéraire*, I, 27 ; *Temps*, 13 juillet 1890, etc.

[2] *Notice* sur Racine.

[3] *Vie littéraire*, II, 85-86.

[4] *Noces corinthiennes*, 178.

[5] Paroles d'Hippias. Voir dans l'*Etui de nacre*, 88, la protestation discrète de Silvanus contre l'ascétisme chrétien. Cf. Rod, article cité.

tant, pendant de longues années, M. France voulut l'atténuer. Mais l'heure est venue, — elle devait venir, — où il cessa de concilier l'inconciliable[1]. Hautement, il proclama « déplorable » le « malentendu qui, voilà dix-huit siècles, brouilla l'humanité avec la nature[2] ». Ouvertement, il déclara la guerre au christianisme, cet ennemi de la volupté, et surtout à l'église catholique, cette « antique exterminatrice de toute pensée, de toute science *et de toute joie*[3]. » La même sensualité, qui lui avait fait goûter vivement certaines manifestations du culte et cer-

---

[1] Rien n'est plus curieux à cet égard que la confrontation entre les deux versions du *Crime de Sylvestre Bonnard*. En 1881, M^me de Gabry, conduisant Bonnard au tombeau de Clémence, s'y agenouille. Et lui, « il remarqua malgré lui le beau mouvement d'abandon par lequel cette femme chrétienne tomba les deux genoux à terre, laissant les flots de sa robe se répandre au hasard autour d'elle... » (146). En 1903, elle n'est plus chrétienne, elle ne s'agenouille plus, mais parfume la tombe de roses. — En 1881, Bonnard traduit l'accueil que lui fit M^me de Gabry dans le langage de la dévotion qui lui *(à elle)* était familier. » Plus trace de cela en 1903.

[2] *Histoire comique*, 7. — La même idée était exprimée, mais avec plus de réserve, dans la préface des *Opinions de Jérôme Coignard* : « Je ne partage pas ses croyances religieuses et j'estime qu'elles le décevaient, comme elles ont déçu, *pour leur bonheur ou leur malheur*, tant de siècles d'hommes (16). « Si M. France ne résout pas explicitement le problème qu'il soulève ici, qui doutera de la façon dont il le résolvait à part lui ?

[3] *Vers les temps meilleurs*, II, 78.

taines déviations du sentiment religieux et même
certaines conséquences de la morale religieuse,
lui a fait rejeter avec haine et la tendance générale et les principes fondamentaux de la religion
prise en elle-même, dans sa réalité dogmatique [1].

Elle lui a fait rejeter aussi le stoïcisme, le
« Rousseauisme », le Jacobinisme de Robespierre
ou de Saint-Just, et généralement toutes les doctrines qui admettent que l'homme, étant bon par
lui-même, peut et doit le rester, et qui favorisent
ainsi le « fanatisme de la vertu [2] ». Ces philo-
sophies-là, il les déteste. Les déteste-t-il plus ou
moins que le christianisme ? C'est un problème.
Au discours inaugural de la Société des *Amis de
Montaigne,* s'il a fait le procès du stoïcisme,
« doctrine sombre », il a déclaré la religion de
Jésus «mille fois plus sombre » et par conséquent
plus haïssable [3]. Mais, d'autre part, le christianisme enseigne au moins le péché originel [4] et
ainsi ne surfait pas dangereusement la valeur de
l'homme : c'est un grand avantage. Le christianisme, vieux préjugé, est « usé » comme un galet,

[1] Cf. surtout Rod et Bordeaux, articles cités. D'ailleurs tous
les critiques ont vu, — ils ne pouvaient pas ne pas le voir, —
l'antichristianisme de M. France.

[2] *Vie littéraire,* II, 6.

[3] Cf. *Débats,* 1912.

[4] *Opinions de Jérôme Coignard,* 27 : « et pourtant, c'est là un
dogme d'une vérité si solide et si stable qu'on a pu bâtir dessus
tout ce qu'on a voulu. »

« poli, rendu presque innocent »[1] ; il apparaît
donc moins funeste que ces autres erreurs, nouvelles ou renouvelées, en tout cas toutes fraîches
et, pour ainsi parler, à arêtes vives. Enfin le
christianisme, religion traditionnelle, est pro-
fessé par des esprits sans vigueur, « simples
théophages, qui ne savent ni ce qu'ils disent ni
ce qu'ils font [2] » et par suite ne sont pas à craindre ; mais la capacité même qu'ont eue les autres
de s'affranchir les fait voir plus énergiques et
plus redoutables. Tout bien pesé, je crois que
M. France les hait également. D'ailleurs il se
plaît à montrer ce qu'ils ont de commun, malgré
leurs dissemblances apparentes. « La morale de
Sénèque, par sa tristesse et son mépris de la
nature, préparait la morale évangélique. Les
stoïciens étaient brouillés avec la vie et la beauté ;
cette rupture, que l'on attribua au christianisme,
fut commencée par les philosophes. Deux siècles
plus tard, à l'époque de Constantin, les païens et
les chrétiens auront, autant dire, une même

---

[1] *Jardin d'Epicure*, 86 (*Temps*, 25 mai 1886), cf. *Histoire comique*, 156 : « Le catholicisme, dit le directeur de l'Odéon, est encore la forme la plus acceptable de l'indifférence religieuse. »

[2] *Les Dieux ont soif*, 148. Voilà pourquoi M. France a quelque sympathie pour Longuemare dans ce roman, pour l'abbé de
Lalonde ou pour les Brécé dans l'*Histoire contemporaine*. Ce sont
des *minus habentes* qui ne peuvent faire aucun mal. Cf. Paul
Souday (*Temps*, article sur *Les Dieux ont soif*).

morale, une même philosophie... L'empereur Julien avait, à bien peu de chose près, la même morale que Saint Grégoire de Naziance[1]. » Dans les *Pensées* de Marc-Aurèle, M. Bergeret trouva « un sentiment si faux de la nature, une si mauvaise physique, un tel mépris des Charites[2] » qu'il le referma comme il eût refermé un scolastique pédant. Ce « Jean-fesse » de J.-J. Rousseau « qui prétendait tirer sa morale de la nature la tirait en réalité de Calvin[3] » ; et Évariste Gamelin avait pour les athées toute l'horreur qu'aurait pu ressentir pour eux le plus farouche inquisiteur[4]. En somme, M. France se tourne successivement, selon les circonstances, contre celui de ses deux adversaires que ces circonstances rendent pour l'instant plus dangereux. Il reprochera à Rousseau, en 1887, d'avoir répandu « les idées les plus fausses et les plus funestes que jamais homme ait eues sur la nature et sur la société[5] », d'avoir « fait des terroristes et des égorgeurs[6] » par son *Émile :* parce que, à ce moment-là, il ne voyait pas de péril à droite.

---

[1] *Sur la pierre blanche,* 176-177.

[2] *Mannequin d'osier,* 159.

[3] *Les Dieux ont soif,* 88.

[4] *Ib.,* 198.

[5] *Vie littéraire,* I, 88 (*Temps,* 20 mars 1887).

[6] *Ib.,* 148 (*Temps,* 29 mai 1887).

Mais en 1889, il aime à en croire Valbert, qui a
défendu Rousseau d'avoir été le père spirituel
de Robespierre[1]; il se flatte de ramener Brunetière « à cette philosophie antisociale, à ce
culte sentimental de la nature, à ces doctrines
de Jean-Jacques, qui lui semblent les voies les
plus criminelles de l'esprit humain[2] » : parce
que la querelle du *Disciple* vient de lui faire
entrevoir ce qu'il appellera plus tard les menées
de la réaction.

Quoi qu'il en soit, il est hors de doute que
M. France a pour le stoïcisme une violente antipathie[3]. Il lui reproche son langage « aussi
propre à cacher les faiblesses de l'âme qu'à ré-
véler la grandeur des sentiments[4] ». Il le raille,
et démontre comment, la vertu stoïcienne étant
toute dans l'effort, « la grenouille qui s'enfle pour
devenir aussi grosse que le bœuf accomplit le
chef-d'œuvre du stoïcisme[5] ». Il a la même antipathie pour la doctrine de Rousseau. Il parodie
le *Contrat social*[6]. Il reproche à M^me Roland le
faste de sa vertu[7]. Il traite sans ménagement le

---

1 *Vie littéraire*, III, 72 (*Temps*, 7 juillet 1889).

2 *Ib.*, III, 68 (*Temps*, 28 juin 1889).

3 Il dit bien (*Temps*, 27 janvier 1889) que « le stoïcien qui
s'ignore est le chef-d'œuvre de la beauté morale ». Mais « qui
s'ignore » est un correctif suffisant.

4 *Sur la pierre blanche*, 38.

5 *Thaïs*, 170.

6 *Puits de Sainte-Claire*, 231.

7 *Vie littéraire*, IV, 299.

philosophe même[1]. Ces deux philosophies, si dissemblables à certains égards, il les réfute par les mêmes arguments. Les Stoïciens et Rousseau ont jugé l'homme capable de vertu. Ils ont donc voulu l'y amener, de force au besoin. Mais par malheur, leurs disciples ont eu le pouvoir en main et ont voulu réaliser leur idéal. Le résultat fut ce qu'il devait être : effroyable. « Quand on veut rendre les hommes bons et sages, libres, modérés, généreux, on est amené fatalement à vouloir les tuer tous. Robespierre croyait à la vertu : il fit la Terreur. Marat croyait à la justice : il demandait deux cent mille têtes. » Tous ces maux eussent été évités si ces penseurs avaient été persuadés que « l'homme est naturellement un très méchant animal et que les sociétés ne sont abominables que parce qu'il met son génie à les former ». Pour cela il eût fallu qu'à l'exemple de Jérôme Coignard, ils se fussent « formé du mal une idée simple et *sensible* » ; qu'ils l'eussent « rapportée *uniquement aux organes de l'homme et à ses sentiments naturels* » : il eût fallu qu'ils eussent été sensuels. Sensuels, ils auraient compris, par leur propre expérience, « que, les hommes n'ayant d'un peu grand que leur capacité pour la douleur, ils ne peuvent rien mettre en eux d'utile ni de beau que la pitié ;

---

[1] *Les Dieux ont soif*, 88 ; *Opinions de Jérôme Coignard*, 24.

qu'habiles seulement à désirer et à souffrir, ils doivent se faire des vertus indulgentes et voluptueuses [1] ».

Car il n'y en pas d'autres. Celui-là est vertueux qui « n'est pas méchant » mais « pitoyable au contraire, sensible aux maux d'autrui, en sympathie avec les malheureux », qui « aime ses semblables », qui « voudrait satisfaire à tous leurs besoins, combler tous leurs désirs, permis ou coupables [2] », qui « tient pour innocent tout ce qui ne fait de mal à personne [3] ». Celui-là est vertueux qui « n'offense pas les mœurs et ne choque pas les convenances », sachant que, « dans une société polie, *la volupté est aussi intéressée que la vertu* à la conservation de la morale et au respect des convenances », sachant « que tous les instincts trouvent en définitive leur compte dans les belles mœurs du monde [4] ». En un mot, c'est celui qui assure aux autres et à lui-même le plus de volupté possible et la plus délicate, c'est-à-dire la meilleure possible [5]. La

---

[1] *Opinions de Jérôme Coignard*, 19-28. Cf. *Écho de Paris*, 2 juillet 1895 ; *Puits de Sainte-Claire*, 193-194.

[2] « Permis ou coupables » selon les préjugés courants, cela s'entend. Car dans cette morale il n'y a plus de désirs coupables, — pourvu que « cela ne fasse de mal à personne. »

[3] *Mannequin d'osier*, 305.

[4] *Vie littéraire*, II, 197.

[5] Cf. *Histoire comique*, 9 : « la morale est affaire de goût ». Ainsi le meurtre est blâmable, car il est « inesthétique » *(Vie littéraire*, II, 5).

vertu, c'est la vertu épicurienne, c'est une sage et prévoyante administration de la sensualité.

Mais cette sensualité serait-elle donc toute la sensibilité de M. France ? — A peu près, me semble-t-il. Et je suis très frappé de voir comme il paraît incapable de ressentir et de peindre la passion proprement dite. Même Dechartre, même Thérèse ne s'aiment point à vrai dire [1] : ils ont l'un pour l'autre « un goût violent », et ils ont pris l'un de l'autre « une habitude charmée. » Voilà tout. Et ils le sentent bien. Elle lui dit un jour : « Tu n'as pour moi qu'un amour sensuel. Je ne m'en plains pas, c'est peut-être le seul vrai. » Et il lui avait répondu : « C'est aussi le seul grand et le seul fort. Il a sa mesure et ses armes. Il est plein de sens et d'images. Il est violent et mystérieux. Il s'attache à la chair et à l'âme de la chair. Le reste n'est qu'illusion et mensonge [2] ». L'amour est donc exclusivement, pour M. France, l'attrait invincible de deux corps avides de se posséder, la conjonction frénétique de deux sensualités qui ne peuvent se déployer pleinement

---

[1] Cf. Faguet, *Propos littéraires*, II : « Dans le *Lys rouge*, M. France a voulu peindre des êtres très véhémentement passionnés, et ce n'était visiblement pas son affaire. Il est trop clair qu'il ne l'est pas assez lui-même. »

[2] 358. Cf. Jules Lemaître (*Contemporains*, VI) : « Ce qui meut, broie ces trois créatures, c'est l'amour sensuel, et ce n'en est point un autre. » Voir aussi Blum, *Revue Blanche*, 15 février 1895 ; M. France n'a point que la fougue des corps.

qu'en s'associant l'une à l'autre; comme la jalousie est exclusivement une « torture des sens », une « hantise des apparitions odieuses », une « fureur imbécile et lamentable », une « rage physique »[1]. Les sens y sont tout et le sentiment semble n'y occuper qu'une place inférieure et subordonnée. Ou, s'il y a des âmes en qui ces rapports soient renversés et qui « n'aient jamais connu le désir que dans l'amour profond[2] », ce sont des âmes étroites et fanatiques comme celle de l'odieux Gamelin. Et leur amour est avant tout un amour de tête, qui développe en leur nature ingrate les plus détestables sentiments. Peut-être est-ce pour avoir ainsi uniquement connu l'amour sensuel que les amants mis en scène par. M. France nous restent à ce point indifférents. Qui a souffert de la rupture de Thérèse et de Dechartre ? qui s'est ému de leur malheur comme on s'é-meut aux immortels sanglots des *Nuits* ou du *Souvenir* ? Leurs plaisirs et leur douleur sont trop demeurés des sensations. Ils restent trop dans le domaine de la physiologie pour devenir de ces « émotions » intelligibles et communicables à tous, auxquelles un lecteur ordinaire s'associe spontanément.

Il y a pourtant une passion que M. France paraît singulièrement capable d'éprouver et de

---

1 *Jardin d'Epicure,* 35-36 (*Temps,* 13 décembre 1891).

2 *Les Dieux ont soif,* 201.

rendre : « Firmin... regarda M. Lantaigne. La douceur résolue, la tranquillité ferme, la quiétude de cet homme le révoltèrent. Soudain un sentiment naquit et grandit en lui, le soutint et le fortifia, la haine du prêtre, une haine impérissable et féconde, une haine à remplir toute la vie. Sans prononcer une parole, il sortit à grands pas de la sacristie [1]. » Je ne sais plus quel critique, après avoir lu l'*Orme du Mail,* où se trouve cette scène, se demandait avec stupeur : « M. France saurait-il donc haïr ? » Et pourquoi non ? On objectera peut-être la douceur souriante avec laquelle il répond aux reproches variés qui ont pu lui être adressés par des personnes aussi opposées que M. Georges Renard, les R. P. jésuites ou Ferdinand Brunetière : « Un excellent esprit, M. Georges Renard, a relevé quelques-unes de ces contradictions avec une indulgence d'autant plus exquise qu'elle feignait de se cacher [2]. » « Le hasard m'a mis entre les mains un numéro récent d'une revue dirigée par les R. P. jésuites. Sans me flatter et pour le dire en passant, je m'y vis fort malmené. Les petits pères m'ont traité

---

[1] *Orme du mail,* 27.

[2] *Vie littéraire,* II, ii. — Il s'agit de l'article recueilli dans *Princes de la jeune critique,* 1890. M. Renard a récidivé plus rudement *(Critique de combat,* II, 1895) ; il y dit du *Lys rouge :* « C'est une salade florentine au vinaigre de toilette. »

sans douceur, tout comme ils traitent le P. Gratry et le P. Lacordaire...[1] » « M. Ferdinand Brunetière, que j'aime beaucoup, me fait une grande querelle... [2] » Eh bien ! je ne sais si je m'abuse ; mais je ne m'y fierais pas [3]. Je songe à ce que M. France a lui-même écrit de Tourgueneff: « Sa douceur était sans pitié. Elle couvrait comme une large nappe d'eau un fond insondable d'amertume et de dégoût [4]. » J'ai peur que la sienne se recouvre de même de solides rancunes. Et je serais confirmé dans cette impression par certaines autres réponses du même ton, mais dans lesquelles, cette fois, le parti pris de rester enjoué apparaît plus nettement encore, en même temps que, malgré tout, perce la colère. Ainsi Ferdinand Brunetière parlant de *Terre promise* de P. Bourget, déclarait un jour ce roman d'une bien autre envergure que la *Rôtisserie de la Reine Pédauque,* alors en cours de publication [5], et il ajoutait : « Je néglige ici cet auteur, dont je dirai tôt ou tard les grâces péniblement apprises [6]. » M. France répondit quel-

---

[1] *Vie littéraire,* III, 237.

[2] *Ib.,* III, ı. « Que j'aime beaucoup » n'était pas dans la première rédaction (*Temps,* 18 janvier 1891).

[3] Il est curieux de voir, à mainte reprise, M. France revenir à cet article du P. Brucker et trahir ainsi combien il y a été sensible. Cf. *Univers illustré,* 4, 18 avril 1891 ; *Vie littéraire,* IV, 215 et passim.

[4] *Temps,* 12 février 1888.

[5] *A l'Echo de Paris,* depuis le 6 octobre 1892.

[6] *Revue des Deux Mondes,* 1er novembre 1892.

ques jours après dans le *Temps*. Le jugement, disait-il, est en somme flatteur et dicté par la bienveillance, mais M. Brunetière n'aurait-il pu attendre la fin de l'ouvrage pour le juger ? « Je ne puis m'empêcher de trouver que le jugement a été rendu avec une étonnante promptitude ; ce n'est pas là, certes, une justice boiteuse, mais plutôt ailée et divinatrice. Elle est si vive qu'on la croirait légère, si la légèreté n'était pas ce qu'on reproche le moins à la *Revue des Deux Mondes*[1].» Qui ne découvre ici la mauvaise humeur ? Et je ne dis certes point qu'elle soit injustifiée. Je dis seulement que la modération même avec laquelle elle s'exprime ne doit point nous faire illusion sur la profondeur de la blessure ou sur la durée du ressentiment. Je dis que la satisfaction manifestée pour la caractère « flatteur et bienveillant » de cette critique ne saurait assurément être prise au sérieux, qu'il y a donc ici une attitude voulue et dont il ne faut pas être dupe. De même l'incapacité de haïr où serait M. France n'apparaît guère dans l'animosité avec laquelle il a parlé à mainte reprise des « méchants moines », ses surveillants au collège Stanislas[2]. Je ne sais pas ce qu'ils ont pu lui faire quand il était « potache »[3]. Le seul

[1] *Temps,* 6 novembre 1892.

[2] *Temps, 8 août 1886 ;* 31 octobre 1886 *(Jardin,* 163) ; *Univers illustré,* 4, 18 avril, 17 octobre 1891, 30 septembre 1893, etc.

[3] L'espèce de trahison de l'abbé Simmler *(Pierre Nozière,* 74) a-t-elle quelque fondement dans la réalité ? M. France a aussi

acte qu'il leur reproche (qu'il reproche à l'un d'eux) en termes précis, — d'avoir mutilé un exemplaire d'un livre précieux [1], — est sans doute de nature à expliquer le fâcheux souvenir qu'il en a gardé. Peut-être, néanmoins, a-t-on le droit de s'étonner qu'à tant d'années de distance son aigreur vindicative ne soit pas encore apaisée.

Mais, hâtons-nous de le reconnaître, les haines que manifeste d'ordinaire M. France ne sont point d'ordre personnel : elles sont bien plutôt intellectuelles et, pour ainsi dire, métaphysiques. Les réunions publiques, les « meetings », les assemblées populaires ont retenti naguère du bruit de ses violences. Il a ridiculisé, honni, injurié ses adversaires, les « réactionnaires et les cléricaux [2] », les « prétendus libéraux » (« prétendus » parce qu'ils osaient parler de liberté pour ses ennemis) [3], « le triumvirat universel du prêtre, du soldat et du financier [4] », et surtout les religieux, « moines-fanatiques [5] » ou « frocards féroces [6] » — car les

conté, je ne sais où, qu'un des prêtres de Stanislas avait conseillé à son père de le retirer des classes de latin comme incapable de les suivre. Et il semble que sa colère contre ce « misérable » n'ait pas été apaisée avec le temps.

[1] *Vie littéraire*, II, 281.

[2] *Vers les temps meilleurs*, I, 58.

[3] *Ib.*, I, 57.

[4] *Ib.*, III, 14.

[5] *Vers les temps meilleurs*, I, 26.

[6] *Ib.*, I, 72.

« termes galants » ne lui font pas défaut pour les désigner [1]. Il a ressuscité la philosophie de l'histoire, — aussi anticléricale que simpliste, — de Lucrèce *(Tantum religio potuit suadere malorum)* et de l'*Essai sur les mœurs :* « L'ignorance n'est si détestable que parce qu'elle nourrit les préjugés qui nous empêchent d'accomplir nos vraies fonctions en nous en imposant de fausses qui sont pénibles et parfois malfaisantes et cruelles, à ce point qu'on voit, sous l'empire de l'ignorance, les plus honnêtes gens devenir criminels par devoir. *L'histoire des religions nous en fournit d'innombrables exemples :* sacrifices humains, guerres religieuses, persécutions, bûchers, vœux monastiques, exécrables pratiques issues moins de la méchanceté des hommes que de leur insanité. Si l'on réfléchit sur les misères qui, depuis l'âge des cavernes jusqu'à nos jours encore barbares, ont accablé la malheureuse humanité, on en trouve *presque toujours* la cause dans une fausse interprétation de la nature et dans quelques-unes de ces doctrines théologiques qui donnent de l'univers une explication atroce et stupide.[2]» A Voltaire il a joint Renan; et comme l'auteur des *Mélanges religieux*, il a célébré d'avance,

---

[1] *Vers les temps meilleurs,* 1, 26, 71, 79 ; *l'Eglise et la République,* 34, 36, 63, 66, 111, etc.

[2] *Vers les temps meilleurs,* 1, 30-31. Cf. *Les Dieux ont soif,* 197.

avec une joie non dissimulée, les schismes futurs, la « destruction de l'unité religieuse dans ce qu'elle a de dangereux », la dissolution de l'Église dans la liberté [1]. Malgré son horreur pour ce « Jean-fesse » de Jean-Jacques Rousseau [2], il a ressuscité une des théories les plus effroyables du *Contrat social* en réclamant « la liberté véritable, celle qui ne reconnaît pas de liberté contre elle [3] » : en bon français, la tyrannie sans limite d'un parti, qui impose à tous sa conception de la liberté ou plutôt de sa liberté. On a encore vu son imagination affolée créer des croquemitaines invraisemblables, et, quand un « moine dominicain » développait sur le mode scolastique ce lieu commun que la force doit être au service du vrai, entendre qu'il « exhortait les chefs militaires à déposer un gouvernement pusillanime et excitait la jeunesse catholique à massacrer sur le pavé des rues les orgueilleux intellectuels [4] ».

Or à toutes ces violences, à ces emportements,

---

[1] *L'Eglise et la République*, 119-120.

[2] *Les Dieux ont soif*, 88.

[3] *Vers les temps meilleurs*, I, 65, 73 ; III, 43.

[4] *Ib.*, II, 65, 87 ; III, 51 ; *l'Eglise et la République*, 39, 41. — Au moment où je corrige les épreuves de cette nouvelle édition, *(la troisième)* je lis sur les murs une affiche de la *Ligue des Droits de l'Homme*, contresignée par M. France. « Donnez-nous le nombre, y est-il dit au public, *pour mettre la force au service de la justice.* » Le P. Didon n'avait pas dit autre chose.

— quand on va au fond des choses, — il n'y a pas d'autre raison qu'une opposition de doctrines. Pour M. France, « la joie est bonne », « nos instincts, nos organes, notre nature physique et morale, tout notre être nous conseille de chercher notre bonheur sur la terre[1] ». Telle est la vérité. Toute doctrine contraire est dangereuse, donc haïssable. Et il faut haïr ceux qui la répandent. Ils ne sont pas seulement des « imposteurs », ils sont encore des malfaiteurs, et même leurs intentions réelles sont suspectes. « C'est en disant au peuple qu'il faut souffrir en ce monde pour être heureux dans l'autre qu'on a obtenu une pitoyable résignation à toutes les oppressions et à toutes les iniquités[2] » : n'est-il pas vraisemblable que c'était là le but poursuivi ? Et il faut haïr également ceux qui, dupes ou complices, veulent laisser librement agir les imposteurs. « Ces gens-là sont tous au service des moines. Quand ils vous disent qu'ils sont républicains, c'est la République des moines qu'ils entendent vous donner ; quand ils réclament la liberté, c'est la liberté pour les moines d'échapper à la loi ; ce qu'ils appellent la liberté de l'enseignement, c'est la liberté pour les moines d'instruire les enfants dans la haine et le mépris

---

1 *Vers les temps meilleurs*, I, 20-21.
2 *Ib.*, 21.

de la société laïque ; et s'ils vantent la tolérance, c'est qu'ils prétendent obliger la République à tolérer les attentats des moines[1]. » Tournée avant tout contre les ennemis de la chair[2], la haine, chez M. France, n'est donc, comme son humanité, comme son sens esthétique, comme sa religiosité voluptueuse, comme sa morale, comme tous ses sentiments et toutes ses passions et tous ses instincts, qu'une manifestation et une conséquence de sa sensualité foncière. En fin de compte, c'est bien à cette sensualité que se ramène sa sensibilité tout entière.

C'est là ce qu'il y a de plus intense, de plus profond, de plus puissant en lui.

Par là s'expliquerait peut-être que son imagination manque d'ampleur. Asservie à ses sensations, vouée à ses jouissances, elle n'a pas cette espèce de désintéressement qui lui permettrait de se déployer à l'aise, de s'envoler au loin, en s'oubliant elle-même, pour s'attacher avec une

---

[1] *Vers les temps meilleurs*, I, 71.

[2] *Thaïs*, dit Rod, témoigne d'une véritable fureur contre la chasteté. La grande haine de M. France est pour l'ascétisme (*Ile des Pingouins*, 150 ; *Vers les temps meilleurs*, I, 20). C'est l'ascétisme dont ils font profession qui provoque surtout son antipathie envers les moines. Il ne les comprend pas : ils « l'étonnent » (*Vie littéraire*, IV, 97-98). Il voit en ces hommes quelque chose d'inhumain.

sorte de candeur aux êtres étrangers qu'elle aurait créés. Elle est trop voluptueuse et, peut-on dire, trop égoïste pour s'extérioriser pleinement.

Par là s'explique, en tout cas, le caractère voluptueux de son intelligence et le dilettantisme auquel elle s'est si longuement attardée. Être curieux de tout pour tout comprendre, tout comprendre pour tirer de tout les jouissances que comportent les êtres, les idées et les choses, c'est bien là le fait d'un homme en qui règne une sensibilité avide de tous les plaisirs.

Par là s'explique encore le choix de la philosophie que, malgré les apparences, il n'a jamais cessé d'accepter intérieurement. Dans sa jeunesse, son intelligence avait cru découvrir et conquérir la Vérité ; puis les doutes lui étaient venus et elle avait cru rejeter, — ou du moins n'admettre plus qu'à titre de vérité relative, — le darwinisme et l'évolutionnisme ; mais elle s'est finalement aperçue qu'elle n'avait pas la force de s'affranchir réellement. Elle avait été maîtrisée, conquise par cette doctrine ; elle n'avait fait que l'ensevelir au plus profond, au plus obscur d'elle-même ; et la doctrine un jour a reparu, et comme émergé du subconscient, en dominatrice invincible. C'est qu'elle était faite pour lui. C'est que la théorie du Désir, père de tout, de la Volupté, créatrice universelle, s'adaptait seule à son tempérament. Si Dieu, dit quelque part Voltaire, a créé l'homme à son image et à sa ressemblance, l'homme le lui a bien rendu : son Dieu, à lui, est une sensualité universelle [1]. C'est aussi que la théorie de la transformation illimitée et de l'écoulement de toutes choses donnait, en quelque sorte, plus de prix et plus de saveur au plaisir plus fugitif, et faisait de la souffrance, et surtout de la mort, de puissants aphrodisiaques [2].

Par là s'explique l'inspiration générale de son œuvre : cette espèce de pessimisme jouisseur ou, si l'on veut, de sombre optimisme des Nicias, des Bergeret et des Brotteaux des Ilettes. Ces philosophes savourent le plaisir, tous les plaisirs, ceux des sens et de l'esprit ; ils estiment que la nature n'est pas « tout à fait mauvaise », puisqu'elle offre au corps (entre autres) les satisfactions de l'amour physique, à l'intelligence, la satisfaction de comprendre la mécanique céleste et les lois de l'univers [3]. Une vague espérance, une foi confuse les soutient : ils entrevoient dans leurs rêves une évolution qui aboutira peut-être à des êtres plus parfaits et à des existences plus heureuses [4]. L'orgueil, enfin, leur est un réconfort : ils ne sont pas dupes, eux, des er-

---

[1] L'Éros acéphale que M. Renard a tant raillé.

[2] Passim ou plutôt partout, et notamment *Univers illustré*, 18 mars 1893 ; *Thaïs*, 131, etc.

[3] *Les Dieux ont soif*, 206.

[4] *Jardin d'Épicure*, 27 (*Temps*, 29 janvier 1889), 150 (*Temps*, 10 septembre 1886).

reurs et des préjugés vulgaires et méprisent ceux qui y demeurent asservis ; ils connaissent le grand secret des choses et participent ainsi, en quelque mesure, à la grandeur, à la divinité de la vie universelle [1]. Telle est la raison de leur optimisme. Mais, en même temps, ils sont sensuels, et les sensuels sont tristes [2]. Les voluptés, brèves, laissent entre elles un vide ; fugitives, elles sont peut-être plus violentes, plus âprement goûtées, pour être éphémères, mais cette violence même est douloureuse. L'espérance, qui parfois anime les voluptueux, parfois les abandonne : ils imaginent alors la fin lugubre de l'univers [3] ; ils se demandent si la vie n'est pas comme une maladie, une lèpre des planètes [4] ; ils en sentent l'absurdité tragique [5]. Et surtout ils ont beau railler les âmes candides qui veulent être immortelles et qui croient l'être [6] ; eux-mêmes voudraient aussi et l'être et croire qu'ils le sont ; et ils souffrent atrocement de ne le pouvoir plus. Ils ont peur, ils ont horreur du néant. « Le néant, dit un de leurs compagnons de doc-

---

1 *Jardin d'Epicure,* 136-137 *(Temps,* 9 novembre 1891).

2 *Anneau d'améthyste,* 158.

8 *Jardin d'Epicure,* 24 *(Temps,* 19 septembre 1886).

4 *Ib.,* 6 *(Temps,* 8 mai 1887 et 18 décembre 1892) ; *Mannequin d'osier,* 254.

5 *Jardin d'Epicure,* 66-67.

6 *Anneau d'améthyste,* 214 sq.

trine [1], c'est l'impossible et c'est le certain... Le malheur des hommes, voyez-vous, leur malheur et leur crime est d'avoir découvert ces choses... Être et cesser d'être ! l'effroi de cette idée me fait dresser les cheveux sur la tête ; elle ne me quitte pas. Ce qui ne sera pas me gâte et me corrompt ce qui est et le néant m'abîme par avance... Moi, j'aime la vie, la vie de cette terre, la vie telle qu'elle est, la chienne de vie. Je l'aime brutale, vile et grossière ; je l'aime sordide, malpropre, gâtée ; je l'aime stupide, imbécile et cruelle ; je l'aime dans son obscénité, dans son ignominie, dans son infamie, avec ses souillures, ses laideurs et ses puanteurs, ses corruptions et ses infections. Sentant qu'elle m'échappe et me fuit, je tremble comme un lâche et deviens fou de désespoir. » Et, sans doute, Nicias, ou Bergeret ou Brotteaux, étant d'âme plus ferme, consentent de meilleure grâce à rejoindre un jour tant d'autres qui les valaient bien et qui les ont précédés dans le néant. Ils en ressentent pourtant l'effroi. Leur sensibilité frissonnante dément alors leur optimisme [2]. Et ce sentiment règne invincible dans toute l'œuvre de M. France, même quand il affecte de rire. Rien n'est moins gai que son rire.

---

[1] *Les sept femmes de Barbe-Bleue*, 255-261. Cf. *Poèmes*, 109.

[2] *Thaïs*, 243 ; *Bergeret à Paris*, 25, 78-79 et passim ; *Les Dieux ont soif*, 220, 316 et passim.

Enfin, par la sensibilité sensuelle de M. France, s'explique son étonnante évolution. Elle est apparente et tout extérieure. Il a été dilettante et a joui de toutes les idées, tant qu'il a pu les concilier toutes avec les idées et les sentiments nés en lui de cette sensualité. Il a reconnu un jour que certaines doctrines morales, philosophiques et religieuses, que certaines façons de concevoir la vie et de la vivre, étaient hostiles au plaisir, ennemies de la volupté. Ces doctrines-là, dès lors, il s'est donné pour tâche de les réfuter et de les ruiner. Et il l'a pu faire, il l'a fait, sans se contredire ni se démentir : puisque ses démarches les plus opposées tendaient au même but. Du commencement à la fin, avec des nuances, ici plus délicate, là plus cynique, ici plus apaisée, là plus combative, son œuvre est vouée au Désir et à la Volupté.

IMPRIMERIE FRANÇAISE
H. MATHON, WIESBADEN
(ALLEMAGNE OCCUPÉE)

# TABLE DES MATIÈRES


Pages

Préface . . . . . . . . . . . . . . . . . . . . . . . 1

ANATOLE FRANCE . . . . . . . . . . . . . . 1

I. — **Intelligence** . . . . . . . . . . . . . . . . 5

Etendue et limites, 5. — L'intelligence et
l'action, 6. — L'intelligence et les systèmes, 15.
Incapacité de « construire » : la composition
dans ses ouvrages, 22. — L'intelligence et la
vérité, 31. Impuissance, dangers, grandeur de
la pensée : scepticisme, 34. — La séduction du
mystérieux, 42. — L'intelligence et la curiosité,
49. M. France, spectateur du présent, 50 ;
amoureux du passé, 51 ; érudit, 55 ; « bénédictin narquois », 60. — L'intelligence de
M. France égoïste et subjective, 61. Tyrannie
des souvenirs et du « moi », 65 ; son œuvre,
tissu de souvenirs et de confidences : ses ouvrages, livres à « clefs » et autobiogra-
phies, 72.

II. — **Imagination** . . . . . . . . . . . . . . . . 97

L'incapacité de sortir de soi, défavorable à
l'invention, 97. Admiration pour la puissance
de l'imagination, mais admiration née du
regret, 98. — Négation de l'imagination créatrice, 104. Ce qu'il faut entendre par « création » en littérature, 107. M. France dépourvu
d'imagination créatrice, 111. — La fantaisie
chez lui : nature et procédés, 113 ; l'humour
philosophique de M. France, 119. — L'imagination constructrice, 122. Utilisation industrieuse
du présent et du passé, 122 ; défauts et
faiblesses de la « construction », 136. Emprunts aux ouvrages des autres : sources littéraires et artistiques de ses écrits, 147 ; emprunts à ses propres ouvrages, 193 ; répétitions, 208. — L'imagination de M. France plus
appliquée que féconde, 216.

Pages

**III. — Sens esthétique et sensibilité** · · · · · 218

Son goût expression de son tempérament, 218. — Le critique : amour du vrai, 219 ; souci de la forme, 225. — Le théoricien : pour le talent et les écrivains artistes, contre le génie et les improvisateurs, 230 ; importance de la forme, 234 ; qualités et genres préférés, 236 ; conflit en lui du Parnassien et de l'Attique, 238 ; élargissement de sa doctrine littéraire, 241. — L'écrivain. L'imitation : sources de son style, 251 ; souplesse et variété de ses imitations, 256. L'originalité : fusion des styles divers, 264 ; l'élément personnel : délicatesse et sensualité, 266.

La sensibilité sensuelle : aveux, 273 ; manifestation dans son œuvre, 276. Sensualité et humanité, 281 ; sensualité et art, 284 ; sensualité et religion, 287 ; sensualité et philosophie, 293 ; sensualité dans l'expression de l'amour, 299 ; sensualité dans ses haines, d'ordinaire « métaphysiques » et tournées contre les ennemis de la chair, 300.

La sensualité dominant son imagination et son intelligence, 308 ; expliquant à la fois : sa philosophie, 309 ; l'inspiration générale de son œuvre, 310 ; son évolution apparente, 313.